Mario Mantese

IM LAND DER STILLE

Mario Mantese

Im Land der Stille

Meine Lehrzeit bei den Meistern im Himalaja

Drei Eichen Verlag

Besonderen Dank an Yla von Dach, Doris Hüffer,
Dominik Schott, Susanne Weingart.

Gewidmet ist dieses Buch Euch, meine lieben Freunde,
die ihr seit vielen Jahren an meinen Seminaren
teilnehmt und Eure Herzen dem Licht der Lichter
zugewandt habt!

ISBN 978-3-7699-0633-2
Verlagsnummer: 10633

6. Auflage, 18. - 20. Tausend 2011
1. Auflage als kartonierte Ausgabe (Softcover)
Umschlaggestaltung: Thor Digital Arts, Hammelburg
unter Verwendung eines Fotos von Peter Reinhold.
Druck und Bindung: Replika Press Pvt. Ltd., India

Weitere Infos über den Verlag finden Sie im Internet unter
www.drei-eichen.de.

Inhalt

VORWORT

Zu allen Zeiten gab es auf diesem Erdplaneten Menschen, die außerordentlich hohe spirituelle Verwirklichungsgrade erreichten. Viele von ihnen treten an die Öffentlichkeit, um die Menschheit auf den wahren Sinn ihres Daseins aufmerksam zu machen und sie zu höheren geistigen Ebenen zu begleiten.

Andere jedoch weilen unauffällig im Verborgenen, zurückgezogen im gigantischen Himalajagebirge.

Dieses Buch schildert die seltsame schicksalsbestimmte Begegnung eines Menschen mit einem solchen ungewöhnlichen Meister. Die unorthodoxen Belehrungen mit denen dieser ihn anfänglich konfrontiert, zeigen mit welcher Kraft der festgefahrene, strukturierte Verstand angegriffen und verunsichert wird, wenn er sich einem solchen universellen Menschen nähert.

Die Begegnung mit dem befreiten Meister, der sich nirgends einordnen ließ, löste eine tiefe Krise und Destabilisierung aus. Es war eine Reise wie in den Krater eines aktiven Vulkans.

Die Liebe, die Weisheit und die unermeßliche Kraft, die der Leser dieses Buches direkt erfährt, eröffnen einen Weg, der zum Ende und zur Auflösung aller Wege führt: Das Zurückfließen ins unendliche Nicht-Sein.

DER KONFLIKT DES ENTWERDENS

Mich fror, als ich durch die niedere Holtztür ins Freie trat. Auf der gegenüberliegenden Seite des Tales ragte die hohe schneebedeckte Bergkette majestätisch in den tiefblauen Himmel. Es war ein überwältigender Anblick. Die Gipfel der Sechstausender waren in weiße Wolken gehüllt, die sich wie Watte weich und beschützend um sie zusammengezogen hatten, als versuchten sie etwas Geheimnisvolles zu verbergen.

Ein eisiger Wind blies durch das Tal und strich mir bissig über die Wangen. Endlich war der Frühling da, sonst hätte ich dieses kleine, hochgelegene Bergdorf nie erreichen können. Mehrere Monate im Jahr lag hier meterhoch Schnee, und die Dörfer waren vom Rest der Welt abgeschnitten.

Lange war ich mit Omnibussen über holprige Bergstraßen und durch tiefe Schluchten unterwegs gewesen. Mir stockte jeweils der Atem, wie die Fahrer, eine Hand am Steuer und die andere auf der Hupe, durch die engen Schluchten rasten. Seit zwei Tagen hatte ich meinen Weg zu Fuß fortgesetzt, da in diese höhergelegenen Dörfer keine Straßen mehr hinaufführten. Zum Glück hatte ich einen zuverlässigen Führer gefunden, der die Gegend bestens kannte, allein hätte ich den Weg hier herauf nie gefunden.

Die Dorfbewohner waren freundlich und entgegenkommend. Kurz nach meiner Ankunft bot mir eine Familie spontan ihre Gastfreundschaft an, denn Herbergen gab es hier keine.

Seit einer Woche bereitete ich mich nun auf den letzten Teil meiner Reise vor, den ich gemeinsam mit einem Händler unternehmen wollte. Ich hatte ihn während meines Aufenthalts hier kennengelernt. Es blieb noch ein hoher Paß zu überqueren, dann hatte ich mein Ziel erreicht, so hoffte ich wenigstens, denn die Strapazen der Reise machten mir mehr und mehr zu schaffen. Ich spürte eine wachsende Müdigkeit und meine Füße waren mit schmerzhaften Blasen übersät, die mir das Gehen erschwerten.

Ich war hier, um im Auftrag eines Verlegers ein Buch über einen Meister zu schreiben, der fernab von aller Zivilisation in der Natur draußen lebte. Ich hatte mich schon längere Zeit mit östlichen Philosophien beschäftigt. Immer wieder war ich dabei auf Berichte von ungewöhnlichen Menschen gestoßen, die offenbar kaum etwas von all dem zum Leben brauchten, was man da wo ich herkam als lebensnotwendig erachtet. Ich schwankte zwischen Faszination und Zweifel. Handelte es sich dabei um Legenden oder waren diese Menschen lebendige Wirklichkeit? Wenn sich die Gelegenheit bot, so hatte ich mir vorgenommen, wollte ich der Sache einmal ganz persönlich auf den Grund gehen.

Ich hatte lange suchen und nachforschen müssen, bis mir ein Kulturminister eines Tages von einem jener Menschen erzählte, wie ich sie suchte. Seine Schilderung hinterließ einen seltsamen Eindruck in mir, als hätte mich etwas Unbekanntes berührt.

Nach umfangreichen Vorbereitungen hatte ich diese Reise angetreten und machte nun täglich Notizen und längere Eintragungen in mein Reisetagebuch.

Ich hatte keine Ahnung, was mich erwartete. Ich besaß weder einen Namen noch eine genaue Ortsangabe und wußte auch nicht, welche Art von Belehrung der Weise erteilte. Das einzige, worauf ich mich verlassen mußte, war eine mehr oder weniger genaue Skizze der Gegend, in der er, wie man mir versichert hatte, zu finden war.

Die rauhe Bergwelt verlockte nicht zu einem längeren Aufenthalt und ich hoffte, meine Nachforschungen möglichst rasch abschließen zu können.

Der Tag graute. Die Sonne war noch nicht aufgegangen. Bis ihre Strahlen das Tal erwärmten, dauerte es noch mindestens eine Stunde. Das laute Tosen des Wildbachs, der neben dem Haus ins Tal hinunterstürzte, lenkte meine Aufmerksamkeit auf sich. Ich folgte mit dem Blick dem silbernen Band bis zu dem Punkt, wo es etwas weiter unten zwischen den Häusern verschwand. Jetzt kam im Gefolge seiner Hennen der bunte Zwerggockel daherstolziert. Er reckte den Kopf und krähte aus vollem Hals, wobei er mich drohend anstarrte, als wäre ich eine Konkurrenz, die ihm seinen Harem streitig machen wollte. In dem angrenzenden Stall begannen die Ziegen zu meckern, die schon ungeduldig darauf warteten, daß man sie endlich herausließ.

Die Dorfbewohner hatten den kargen Boden ringsum soweit das möglich war urbar gemacht. Sie waren größtenteils Selbstversorger. Weiter unten im Talkessel begann auf kleinen Feldern die erste Saat zu sprießen.

Nun regte man sich auch im Innern des Hauses. Ich hörte, wie die Großmutter mit sanfter Stimme den erwachenden Kindern zusprach. Bald war die ganze elfköpfige Familie wach. Ich ging zurück ins Haus, um sie zu begrüßen. Die herben, vom rauhen Klima gezeichneten Gesichter, die freundlich lachenden Augen waren mir inzwischen vertraut. Man behandelte mich wie jemanden, der zur Familie gehörte, als wäre ich immer schon da gewesen.

Zugleich war ich aber auch eine große Attraktion, und meine Gastgeber empfanden es als eine Ehre und Freude, in ihrem bescheidenen Haus einen Ausländer beherbergen zu können. Jeden Abend kamen Verwandte und Bekannte zu Besuch, die mich sehen und kennenlernen wollten, und dann mußte ich ihnen ausführlich von dem Land erzählen, aus dem ich herkam. Obwohl ich ihnen auch die schlechten Seiten nicht verschwieg, glaubten sie, ich komme geradewegs aus dem Paradies, wo man alles kaufen könne und wo alles möglich sei. Am Spannendsten fanden sie es, wenn ich meine Reisetasche aufmachte und ihnen meine verschiedenen Utensilien zeigte. Immer wieder mußte ich den elektrischen Rasierapparat vorführen, der mit Batterien lief, und mußte vormachen, wie ich ihn benutzte. Das fanden sie umwerfend. So etwas Komisches und Absurdes hatten sie noch nie gesehen, darin waren sich alle einig.

Bald waren wir zum Frühstück mitten im Raum um die große Feuerstelle herum versammelt. Ich schlürfte mit großem Widerwillen schlückchenweise den gesalzenen Buttertee. Mein Gaumen und mein Magen rebellierten, doch man machte mir nachdrücklich klar, daß dieses Getränk sehr gesund für mich sei. Ich hatte meinen Widerstand längst aufgegeben und schluckte mit Bravour. Aller Augen waren fragend auf mich gerichtet und lauerten gespannt auf irgend eine ungewöhnliche Regung in meinem Gesicht, die dann am Abend, wenn die Gäste kamen, Stoff zu lebhaften Gesprächen abgab.

Alle wußten, daß meine Abreise bevorstand. Der Händler hatte mir gestern mitgeteilt, seine Ware sei bereit und der Reise stehe nichts mehr im Weg. Mit Neuschnee auf dem Paß sei nicht mehr zu rechnen, versicherte er mir, die Reisebedingungen seien ideal.

Unser Ziel war ein zwei Tagereisen entferntes Dorf in einem kleinen, höher gelegenen Seitental. Der Händler hatte mir versprochen, mir einen Maulesel zu besorgen. Es werde eine anstrengende Reise sein, hatte er mir eingeschärft.

Ich war schon mehrmals beim Dorfältesten zu Gast gewesen. Man sagte, er sei sechsundneunzig Jahre alt, aber so genau wußte das niemand. Sein ausgemergelter Körper bestand nur noch aus Haut und Knochen. Er sprach langsam und hüstelte ständig, hatte aber wache Augen und einen klaren Verstand. Die Erfahrung einer langen Lebensspanne zeichnete ihn aus. Im Dorf wurde nichts entschieden, ohne daß man seinen Rat einholte. Ich hatte schon viel Interessantes von ihm erfahren. Heute jedoch kam ich, um mich von ihm zu verabschieden.

Mit einem verschmitzten Lachen fragte er mich, ob er mich um einen kleinen Gefallen bitten dürfe. »Natürlich«, antwortete ich sogleich, konnte mir aber nicht vorstellen, was er wollte. Er brachte seinen Wunsch nur zögernd vor: »Würdest du mir deinen elektrischen Rasierapparat schenken?« Ich war völlig verdutzt und hätte beinah laut herausgelacht. Das hatte ich wirklich nicht erwartet.

»Ich werde Ihnen den Apparat vor meiner Abreise überbringen«, sagte ich dann spontan. Die Augen des alten Mannes strahlten in kindlichem Glück, und ich war glücklich, ihm diese Freude bereiten zu können.

Am nächsten Morgen stand ich schon in aller Frühe mit meinem Gepäck unten auf dem Dorfplatz, wo sich auch fast alle Dorfbewohner eingefunden hatten, um sich von mir zu verabschieden.

Der Händler winkte mich zu sich. Er hatte mir wie versprochen einen Maulesel besorgt, den ich gleich bezahlen mußte, wie er mir zu verstehen gab. Die alte verfilzte Decke, die man dem Tier über den Rücken gelegt hatte, war im Preis inbegriffen. Weitere zwei Maulesel und mehrere schwer bepackte Yakkühe warteten geduldig auf die Abreise. Diese mit ihrem struppigen Fell und den großen Hörnern urtümlich anmutenden Tiere strahlten eine große Kraft und Ausdauer aus, die in diesem rauhen Klima auch nötig war.

Der Händler wurde von zwei Gehilfen begleitet,

die mich aus der Ferne skeptisch, ja fast ängstlich musterten. Ihm selbst war es egal, wer ich war und woher ich kam, Hauptsache der Preis stimmte.

Alle im Dorf wollten wissen, wieviel ich dem Händler, den sie alle kannten, für die Mitreise bezahlt hatte, und man fand einhellig, er habe mir ein faires Angebot gemacht.

Zum Abschied wollten mir alle nochmals die Hand drücken. Als ich dem Dorfältesten feierlich den Rasierapparat überreichte, klatschten sie vor Freude und nickten mir anerkennend zu. Sein ältester Sohn überreichte mir als Gegengeschenk einen dicken Mantel. Ich werde ihn sicherlich noch brauchen können, meinte er. Man wollte wissen, ob ich auf der Rückreise wieder hier vorbeikäme. Auf diese Frage konnte ich zu diesem Zeitpunkt noch keine Antwort geben.

Der Weg durchs Tal war steinig, doch wir kamen gut voran, wie mir der Händler immer wieder versicherte. In diesen frühen Morgenstunden war es empfindlich kalt, und ich mummte mich in den geschenkten Mantel ein. In meiner Vorstellung malte ich mir schon die Begegnung mit dem Meister aus, wie ich ihn begrüßen und ihm die ersten kritischen Fragen stellen würde. In spätestens drei Wochen, hatte ich sicher die nötigen Informationen gesammelt und konnte an die Rückreise denken. Ich war fest entschlossen, mich nicht mit einer philosophischen Theorie zufriedenzugeben. Ich wollte der Sache auf den Grund gehen, wie ich das bei meinen Nachforschungen immer tat.

Kurz nach der Mittagspause nahmen wir auf einem schmalen, steilen Pfad den mehrstündigen Aufstieg zur Paßhöhe in Angriff. Je höher wir stiegen, desto zahlreicher und gewaltiger erschienen die schneebedeckten Gipfel am Horizont. Die Luft wurde immer dünner, und bald war auch kein klar erkennbarer Pfad mehr zu erkennen. In diesem Ringen nach Luft und dieser nur vom Pfeifen des Windes und vom Hufgetrappel der Maultiere erfüllten Stille überfiel mich ein nie zuvor gekanntes Gefühl der Einsamkeit und des Verlorenseins in der Welt.

Das überwältigende Bild der Landschaft, all das, was ich ringsum mit meinen Sinnen wahrnahm, wühlte im tiefsten Innern meines Wesens etwas Unerklärliches auf. Unsichtbare Schatten, beängstigende, eigenartige Gefühle krochen aus dem Urgrund meines Wesens herauf. Irgendwann erkannte ich, daß es sich dabei um verdrängte Ängste und Unsicherheiten handelte, von denen ich gar nicht gewußt hatte, daß ich sie in mir trug und von ihnen besetzt war.

Plötzlich veränderte sich mein Blick. Mir wurde schlagartig klar, daß all das außen Wahrgenommene vom inneren, subjektiven Wahrnehmer nicht getrennt sein konnte. Was ich außerhalb von mir zu sehen glaubte, war in Wahrheit etwas, was ich in mir selbst, in meinem Inneren sah. Das vermeintlich Äußere war eine Sinneswahrnehmung im Innern, eine Widerspiegelung in meinem Bewußtsein.

Wenn aber alles, was ich sah, nichts anderes als eine Widerspiegelung in meinem subjektiven Bewußtsein war, wie verhielt es sich dann mit der

Wirklichkeit? Konnte das Gesehene überhaupt wirklich sein?

Mit diesen Fragen war ich auch schon an den Grenzen meines Verstandes angelangt. Ich nahm mir vor, sie dem Meister zu unterbreiten. Er konnte mich sicher zu tieferer Einsicht führen, so hoffte ich zumindest.

Ohne daß ich mir darüber wirklich Rechenschaft ablegte, wuchsen die Erwartungen und Hoffnungen, die ich in die Begegnung mit dem Meister setzte, von Stunde zu Stunde. Irgendwie hatte ich auch ein bestimmtes Bild von ihm, ich sah ihn vor mir, obwohl ich ihn noch nie gesehen hatte und glaubte, ihn intuitiv zu kennen.

Der Händler riß mich aus meinen Gedanken heraus. Mit lautem Zurufen zeigte er nach vorn auf einen mächtigen Felsvorsprung, in dessen Schutz eine kleine Steinhütte stand.

Die Dämmerung hatte sich sanft über die Berge gelegt. Kaum hatten wir die Hütte betreten, schluckte die Dunkelheit das restliche Licht auf. Der Händler hatte genau gewußt, wie lange unsere Reise vom Dorf bis hierher dauern würde. Was geschehen wäre, wenn wir jetzt, in der stockdunklen Nacht, noch immer unterwegs gewesen wären, stellte ich mir lieber nicht vor.

In der Nacht tobte ein Sturm, wie ich ihn noch nie erlebt hatte. Das Heulen des Windes klang als wäre tief in den Bergen ein klaffender Abgrund aufgesprungen, aus dem unzählige wehklagende Stimmen in die Bergwelt hinausschrien. Dann öffneten sich die Himmelsschleusen, es begann in Strömen zu regnen. Gewaltige Wassermassen wuschen Berge und Täler rein.

Die gigantischen Naturgewalten hatten etwas Beängstigendes und Faszinierendes zugleich. Die Gehilfen des Händlers bereiteten eine einfache Mahlzeit zu. Von der Feuerstelle her verbreitete sich eine angenehme Wärme im Raum, die meinen inneren Aufruhr besänftigte. Für meine Reisegefährten waren solch rasche, heftige Wetterumschläge nichts Ungewöhnliches. Mitten im tobenden Sturm verließ einer der Gehilfen die Hütte, um im angrenzenden Stall die Tiere zu füttern.

Die Gehilfen schnarchten schon lange, während ich mich noch mit dem Händler unterhielt. Er konnte kaum glauben, daß ich diesen ganzen langen Weg zurückgelegt hatte, um hier im Hochgebirge nach einem Yogi zu suchen, von dem ich nicht einmal den Namen kannte. Der Mann sei vielleicht nur irgend ein Spinner, der nicht heiraten wollte, fügte er trocken hinzu.

Ich mußte zugeben, daß mein Vorhaben mir zuweilen auch absurd vorkam, aber jetzt war ich hier und wollte ihn so schnell wie möglich finden.

Am Morgen, als wir aufbrachen, war der Himmel strahlend hell und die Atmosphäre von kristallener Reinheit. Es herrschte ein ganz besonderes Licht in dieser Höhe, dessen milder, lieblicher Glanz in schroffem Kontrast zu den schneebedeckten Berggiganten stand, von denen etwas Unberührbares, Unantastbares ausging.

Wir stiegen höher und höher, langsam stapften die Tiere durch den knöchelhoch liegenden Schnee.

In der immer dünner werdenden Luft war jede Bewegung eine große Anstrengung. Am späten Nachmittag hatten wir endlich den Höhepunkt des Passes erreicht, und konnten zu meiner Erleichterung den langsamen Abstieg beginnen. Mein Herz und mein Kreislauf hatten in dieser Höhe mit großen Schwierigkeiten zu kämpfen.

Es wurde kaum ein Wort gesprochen. Ab und zu gingen ein paar Zurufe an die Tiere, die uns auf ihren Rücken sanftmütig durch die rauhe Gegend trugen.

Wie erwartet, trafen wir bei einbrechender Dunkelheit wieder bei einer Steinhütte ein, wo wir übernachten konnten. Der Händler erklärte mir, daß diese beiden Hütten vor langer Zeit von Angehörigen seiner Familie gebaut worden waren. Seit Generationen waren sie alle immer Händler geworden. Sobald seine drei Söhne alt genug waren, wollte auch er sie mit auf die Reise nehmen, wie sein Vater und der Vater seines Vaters es schon getan hatten. Seine Söhne müßten mit dem Weg so vertraut werden, daß sie ihn im Schlaf finden könnten, sagte er lachend und nicht ohne Stolz. Das gehöre zur Familientradition. Er sei der einzige, der diesen Paß mehrmals im Jahr überquere und lebenswichtige Güter und Post in dieses Dorf hinaufbringe, fügte er dann, wie nebenbei, noch hinzu.

Eine unerklärliche Unruhe machte sich in mir bemerkbar. War es die bevorstehende Begegnung mit dem Meister? Wußte er vielleicht schon, daß ich kam? Eine wirre Menge unkontrollierbarer Gedanken durchzuckte wie Blitze mein Gehirn und ließ mich keinen Schlaf finden. Außer den unregelmäßigen Atemzügen des Händlers war ringsum kein Laut zu hören. Die Gehilfen hatten sich heute in den Stall zu den Tieren gelegt. Als unser Führer bei Tagesanbruch die Hütte mit einem großen Schloß verriegelte und die Gehilfen mit den Tieren herbeikamen, wußte ich nicht, ob ich überhaupt geschlafen hatte. Ein kalter Windstoß riß mich aus diesem merkwürdigen Zustand heraus.

Über Nacht hatte es geschneit. Die ganze Landschaft war wie von einem glitzernden Zuckerguß bedeckt. Die Luft war rein, die Sicht makellos klar.

Der Händler schien es auf einmal eilig zu haben. Er trieb die Tiere unaufhörlich an. Wir waren noch nicht lange unterwegs, als wir plötzlich vor einer tiefen Schlucht standen, über die sich eine einfache, wacklige Hängebrücke spannte. Der Gedanke, diese Brücke betreten zu müssen, trieb mir das Blut in den Kopf. Aber ich hatte keine Zeit, meinen Befürchtungen nachzuhängen, der Händler gab uns resolute Anweisungen, was zu tun sei. Wir nahmen die Tiere an den Halftern und führten sie behutsam auf den Steg.

Es war ein heikles Unterfangen, das war mir bewußt. Wenn ein Tier erschrak und scheute, bedeutete das unser sicheres Ende. Zu meiner Verwunderung ging der Händler zu jedem von ihnen, streichelte ihm den Kopf und flüsterte ihm ein paar unverständliche Worte ins Ohr, und tatsächlich schritten sie daraufhin ruhig und bedachtsam über die verwitterten Bretter.

Ich bemühte mich, langsam und tief zu atmen und hielt meinen Blick auf das gelassen vor mir hertrottende Tier gerichtet. Ich wagte keinen Blick in den Abgrund zu werfen und studierte fieberhaft, krampfhaft an allerlei unwichtigen Bildern herum, an die ich mich in meiner Vorstellung festklammerte. Mir war, als seien wir endlos auf dieser Brücke unterwegs, doch schließlich erreichten wir doch wieder festen Boden. Der Händler schenkte mir einen warmen Blick. Ihm war meine lähmende Angst nicht entgangen. Er nickte, und trieb die Tiere, ohne ein Wort zu verlieren, wieder an.

Nachdem wir lange geritten waren, stieg er plötzlich von seinem Tier und winkte mich zu sich. Fragend blickte ich ihm entgegen. Als ich neben ihm stand, zeigte er ins Tal hinunter.

Träumte ich, oder war das Wirklichkeit? Vor uns lag ein kleines Tal, das so grün und üppig bewachsen war, daß ich mir die Augen rieb, um mich zu vergewissern, daß ich nicht träumte. Ich konnte mir nicht vorstellen, wie in dieser Höhe eine solche Vegetation gedeihen konnte. Der Händler, der mein Erstaunen bemerkte, erklärte nur lakonisch: »Heiße Quellen.«

Beim Anblick des saftigen Grünwuchses

schnaubten die Yaks laut und schnalzten mit den Zungen. Auf sie wartete nach der beschwerlichen Reise eine längere Ruhepause. Vorläufig mußte der Händler aber noch alle seine Künste und Kenntnisse anwenden, um sie an dem grünen Schlaraffenland, an Weizen und saftigem Gras vorbeizulocken. Die Tiere wären am liebsten stillgestanden und hätten sich auf der Stelle sattgefressen, doch der Händler redete ihnen mit sanften Worten zu. Er schien ihnen tatsächlich verständlich machen zu können, daß sie noch etwas weiter gehen mußten und bald ihr Futter erhalten würden. Sie trotteten folgsam voran.

Das Land ringsum war von wunderbarer Fruchtbarkeit.

Da wuchsen Orangenkulturen und Bäume mit kleinen Limonen inmitten großer roter Blumen, die, wie ich später herausfand, Weihnnachtssterne waren. Es war ein Flecken Paradies in dieser unendlich kargen Bergwelt.

Als wir das Dorf betraten, staunte ich noch mehr. Die Menschen, die mir da entgegenkamen, hatten rötliches Haar, helle, gelb schimmernde Augen und ungewöhnlich blasse Haut. Das hatte ich bisher im Hochgebirge noch nie angetroffen.

Auch in ihrem Wesen unterschieden sich die Leute hier stark von denjenigen, denen ich bisher begegnet war. Bis jetzt hatte ich extrovertierte, auf eine gute Art neugierige Menschen kennengelernt. Diese hier waren genau das Gegenteil: sehr introvertiert und eher scheu. Die Ruhe die von ihnen ausging, war im ganzen Tal zu spüren, schien mir.

Ich wurde mit distanzierter Zurückhaltung bestaunt, als käme ich von einem anderen Stern. Die fragenden Blicke sprachen Bände. Diese Menschen konnten sich nicht vorstellen, was ein Ausländer in dieser weltabgeschiedenen Gegend suchte.

In der Nähe des kleinen Dorfplatzes, in einer schmalen Seitengasse ließ sich der Händler gewandt vom Rücken seines Maulesels gleiten und sagte erleichtert: »Da sind wir. Komm, ich werde Dir meinen Bruder und seine Frau vorstellen.«

Er öffnete eine Tür und wir betraten einen kleinen Laden, in dem alles, was man hier zum Leben benötigte, zu kaufen war: Eßwaren, Kleider und einfache Geräte für die Feldarbeit.

Die Frau hinter dem Ladentisch war eben dabei, einem älteren Mann einen kleinen Sack Getreide zu verkaufen, als sie uns erblickte. Ruhig, aber ganz von innerer Freude erfüllt, begrüßte sie uns und rief sogleich nach ihrem Mann. Der kam eilig aus dem Hinterzimmer herbeigelaufen, um seinen Bruder und mich zu begrüßen. Mir fiel auf, daß er bloß ein Auge hatte. An der Stelle des anderen befand sich nur ein verwachsenes kleines Loch.

Der Händler erzählte, weshalb ich diese lange Reise unternommen hatte, und sein Bruder schüttelte ungläubig den Kopf. Aber er versicherte mir sogleich, daß ich bei ihnen wohnen könne, solange ich wolle.

Der große Wohnraum war zugleich das Warenlager, und die Gehilfen des Händlers begannen bereits, die mitgebrachte Ware sorgfältig aufzustapeln. Die Frau schloß den Laden und setzte sich zu uns.

Auch sie wurde sogleich über den Grund meiner Anwesenheit informiert, und zu meiner Beruhigung schüttelte sie als erste nicht den Kopf, sondern nickte mir freundlich zu.

Das deutete ich als ein gutes Zeichen. Sie konnte mir vielleicht helfen, den gesuchten Meister finden. Anstandshalber hielt ich mit dieser Frage aber noch zurück. Ich war ja erst angekommen.

Nun begannen sich die beiden Männer über geschäftliche Angelegenheiten zu unterhalten. Die Frau war aufgestanden und in einer Ecke des Raums verschwunden. Kurz darauf kam sie mit einem kleinen, schlafenden Kind wieder zurück und legte es mir in die Arme. Ich sah auf den ersten Blick, daß die Kleine krank war. Es war ein kleines Mädchen, blaß und bis auf die Knochen abgemagert. Ob ich vielleicht Medikamente bei mir habe, wollte die besorgte Mutter wissen.

Zum Glück hatte ich einen kleinen Vorrat verschiedener Arzneimittel mitgenommen. Nach längerem Zögern entschied ich mich für eines, von dem ich hoffte, daß es dem Kind helfen konnte.

Die Mutter war überglücklich und glaubte felsenfest daran, daß diese fremde Medizin ihr Kind vollständig heilen würde. Das hoffte ich zwar auch von ganzem Herzen, versuchte ihr aber doch zu erklären, daß man sich von diesen Medikamenten keine Wunder erhoffen dürfe. Ich stieß jedoch auf taube Ohren. Sie war unerschütterlich davon überzeugt, daß der völligen Genesung ihres Mädchens nun nichts mehr im Wege stand.

Am nächsten Tag ging es dem Kind zu meiner

großen Erleichterung tatsächlich besser. Die Freude der Eltern war groß.

Als sich die Gelegenheit bot, und ich ihr endlich die Frage nach dem gesuchten Meister stellen konnte, legte sich ihre glatte Stirn einen Augenblick in Falten. »Es gibt einen solchen Menschen, der hier in der Nähe in einer Höhle lebt, aber ich habe ihn noch nie gesehen. Die meisten Leute im Dorf behaupten, es sei ein Verrückter. Er wird gemieden, man fürchtet sich vor ihm. Ich weiß nur, daß er dort an jenem Südhang lebt.« Sie deutete zu dem großen Berg hinüber, der zwischen den Limonenbäumen ihres Gartens zu sehen war.

»Es wird wohl ein vierstündiger Marsch sein, bis dort hinauf. Ich kenne jemanden, der dich führen kann«, sagte sie, erfreut mir einen Gefallen erweisen zu können.

Der Händler und sein Bruder traten zu uns in den Garten hinaus. Wir setzten uns in den Schatten der duftenden Fruchtbäume. »Du machst dir Sorgen, daß du einen so langen Weg zurück gelegt hast, und daß es vielleicht umsonst sein könnte«, sagte der Händler nachdenklich.

Ich fühlte mich tatsächlich verunsichert. Hatte ich wirklich diesen ganzen mühevollen Weg zurückgelegt, um hier am Ende einen Verrückten anzutreffen? Ich mußte mir aber Gewißheit verschaffen, und das ging nur, indem ich mit diesem Menschen zusammentraf.

Ich bat die Frau, die mich großen fragenden Augen anschaute, den erwähnten Führer, der, wie ich inzwischen herausgefunden hatte, ein Verwandter der Familie war, zu fragen, ob er mich am nächsten Morgen zum Berg hinauf begleiten wolle.

DAS MAGISCHE BEWUSSTSEIN

Wir verbrachten den Tag damit, Verwandte der Familie zu besuchen und wanderten mit ihnen durch ihre grünen Felder. Überall wurden uns Tee und Süßigkeiten angeboten. Meine Magensäfte mußten sich gewaltig anstrengen, um diese ganze Vielfalt zu verdauen.

Etwas außerhalb des Dorfes gab es verschiedene Quellen, aus denen warmes Wasser aus dem Schoß der Erde sprudelte. Hier hatten die Dorfbewohner kleine Auffangbecken angelegt, in denen sie badeten und ihre Kleider wuschen.

Kaum zog die Sonne am frühen Abend ihre Strahlen zurück, wurde es empfindlich kalt. Bevor ich mich auf das schlichte Lager zum Schlafen niederlegte, teilte der Händler mir mit, wann er die nächste Reise über den Paß anzutreten gedachte. Falls ich zu diesem Zeitpunkt noch nicht zurückreisen möchte, könnte ich bei der Familie seines Bruders bis zu seiner Rückkehr auf ihn warten.

Am Morgen erwachte ich mit gemischten Gefühlen, von Vorahnungen und Unsicherheiten erfüllt.

Mein Führer stand schon an der Tür. Er war von einem kleinen Mädchen begleitet, das mit leuchtenden Augen ganz zappelig an seinem purpurroten Röckchen herumzupfte. Die beiden setzten sich mit uns zum Frühstück.

Der Bruder des Händlers klärte mich kurz über die sonderbare Geschichte des kleinen Mädchens auf. Es war für das ganze Dorf ein Rätsel und wurde von allen verehrt und geachtet. Kaum hatte es gehen und sprechen gelernt, begann es den Sonnenaufgang und den Sonnenuntergang anzubeten und sprach in diesen Augenblicken unablässig von einem großen unsichtbaren Lehrer.

Erstaunt blickte ich zu dem unscheinbaren Kind hinüber und beschloß sogleich, seine Lebensgeschichte in meinem Buch zu erwähnen. Das ungewöhnliche Phänomen war gewiß mit einem früheren Leben verknüpft, sinnierte ich, und als ich den andern meine Gedanken mitteilte, bestätigten sie mich in dieser Annahme.

Man nahm das Mädchen immer auf Reisen mit. Jedermann war fest davon überzeugt, daß ihre Anwesenheit Schutz und Glück mit sich brachte.

Meine Skepsis regte sich. In meinem Innern wollte sich etwas aufbäumen und vernichtende Gedanken aneinanderreihen, doch ich ertappte mich dabei und beschloß, die letzte Aussage ganz einfach offenzulassen.

Einmal mehr war mir bewußt geworden, welch vorgeprägte, enge Sicht die meine war. Ich schien in einer unsichtbaren Zwangsjacke zu stecken. Immer wieder versuchte mir etwas in unerträglichem Hochmut Überlegenheit und rationales Allwissen vorzugaukeln.

Kaum hatten wir uns auf den Weg gemacht und das Dorf hinter uns gelassen, nahm das Mädchen mich an der Hand und tänzelte singend und unbeschwert neben mir her.

Es war eine stark bewaldete Gegend, und der Wald war dicht und dschungelhaft. Bereits vom Dorf aus hatte ich bemerkt, daß die Waldgrenze hier sehr hoch lag. Das Klima war angenehm, vom feuchten Boden stieg ein erdiger Duft auf. Ich fühlte mich wohl in diesem Tal. Etwas von der Unbeschwertheit und Offenheit dieser Menschen hatte sich auf mich übertragen. Ich empfand es wie eine Liebkosung der Seele.

Je höher wir stiegen, desto undurchdringlicher wurde der Wald. Auf einmal blieb der Führer vor einem Bach stehen, dessen Wasser friedlich talwärts plätscherte.

»Von hier aus müssen Sie allein weitergehen. Folgen Sie diesem Bach. Er fließt in der Nähe der Höhle vorbei, in welcher der Meister wohnt, Sie können den Weg nicht verfehlen«, erklärte er, und aus seiner Stimme war eine gewisse Unruhe herauszuhören.

Ich war perplex. Ich hatte ganz selbstverständlich angenommen, daß er mich bis zum Ziel begleiten würde.

»Warum wollen Sie mich nicht bis zum Meister führen?« brachte ich schließlich heraus. Er zuckte nur wortlos die Schultern und verabschiedete sich, ohne länger zu zögern. Ehe ich mich's versah, stand ich mutterseelenallein in dem undurchdringlichen Wald.

Vereinzelte Vogelrufe und das Plätschern des Wasser durchbrachen die fast unheimlich anmutende Stille. Kaum wurde mir meine Lage ganz bewußt, begann ein schleichendes Gefühl der Hilflosigkeit an mir zu nagen. Als Gegenmittel stimmte ich ein Lied an und machte ich mich schleunigst auf den Weg.

Die Höhle konnte nicht mehr weit sein. Keuchend schritt ich den steilen Hang hinauf. Unaufhörlich kreisten neue Gedanken in einem endlosen Gedankenkarussel durch meinem Kopf. Sie galten der krampfhaft gesuchten idealen Begrüßungsform und der Art, wie ich den Grund meines Besuches formulieren wollte.

Allmählich lichtete sich der Wald. Wie ein Schatten löste ich mich aus dem Gehölz und trat auf eine große Lichtung hinaus. Und da sah ich die Höhle im nackten Fels. Vor dem Eingang saß eine Gestalt vor einer Feuerstelle und schien irgend etwas zu kochen.

Der Mann hatte mich noch nicht bemerkt. So konnte ich ihn eine Weile aus der Ferne beobachten. Ich stand wie angewurzelt. Eine atemberaubende Enttäuschung lähmte mir die Sinne.

Dort drüben kauerte ein kleiner, untersetzter Mann mit schütterem grauem Haar am Boden. Ein verschossenes altes Hemd, weite Hosen und schmutzige Füße vervollständigten das Jammerbild. Und das sollte nun also der Meister sein, für den ich so viele Wochen gereist war?

Zorn schlug in mir hoch. Wie hatte ich nur so naiv sein können dieser Person, die mich hierhergesandt hatte, zu glauben! Vor mir saß bestimmt nur irgendein Bergbauer, der sich aus unerfindlichen Gründen hierher zurückgezogen hatte.

Anstandshalber legte ich das letzte Stück Weges doch noch zurück, um ihn immerhin zu begrüßen. Er mußte wohl taub sein, denn ich stand unmittelbar neben ihm, und er hatte mein Kommen überhaupt nicht bemerkt.

Als ich den Mund aufmachte, um das Wort an ihn zu richten, blickte er auf:

»Ah! Hole Wasser am Bach«, sagte er bloß und bevor ich mich nur von meiner Überraschung erholen konnte, hatte er mir auch schon einen Krug in die Hand gedrückt.

Wütend über dieses herrische Gebaren, lief ich zum Bach und brachte ihm den gefüllten Krug zurück. Er trank ihn in ein paar Zügen leer. »Mehr«, sagte er in befehlshaberischem Ton, und schon hielt ich, verdattert, den Krug erneut in der Hand und war auch bereits wieder auf dem Weg zum Bach.

Ich schäumte vor Wut. Ein weiteres Mal würde ich mich von diesem Kerl nicht so herumkommandieren lassen. Während ich mit dem vollen Krug zurücklief, begann ich bereits Pläne für die Rückreise zu schmieden. Ich wollte so schnell wie möglich hier weg. Die Dorfbewohner hatten recht, das war ein Verrückter.

»Setz dich, wir wollen essen«, sagte der Mann, als ich wieder vor ihm stand. Er verschwand in der Höhle und kam mit einem zweiten Eßgeschirr wieder heraus, das er mir vor die Füße legte. Das Essen war einfach und schmeckte gut, und während ich kaute, legte sich allmählich meine Wut. Er schmatzte zufrieden vor sich hin, ohne sich weiter um mich zu kümmern.

Meine lange vorbereiteten Begrüßungsworte, die ersten Fragen, die ich ihm hatte stellen wollen – all das war wie von einem unsichtbaren Sturmwind aus meinem Gehirn hinweggefegt.

Vielleicht wollte er während des Essens nicht sprechen, dachte ich, und das Zubereiten der Speise war ein Ritual. Nach dem Essen fragte er mich gewiß, woher ich kam und welches der Grund meines Besuches sei. Ich beschloß, ihn nicht anzusprechen, bevor er eine Frage an mich richten würde. Es konnte ja sein, daß es hier im Gebirge Anstandsregeln gab, die ich nicht kannte. Hoffentlich hatte ich nicht seine Gefühle verletzt.

Mit dem Wasser das ich gebracht hatte, wuschen wir uns die Hände und die Eßgefäße. Gleich wird er mich ansprechen, dachte ich erwartungsvoll. Doch er rülpste nur laut, hielt sich zufrieden den Bauch und ließ sich, die Augen schließend, rücklings auf den Boden gleiten.

Und schon schlief er.

Das konnte nicht wahr sein! Ein solcher Mensch war mir in meinem ganzen Leben noch nie begegnet. Ich konnte ihn weder verstehen noch einordnen, und wieder stieg eine dunkle Zorneswolke in mir hoch, zum Bersten voll mit den schlimmsten Schimpfwörtern, die ich in meinem Gedächtnis gespeichert hatte. Erst als sich diese Giftkammer vollständig entleert hatte, beruhigte ich mich wieder.

Ich mußte mir eingestehen, daß seine völlig unkonventionelle Art, die mir absolut fremd war, auch eine gewisse Faszination auf mich ausübte. Und doch konnte ich es nicht fassen. Wie lange saß ich nun schon da und wartete darauf, daß dieser Kerl die Augen aufschlug!

Ich mußte so schnell wie möglich von hier weg. Es begann bereits Nacht zu werden. Für heute war es zu spät, aufzubrechen, das war mir klar.

Das Abendlicht zauberte in unzähligen Farbschattierungen gigantische Gemälde von unaussprechlicher Schönheit an den Abendhimmel und schlug mich ganz in Bann. Sobald der Mann die Augen öffnete, wollte ich ihn fragen, ob ich die Nacht bei ihm verbringen dürfe.

Als hätte ich ihm ein Stichwort in sein schlafendes Gehirn gesandt, schlug er die Augen auf und stand auch schon auf den Füßen. Er hatte sich mit einer Geschmeidigkeit erhoben, die ich ihm niemals zugetraut hätte.

»Komm, ich zeige dir, wo du schlafen kannst. Es ist gut, daß du einen dicken Mantel hast. In der Nacht wird es kühl«, sagte er. Der Innenraum der Höhle war größer als ich vermutet hatte. Eßgeschirr, Schlafmatten und eine kleine alte Tasche waren sein ganzes Hab und Gut. Eine dieser Matten rollte er für mich im hintersten Winkel des Raumes aus und gab mir zu verstehen, daß dies der wärmste Platz der Höhle sei.

Erschöpft legte ich mich nieder. Ein penetranter Geruch, der von dem Mann ausging, ließ mich zunächst nicht schlafen. »Der stinkt ja wie ein alter

Geißbock, er muß sich wochenlang nicht mehr gewaschen haben!« dachte ich, während ich mit geschlossenen Lidern dalag. Ich selbst roch allerdings auch nicht mehr ganz blütenfrisch, mußte ich mir eingestehen.

Es war, als wäre ich in eine tiefe Bewußtlosigkeit gefallen. Als ich am Morgen erwachte, war es bereits taghell und der komische Kauz ließ sich nirgends blicken.

Ich wartete wieder.

Stunden vergingen, dabei hatte ich heute morgen in aller Frühe aufbrechen wollen. Endlich kam er mit einem Scherflein trockenen Holzes unter dem Arm gemütlich daherspaziert. Er nickte mir freundlich zu, trat zu mir hin und beschnupperte mich wie ein Tier.

»Du stinkst ja wie ein alter Geißbock! Komm, gehen wir baden,« sagte er kurzangebunden. Mein Gehirn lief Amok. Es tauchten lauter Fragezeichen auf, ich fühlte mich plötzlich miserabel. Doch er nahm mich ohne langes Zögern bei der Hand und zog mich in atemberaubenden Tempo den zerklüfteten Berg hoch, bis wir die Schneegrenze erreichten.

Das war hoffentlich das Ziel der Reise! Ich war am Ende meiner Kraft. Meine Erschöpfung war ihm nicht entgangen, und er blieb eine Weile stehen. Barfuß stand er vor mir im Schnee und schaute mich voller Erbarmen an. Nie hätte ich ihm eine solche Kondition und Wendigkeit zugetraut, sie schienen überhaupt nicht seiner körperlichen Konstitution zu entsprechen.

Kaum hatte ich mich ein wenig erholt, ging er wortlos weiter. Wir stapften über ein großes Schneefeld den Berg hinan und überquerten einen Felsbuckel. Vor uns erhoben sich immer höhere Berge, es war ein überwältigender Anblick. Plötzlich standen wir vor einem kleinen See, in dem sich das eiskalte Schneewasser sammelte.

Zwei rasche Handgriffe, und er stand nackt vor mir. Ehe ich mich's versah, war er schon ins eisige Wasser gesprungen und spritzte vergnügt um sich. »Komm ins Wasser, du mußt unbedingt baden, du stinkst ganz entsetzlich.« Wie benommen stand ich da. »Der will mich fertigmachen«, dachte ich, aber er hatte nicht mit mir gerechnet: auf dieses Spielchen ließ ich mich nicht ein.

»Ich habe kein Handtuch dabei und das Wasser ist viel zu kalt. Unten im Tal gibt es warme Quellen, dort wäre ein Bad sicher angenehmer«, antwortete ich und gab mir große Mühe, nonchalant zu wirken.

»Du brauchst kein Handtuch, und ob das Wasser warm oder kalt ist, spielt doch keine Rolle! Komm her! Bade! Du mußt für deine Rückreise frisch sein.« In seiner Stimme war etwas Festes, Kompromißloses.

Das war es also, dachte ich: Er wollte mich so schnell wie möglich loswerden. So auch wieder nicht, dachte ich, schlüpfte flink aus meinen Kleidern und sprang ins Wasser. Mir war, als sei ich schlagartig zu einem Eisklotz erstarrt. Ich konnte kein Glied mehr rühren und kaum noch atmen. Das Wasser war so kalt, daß ich das Körperbewußtsein verlor. Mein ganzes inneres Empfinden war unverzüglich auf einen einzigen Punkt zusammengeschrumpft, der sagte: »Steig sofort aus dem Wasser, sonst stirbst du!«

Er stand neben mir und lachte: »Diese Kälte bildest du dir nur ein! Atme tief und ruhig, laß dich los.«

Mein Blut schien zu gerinnen. Ein einziger Gedanke beherrschte mich: »Ich muß sofort aus diesem Wasser hinaus.« Mühsam krabbelte ich dem Ufer entgegen und begann meinen blau angelaufenen Körper zu massieren.

»Es stört dich doch hoffentlich nicht, wenn ich noch ein Weilchen drin bleibe?« fragte er schalkhaft.

Es dauerte lange, bis ich mich einigermaßen erholt hatte. Endlich kam auch er aus dem Wasser, frisch und fröhlich. »Komm, gehen wir zurück und trinken etwas Warmes, das wird dir gut tun«, meinte er lachend und fügte hinzu: »Wer hier in den Bergen im Freien lebt, der muß so stark und widerstandsfähig sein wie die Elemente, denen er ausgesetzt ist. Hitze empfindend in der beißenden Kälte, Kühlung in der brütenden Hitze muß er dort leben, wo beide nicht existieren, dort, wo es weder »Hier noch Dort gibt.«

«Diejenigen, die gefangen am Nabel des sichtbaren Universums hängen, trinken aus der schwarzen Schale die bitteren Wasser des Todes. Vom Zeitlichen gerädert, im Endlichen verloren, leben sie in Schmerz und Dunkelheit.«

Schlagartig wurde mir bewußt, daß dieser Mensch

alles andere als ein Spinner war und auch nicht ein einfacher Bergbauer, wie ich ihn fälschlicherweise eingeschätzt hatte.

Einen flüchtigen Augenblick lang hatte er mir sein wahres Gesicht gezeigt. Was er mir gesagt hatte konnte ich nur teilweise nachvollziehen. Ich wollte ihn bitten, mir meine Unklarheiten zu erhellen. Seine Worte wirkten wie eine unsichtbare Leiter aus reinem Licht, die vom Endlichen ins Unendliche führte. Es war eine endlose Reise ins Innere, das wurde mir in diesem Augenblick voll bewußt.

Eine unendliche Reise ins Innere ... Warum stiegen plötzlich solche Gedanken in mir auf, wo kamen sie her? Hatte er sie mir eingepflanzt?

Rasch schritten wir den Berg hinunter, mein Körper erwärmte sich und meine Kleider trockneten rasch. Ein angenehm prickelndes Wohlbefinden durchströmte meinen ganzen Leib.

Gemütlich schlürften wir vor der Höhle den heißen Tee.

»Wann gehst du zurück«, fragte er mich unerwartet. Es war bereits Nachmittag und zu spät um aufzubrechen. Verlegen fragte ich ihn, ob ich nochmals in der Höhle übernachten dürfte. Er hatte nichts dagegen.

Am nächsten Morgen als ich die Augen aufschlug, saß er unmittelbar vor mir und schaute mich an. Ich erschrak zutiefst, darauf war ich nicht gefaßt gewesen.

»Wie bist du aufgewacht?« fragte er mich.

»Hier auf diesem Lager«, antwortete ich.

»Du hörst nicht zu. Ich habe dich nicht gefragt, wo und wann, sondern wie«, sagte er.

Es war etwas Eindringliches in seiner Stimme, und seine Frage verwirrte mich. Lange dachte ich darüber nach. Schließlich kam ich zur Erkenntnis, daß ich keine Ahnung hatte, wie ich heute morgen erwacht war. Aus unerklärlichen Gründen war ich plötzlich wach gewesen.

Er saß vor der Höhle und schnitzte mit geschickten Händen Verzierungen in einen hölzernen Stock.

»Ich habe keine Ahnung wie ich erwacht bin, ich erwachte einfach«, sagte ich endlich unsicher.

»Komm, setz dich. Erkläre mir, was genau du unternommen hast, um heute morgen zu erwachen. Wie hast du das fertiggebracht?«

Ich saß da, als hätte er mir einen Eimer eiskaltes Wasser über den Kopf geschüttet. Mein Gehirn lief auf Hochtouren und suchte fieberhaft nach einer intelligenten Antwort. Ich mußte zeigen, daß ich ein vernünftiger, klar denkender Mensch war, der schon viele philosophische Gespräche geführt hatte. Doch so sehr ich mich auch anstrengte, auf diese Frage gab es keine Antwort.

»Ich bin mir nicht bewußt, etwas getan zu haben, um heute morgen aufzuwachen. Ich war ganz einfach auf einmal wach.«

»So so, aber woher bist du denn gekommen? Wenigstens das sollte dir doch klar sein, nicht?« bohrte er weiter. Sein rundes Gesicht hatte plötzlich einen spitzbübischen Ausdruck. Er spielte Katz und Maus mit mir.

»Aus der Traumwelt bin ich gekommen«, antwortete ich ohne zu überlegen.

»Du willst mir also sagen, daß du in der Traumwelt plötzlich den Entschluß gefaßt hast: So jetzt habe ich genug geträumt, jetzt will ich erwachen. Warst du in der Traumwelt derselbe Mensch wie hier und jetzt im Wachzustand? Und wie bist du gestern abend eingeschlafen? Wie hast du es fertiggebracht, vom Wachzustand in diesen Traumzustand hinüberzugehen? Was hast du alles vom Wachzustand in die Traumwelt hinübergenommen?«

Er zog mir mit seinen Fragen den Boden unter den Füßen weg. Ich war verwirrt und hatte das Gefühl, richtungslos in einem luftleeren Raum herumzutrudeln.

Doch er ließ nicht locker:

»Du weißt weder, wie du erwacht bist, noch woher du gekommen bist, noch wie du eingeschlafen bist. Und trotzdem bist du fest davon überzeugt, daß es dich gibt und daß diese Stunden, die du im Wachzustand verbringst, die einzige Realität sind. Du bist überzeugt, daß du gestern warst und morgen sein wirst. Bist du sicher, daß das wirklich so ist, oder bildest du dir ein Gestern und ein Morgen nur ein?

Wirf die Schwerkraft deiner Unwissenheit ab und erwache, du Schlafwandler! Du bist im Strom des Vergessens und der Unwissenheit gefangen.«

»Jetzt beleidigt dieser Kerl mich noch!«

Wehrlos, hilflos entblößt saß ich da. Ich hatte das Gefühl, ich werde Jahre brauchen, um das soeben Gehörte zu verstehen und zu verkraften. Mit ein paar Fragen, denen ich mich nicht entziehen konnte, Fragen auf die es in meinem Kopf keine Antwort gab, hatte er meine ganze Existenz in Frage – und auf den Kopf gestellt.

»Wie ist dein Name«, fragte ich ihn, um von meiner Verlegenheit abzulenken.

»Einen Namen habe ich nicht, nenne mich wie du willst. Die in die Sonne Eingehüllten sind namenlos. Bist du hier, um mir so dumme, unwichtige Fragen zu stellen? Wann willst du gehen?«

Er saß völlig teilnahmslos, emotionslos da und schnitzte weiter an seinem Holzstock. Dann stand er plötzlich auf und verschwand im Wald.

Ich konnte mich nicht erinnern, wann ich mich in meinem Leben zum letzten Mal so elend gefühlt hatte. Ich wußte nicht, was ich von diesem Menschen halten sollte. Seine Exzentrik war mir unerträglich. Einmal behandelte er mich wie ein Kind, dann wieder wie einen Schwächling und unwissenden Idioten. Schmerzhaft wurde mir meine Verletzlichkeit bewußt. Sobald er zurückkam, wollte ich mich verabschieden.

Vorläufig wartete ich wieder.

Stunden vergingen. In meinem Innenleben folgten sich vielfältige Welten voller eigenartiger Emotionen. Wo war er? Ich mußte bald aufbrechen, es war schon wieder später Nachmittag und er war noch immer nicht zurück. Ich spielte mit dem Gedanken, einfach wegzugehen, ohne auf ihn zu warten. Doch das konnte ich nicht. Es entsprach weder meinem Wesen noch den hiesigen Umgangsformen.

Als er endlich zurückkam, dunkelte es bereits.

»Ach, du bist immer noch hier«, warf er so nebenbei hin, und ich sah mich in einer immer peinlicher werdenden Lage einmal mehr gezwungen, ihn zu fragen, ob ich die Nacht bei ihm verbringen dürfe. Er nickte nur kurz, es schien ihm völlig egal zu sein. Er behandelte mich wie einen der Käfer, die mit ihm in der Höhle wohnten. Auch sie kamen und gingen, und er beachtete sie kaum.

Am nächsten Morgen, das stand fest, wollte ich sogleich losziehen. Auch wenn er nicht da war! Diesmal wartete ich auf keinen Fall. Um meine Entschlossenheit vor mir selber zu bestätigen, gab ich ihm zu verstehen, daß meine Abreise für morgen feststand.

Ich war nicht sicher, ob er mir überhaupt zugehört hatte. Gleichgültig und selbstzufrieden lag er auf seiner Matte und starrte ins Leere. Am liebsten hätte ich ihm einen Tritt in den Hintern gegeben, so sehr irritierte mich diese Teilnahmslosigkeit. Wenn ich ihn so betrachtete, kam er mir wie eine fette, hohle Larve vor.

Ich war innerlich so aufgewühlt, daß ich lange nicht einschlafen konnte.

Als mich das fröhliche Zwitschern der Vögel weckte, war ich bei bester Laune. Mein Blick wanderte durch die Höhle zum Eingang. Da war er! Ich atmete auf. Er saß draußen bei der Feuerstelle und kochte.

»Ich möchte mich jetzt verabschieden«, sagte ich.

Er wandte sich zu mir um.

»Komm, setz dich. Du mußt etwas essen, bevor du gehst. Nach dem Essen kannst du aufbrechen«, sagte er.

Mein Magen knurrte. Das Frühstück war ein guter Abschluß für meinen kurzen Besuch, dachte ich. Und sicher gab es in dieser Gegend noch andere, die wie er im Freien wohnten, tröstete ich mich.

Er füllte mein Eßgeschirr bis zum Rand und löffelte dann stillschweigend sein Essen. Während des Essens hatte er nie ein Wort gesprochen. Um so erstaunter war ich jetzt, als er mich plötzlich fragte:

»Weißt du, daß Yogis fliegen können? Möchtest du auch fliegen lernen? Ich könnte es dich lehren.«

Das war die Wende! Endlich kam etwas Konkretes! Ich war von seinem Vorschlag sogleich hell begeistert. All die schlechten Gefühle und Gedanken, die ich gegen ihn gehegt hatte, waren wie weggefegt.

Übereifrig platzte ich heraus,«Oh, das interessiert mich sehr.« Ich war auf einen Schlag in euphorischer Stimmung. Das war nicht dieses«Wie-bist-du-aufgewacht? »Wie-bist-du-eingeschlafen?« Nein, er wollte mich tatsächlich fliegen lernen! Gelesen hatte ich schon von diesem Phänomen, aber jetzt war ich selbst am Puls des Geschehens!

»Gleich nach dem Essen können wir beginnen«, sagte er.

Der Erwartungsdruck in mir war so groß, daß ich gar nicht merkte, wie schnell ich das Essen verschlang. Im Geist malte ich mir schon tausend Möglichkeiten aus, unermeßliche Perspektiven. Meine Freunde Zuhause würden ja staunen, wenn ich ihnen meine Künste vorführte.

Ungeduldig wartete ich darauf, daß auch er endlich aufgegessen hatte, doch er aß langsamer und langsamer und kam zu keinem Ende. Ich wagte kein Wort zu sagen. Auf keinen Fall wollte ich ihn verärgern und riskieren, daß er es sich vielleicht anders überlegte.

Ich wartete und wartete.

Er aß und aß.

Träge verstrich die Zeit bis mir auffiel, daß er immer aus dem gleichen kleinen Eßgefäß aß, das immerzu halbvoll blieb. Ich rieb mir die Augen. Ich träumte wohl? Dann beobachtete ich ihn ganz genau. Kein Zweifel, er aß tatsächlich! Mehrmals stand er auf und begab sich in die Höhle, dann setzte er sich wieder und aß immer langsamer und langsamer und als die Dämmerung hereinbrach, war die Schüssel plötzlich leer. Er hatte den ganzen Tag fast ununterbrochen gegessen.

Nun stand er ganz gelassen auf und erklärte mir eindringlich, daß man kein Essen vergeuden sollte. Nachdem er vom Bach zurückgekehrt war, wo er das Eßgeschirr gewaschen hatte, legte er sich in der Höhle gemütlich auf seine Matte und schlief gleich ein.

Wieder war ein Tag vorbei, wieder hatte ich lange Stunden gewartet, voller Hoffnung, Zweifel, Neugier und Erstaunen. Wie hatte der alte Fuchs es bloß fertiggebracht, einen ganzen Tag lang aus derselben kleinen Schüssel zu essen, ohne daß sie leer wurde? Er hatte mich sicher mit einem Trick getäuscht! Und ich hatte ihn den ganzen Tag scharf beobachtet, ohne ihm auf die Schliche zu kommen. Morgen wollte ich ihn fragen, ob er mir das Fliegen vor dem Frühstück beibringen könnte. Ich war schon ganz beflügelt bei dem Gedanken. Immer mehr Perspektiven eröffneten sich mir.

Zwar konnte ich mir nicht vorstellen, wie dieser fettleibige Mensch wohl fliegen konnte, aber alles an ihm war ungewöhnlich und unberechenbar. Als ich am Morgen erwachte, erschrak ich heftig. Er lag schlafend auf der Matte und war über Nacht noch fetter geworden. Er mußte sehr viel an Körpergewicht zugenommen haben. War er sich dessen bewußt? Ich war gespannt, wie er bei seinem Erwachen darauf reagieren würde. Er schlief noch sehr tief, sein Atem ging regelmäßig und ruhig.

Ich trat aus der Höhle und genoß die Sonne und die Natur, die sie mit ihrer lebensspendenden Kraft ernährte. Ich schlenderte zum Bach, wusch mich und meditierte. Das Plätschern des Wassers versetzte mich in einen Zustand tiefer Entspannung und Selbstvergessenheit.

Immer wieder durchzuckten Gedanken meine innere Ruhe. War er inzwischen erwacht? Sollte ich nachschauen? Ich bildete mir ein, die Meditation werde mir beim Fliegen helfen, es war bestimmt wichtig, ruhig und konzentriert zu sein.

Nach längerer Zeit, ging ich zur Höhle zurück. Er lag immer noch schlafend da, rund und prall wie ein gemästetes Schwein. Wie konnte ein Mensch über Nacht soviel Gewicht zulegen? Vielleicht war er krank? Das wäre eine plausible Erklärung.

Unruhe und Ungeduld beherrschten mich. Ich ging vor der Höhle auf und ab wie ein gefangenes Tier. Immer wieder schaute ich hinein. Er schlief selig.

Um die Mittagsstunde entschloß ich mich, ihn zu wecken. Ich stellte mich vor ihn hin und begann, allerlei laute Geräusche zu machen. Dabei kam ich mir selber albern vor. Bei ihm war nicht geringste Reaktion zu bemerken. Ich beugte mich vor, um ihn an der Schulter zu rütteln, aber mit diesem Vorhaben kam ich nicht weit: eine unerklärliche Kraft versetzte meiner Hand einen heftigen Stromstoß. Ich erschrak dermaßen, daß ich rücklings auf den Hintern fiel.

Er hatte sich nicht im geringsten bewegt. Ich war völlig perplex. Wie konnte so etwas möglich sein? Ich beschloß, auf einen langen Spaziergang zu gehen. Das Rätsel des Stromstoßes blieb unbeantwortet. Sobald er erwachte, wollte ich ihn um eine Erklärung bitten.

Ich kam erst Stunden später zurück, und was ich bereits geahnt hatte, traf auch wirklich zu: Er schlief oder meditierte noch immer. Als die Sonne langsam der Nacht entgegensank, erwachte er, blickte mich an und meinte: »Es wird schon dunkel. Wir sollten jetzt schlafen, morgen haben wir einen anstrengenden Tag vor uns »Dann schloß er ohne weiteren Kommentar die Augen und war sogleich wieder in einen tiefen, ruhigen Schlaf versunken.

Die Fragen, die ich ihm hatte stellen wollen, blieben in der inneren Kammer der Neugier stecken. Was machte ich überhaupt bei diesem Kerl? Seit dem ersten Augenblick, als ich hier angekommen war, tat er nichts anderes, als mich an der Nase herumzuführen und zu ärgern. Das mußte ich mir doch nicht gefallen lassen! Er war ein Spinner, wirklich,

ich wußte nicht, sollte ich ihn lieben oder hassen, ich wußte überhaupt nichts mehr.

Auf dem harten Boden liegend, wartete ich, bis mich der Schlaf abholte. Die ganze Nacht träumte ich vom Fliegen. Ein überwältigendes Gefühl! Ich besuchte Freunde, reiste in ferne Länder. Als ich am Morgen erwachte, war die Ernüchterung groß: Es war nur ein Traum gewesen!

Trotzdem, heute war mein großer Tag, heute mußte ich zu meinen Erklärungen und den versprochenen Erfahrungen kommen, das war er mir schuldig. Mein Blick wanderte zu seiner Schlafstelle. Er war nicht da!

Nein, nicht schon wieder! Das konnte er mir nicht antun. Eine tiefe Verzweiflung überwältigte mich, am liebsten wäre ich gleich weggerannt, doch die Aussicht, fliegen zu lernen und mich frei in den Lüften bewegen zu können, hielt mich wie ein unerklärlicher Zauber gefangen. Sein Versprechen, das wußte ich mit Gewißheit, war kein Traum gewesen.

Als ich die Höhle verließ, kam er mir lachend entgegen. Wie angewurzelt blieb ich stehen. Ich konnte nicht glauben, was ich sah. War er es wirklich, oder stand da ein anderer vor mir? Er hatte sehr viel an Gewicht verloren und sah zehn Jahre jünger aus.

»Bist du es wirklich?« fragte ich ungläubig, und zu meiner noch größeren Verwirrung antwortete er lachend: »Gemästete Schweine können nicht fliegen.«

Ich wäre am liebsten auf der Stelle im Erdboden versunken. Ich konnte nicht fassen, was er mir soeben gesagt hatte. Gestern vor dem Einschlafen hatte ich in meiner Wut und Frustration genau diesen Gedanken gehabt, das wußte ich wohl, aber da hatte er tief geschlafen. Es war unmöglich, daß er während des Schlafs meine Gedanken lesen konnte, und doch schien gerade dies der Fall zu sein.

Ich hatte ihn sicher tief gekränkt, doch so wie er jetzt vor mir stand, war eines ganz offensichtlich: Meine Emotionen ließen ihn völlig unberührt. Auf einmal überkam mich große Furcht. Ich wußte nicht, was ich sagen und wie ich mich verhalten sollte. Er hatte mich schlicht am Boden zerschmettert. Er gab mir keine Gelegenheit, mich zu entschuldigen, und weglaufen konnte ich auch nicht.

Auf alle meine negativen Reaktionen reagierte er immer auf eine mir völlig unbegreifliche, unerwartete Art und Weise. Zum ersten Mal wurde mir seine Unantastbarkeit bewußt. Er schien mit seinem Handeln, Fühlen, Denken und Wahrnehmen so weit von mir entfernt zu sein, daß ich mich fragte, was ich eigentlich von ihm lernen konnte. Sogar das Fliegen schien mir plötzlich trivial.

Von jetzt an wollte ich einen Wächter vor meine Gedanken stellen. Ich durfte ihnen unter keinen Umständen mehr freien Lauf lassen wie bisher. Schattenhaft, wie dunkles, giftiges Schlammmwasser quollen diese Gedanken unbewußt aus unergründlichen Tiefen meines Wesens herauf. Waren sie wirklich unergründlich? Das mußte ich ergründen.

»Komm, es ist Zeit zum Fliegen«, sagte er unbeschwert.

Er schien mir überhaupt nichts nachzutragen! Er war für mich ein Rätsel.

Lange stiegen wir den steilen Hang hinunter, bis wir eine Geröllhalde erreichten.

»Nein, das ist nicht der richtige Ort«, sagte er kurz, machte rechtsumkehrt und begann wieder zur Höhle hinaufzuklettern.

Es gab überall kleinere Hänge ringsum, aber nein, zuerst mußte man über eine Stunde marschieren, um dann wieder zum Ausgangspunkt zurückzukraxeln. In mir stieg kochend, unkontrollierbar, eine gewaltige Zorneswolke hoch. Einmal mehr fühlte ich mich auf fiese Art von ihm manipuliert.

»Das ist der geeignete Ort. Komm stell dich hierher.«

Eilig lief ich zur Stelle, auf die er wies. In diesem Augenblick zog sich schlagartig ein gewaltiges Gewitter über uns zusammen. Und schon öffnete der Himmel seine Schleusen und es begann in Strömen zu regnen. Wie Tränen tropfte das Wasser von den Bäumen. Das Ganze war so unerwartet gekommen, daß es mir wie eine Entladung vorkam, wie die Antwort der Elemente auf meinen Zorn.

Aus der Höhle schauten wir dem gewaltigen Naturereignis zu. Blitze zuckten schlank und langarmig auf die Erde nieder. Er saß neben mir, in sich selbst ruhend, die wechselhaften Launen der Erde genießend, zentriert in unsichtbaren Räumen des Ewigen.

Wieder sah ich ihn mit anderen Augen.

Hatte vielleicht er das Gewitter heraufbeschworen? Aber ich wollte diese Gedanken nicht weiter verfolgen, denn ich wußte nun, wo sie hinführten und was durch sie ausgelöst wurde.

So schnell und unvorhersehbar wie das Gewitter gekommen war, hatte es sich wieder aufgelöst. Bald stand ich wieder am Hang. Der Boden war vom Regen aufgeweicht und glitschig. Innerlich bebte ich vor Aufregung. Und prompt kamen seine Anweisungen:

»Schließe die Augen und atme tief und ruhig durch. Fühle wie du leicht und leichter wirst und stelle dir innerlich vor, daß du fliegst. Hebe deine Arme und beuge dich leicht vor. Ich zähle jetzt auf drei, dann springst du.« Ich fühlte mich erhoben und ganz leicht. Wie aus weiter Ferne hörte ich seine Stimme: »Eins, zwei, drei ...«

Ich sprang.

Statt abzuheben stürzte ich kopfvoran den steinigen Hang hinunter. Als ich zum Stillstand kam, spürte ich einen brennenden Schmerz im rechten Fuß. Meine Arme und mein Gesicht waren über und über aufgeschürft, aus den Wunden sickerte Blut.

Hilflos lag ich da. Ich konnte und wollte nicht glauben, was mit mir geschehen war. Haßerfüllt schaute ich mich nach ihm um. Ich hätte ihn umbringen können. Er stand da und lachte und meinte nur: »Nicht schlecht für den Anfang!« Dann verschwand er im Wald.

Er hatte mich ganz allein zurückgelassen! Selbstmitleid und grenzenlose Wut überwältigten mich. Sie gaben mir die Kraft, auf allen Vieren mühsam den Hang hochzukrabbeln, bis ich mit letzter Anstrengung die Höhle erreichte und dort erschöpft zu Boden sank.

Wie ich diesen Kerl haßte! Warum hatte ich mich überhaupt entschlossen, hierherzukommen? Dafür haßte ich mich selbst. Und was sollte ich jetzt tun? Ich war ihm ausgeliefert, das war mir klar. An ein Weggehen war nicht mehr zu denken.

Als ich mich endlich etwas beruhigt hatte, kam er zurück. Er hatte verschiedene Kräuter und Wurzeln mitgebracht. Wortlos, als ob nichts geschehen wäre, kniete er vor mir nieder und begutachtete meinen Fuß.

»Es sieht ganz so aus, als ob du eine Weile hierbleiben würdest.« Dann machte er mir einen Kräuterwickel und reinigte mit dem Saft der Wurzeln sorgfältig meine Wunden.

Einmal mehr fühlte ich mich von ihm in Gefühlsbäder hineingedrängt, an Orte, wo sich Haß und Liebe blind ineinander verstrickten. Er berührte mich innerlich genau dort, wo unsichtbar die Strömungen der Schicksalskräfte ihr unheilvolles Spiel treiben.

Hatte mich eine übergeordnete Kraft hierher geführt, um den kosmischen Weg meines verschütten Wesens auszuhauen?

Um diesen Menschen zu verstehen, mußte sich zuerst das Auge des Lichtherzens öffnen, jenes Auge, das den Schnittpunkt wahrnahm, an dem sich Himmel und Erde trafen.

Es war eigenartig, was in diesen kurzen Augenblicken innerer Erhellung mit mir geschah: Ich betrachtete mich selbst ganz objektiv und wurde gewahr, wie arrogant, voreingenommen und unwissend ich ihm bis jetzt begegnet war. Er hatte mir ohne viel Aufsehen zu machen, einen reinen, geschliffenen Spiegel vor Augen gehalten und mich zu unmittelbarer Erfahrung gedrängt. Ich war ja nicht für Theorie, sondern für die Praxis hierhergekommen, erinnerte ich mich. Nur hatte ich mir diese Praxis nicht so vorgestellt.

In kürzester Zeit hatte er mich vollständig entwaffnet und mich durch ein Zeitfenster einen Blick auf mein Wesen werfen lassen, bei dem mir klar wurde, in welchen Umständen es festgefahren war. Meine kurzlebigen Leidenschaften und die Unzulänglichkeiten des menschlichen Welttheaters waren giftige Nahrung für das sterbliche Herz.

Liebevoll verarztete er meinen Arm. Er wußte, daß er mit diesem Flug und seiner kompromißlosen Haltung tiefe Wirkungskräfte in mir freigesetzt hatte, die eine große innere Klärung und Reinigung bewirkten.

Durch verborgene Türen schaute ich kurz eine Helligkeit die jenseits der Körperlichkeit, jenseits jeglicher Sinnhaftigkeit war. Eine Helligkeit die nichts war, was mit Worten bezeichnet werden konnte, einen Glanz, der nichts war und auch das Wort Nichts ausschloß. Die erdgeborenen Augen konnten diese Helligkeit nicht schauen.

Tränen flossen mir über die Wangen. Ich sah die unrealisierten Weiten und fühlte die Sehnsucht, mich aus der Ebene der Erdgebundenheit zu befreien, plötzlich wie das Feuer der Sonne in mir brennen.

»Wie lange möchtest du bleiben?« fragte er mich liebevoll. Bisher hatte er mich immer gefragt, wann ich gehen wolle.

»So lange ich bleiben darf«, antwortete ich, von einem unaussprechlichen Glücksgefühl erfüllt. In seinen stillen Augen sah ich die Unsterblichkeit leuchten. Ich konnte es kaum fassen. Im Bruchteil eines Augenblicks hatte sich meine Beziehung zu ihm vollkommen gewandelt. Er hatte mich gründlich geprüft.

»Wenn du hierbleiben willst, mußt du die sieben Dämonen deines Herzens töten. Sie sind die Mutter allen Leidens und der Vater aller Täuschungen, die niederen Lebensweisen. Solange du sie nicht vollständig ausgerottet hast, kannst du das schattenlose Land nicht betreten und steckst weiterhin fest im schmerzvollen Schaum der Zeit.«

Seine satte Geisteskraft hatte mein Herz zutiefst ergriffen. Er hatte mir den Schlüssel des Lebens vor Augen geführt. Wie unsagbar schwach war ich mein ganzes Leben lang gewesen und wie stark war ich mir vorgekommen, in meinem Wahn! Mein Talent bestand darin, mein eigenes Leben zu organisieren, ein Leben in dem nur ich vorkam. Mit dieser egozentrischen Strategie hatte ich mir ein Gefühl der Stärke und Überlegenheit vorgegaukelt.

Mein solcherart auf Sand gebautes Haus war hier oben in wenigen Tagen in den Grundfesten erschüttert worden und lag nun vollends zerstört am Boden. Ich wußte, es konnte unmöglich wieder so aufgebaut werden, wie es gewesen war. Und ich mußte mir eingestehen: Ich hatte nie ein wahres Fundament gehabt.

Nie hätte ich gedacht, daß diese Reise für mein Leben einen derartigen Einschnitt bedeuten würde. Eigentlich hatte ich bloß Informationen sammeln wollen, ohne mich selbst so tief in diese Auflösungsprozesse hineinziehen zu lassen.

Wie lange irrte ich schon auf verworrenen Pfaden durch diese dunkle Menschenwelt, in der weder die Seele noch Gott Platz hatten und starrte in den Zerrspiegel der Unwissenheit und der Lieblosigkeit. Das war mein Leben. Wie verdorrt und armselig kam ich mir in diesem Augenblick vor, halbe Wahrheiten kennend, halbe Wahrheiten verkündend.

Mein ganzes Wissen war in dunklen Fässern der Erinnerung gespeichert, doch deren Inhalt hatte stets einen bitteren Nachgeschmack, der meine Nerven strapazierte.

Das Irrlicht, dem ich gefolgt war, hatte mich an die Evolution des Todes gekettet, während ich, mit jedem Schritt mich selbst verletzend, immer auf der Suche war nach einem lichten Fleck. Dabei hatte ich das wahre Menschsein verkannt und unwissend unaufhörlich das tödliche Getränk dieser vergänglichen Welt zu mir genommen. Dieser unnatürliche Weg hatte mich mit dem Blendwerk der materiellen Kräfte verbunden.

Nun war der Grabestempel endlich aufgebrochen. Innerlich frohlockte ich.

Als ich aus dieser inneren Klärung, die ich mit geschlossenen Augen erlebt hatte, heraustrat und mir wieder meines Körpers bewußt wurde, kam der Meister zu mir und drückte mir einen geschnitzten Stock in die Hand. »Er wird für ein paar Tage dein drittes Bein sein«, sagte er mit leisem Schalk. Ich bedankte mich und sah mir den Stock von oben bis unten an. Plötzlich zuckte ich zusammen. Gleich unter dem kunstvoll gearbeiteten Griff waren meine Initialen eingekerbt. Ich hatte ihm gegenüber nie meinen Namen erwähnt, und doch: Das waren unzweifelhaft, gut sichtbar, die ersten beiden Buchstaben meines Namens. Vielleicht irrte ich mich, vielleicht hatten sie eine völlig andere Bedeutung?

Dem Meister war meine Verwunderung nicht entgangen, und er erklärte mir: »Du hast noch einen Namen, der zum Schlaf der Materie gehört, denn sie wird damit bezeichnet. Es ist der Name deines Gefängnisses.«

Seine kraftvolle Erklärung drang mir durch Mark und Bein. Er hatte unverblümt gesprochen. Den Stock hatte er gestern geschnitzt, durchzuckte es mich. Hatte er schon zum voraus von meinem Sturz und von meiner Verletzung gewußt? Das konnte und wollte ich nicht glauben. Es war einfacher, das alles dem Zufall zuzuschreiben.

Die Tage verstrichen sanft, kaum merklich. Der Körper arbeitete intensiv an sich selbst und regenerierte sich allmählich. Einmal mehr, staunte ich über die Komplexität und Sorgfalt, mit welcher die innewohnende Heilkraft arbeitet.

Der Meister sprach wenig. Meine Gedankenflut leierte allmählich aus, wie ein Leierkasten der nicht mehr aufgezogen wird. Immer mehr Ruhe floß in mein überspanntes Nervensystem und breitete sich wie Balsam in meinem ganzen Wesen aus. Die Stille und Unberührtheit dieses Ortes, die Anwesenheit des Meisters, der wortlos mein Herz eroberte, schenkten mir ein nie zuvor gekanntes Lebensgefühl.

Immer weniger dachte ich an meine Vergangenheit. Der Meister hatte mich im Zusammenhang mit einer Frage über meine Herkunft, die ich ihm gestellt hatte, darauf aufmerksam gemacht, daß der Blick zurück nicht harmlos war:

»An die Vergangenheit denken, heißt in ihr zu leben, in ihr zu leben heißt darin gefangen sein. Die Vergangenheit ist der Mörder der Intuition. Lebe weder im Gestern noch im Morgen noch in der Gegenwart, lebe wirklich. Das Gestern, das Morgen und die Gegenwart sind Geflechte des Denkens, leere Worte, leere Hülsen, wie Gespenster, die ruhelos umherirren. Sie sind die Mörder der Liebe.«

Mir war klar, daß ich über das, was er sagte, nicht nachdenken konnte, sonst hätte ich sogleich einen Brennpunkt erschaffen, den er Ich oder Gegenwart nannte. Und mit meinem Suchen und Findenwollen wäre ich schon wieder in die Falle eines Gestern und Morgen gegangen.

Der Intellekt war an seiner Grenze angelangt. Das

Denken konnte in diese wortlose Wirklichkeit nicht eindringen, das war mir endgültig klar geworden. Die stille Anwesenheit des Meisters war der Ausdruck dieses unbegreiflichen Zustands.

Er hatte meinen Wandel, meine Einsicht in die Allmacht des inneren Stillseins erkannt.

Ich spürte die liebevolle Kraft die von ihm ausging. Eines Morgens schaute er mich mit einem langen, warmen und doch merkwürdig unergründlichen Blick an und sagte dann:

»Alles muß verschwinden, was einst gewesen war. Denn im Allgegenwärtigen gibt es keinen Rahmen für Dinge, keine Form für die Seele, dort ist sie dem Bereich der Sinne entstiegen und der Notwendigkeit des Denkens enthoben. Im Ewigen gibt es keine Wesen, es gibt nicht die geringste Trennung und keine Vorstellung von Existenz. Von weit bist du hergekommen, aber ich kenne dich nicht als etwas oder jemand Bestimmten.

Erwarte nicht, erhoffe nicht, erschaffe nicht. Erkenne die Allgegenwart. Trenne nicht, was sich nie trennt und sich nie trennen wird, sonst fesselst du dich selbst durch das, was du erschaffen hast, durch deine Prägungen und das, was sie bewirken. Das Gesetz der Gewohnheiten dieser Welt bewirkt ein Leben im Höllenpfuhl, äonenlange Gefangenschaft, ein Leben, das immer die Eiseskälte des Todes schmeckt.«

Seine Worte waren das, was er war und mit der vollkommenen innewohnenden Kraft geladen. Diese gewaltige Geisteskraft war es, die in mir jenen raschen Wandlungsprozeß bewirkte. Die Unbegrenztheit des Meisters war für mich zu diesem Zeitpunkt völlig unfaßbar. Allein durch seine Gegenwart wurde meine ganze bisherige Lebensauffassung und Philosophie von Grund auf erschüttert.

Nach ein paar Wochen war mein Fuß soweit genesen, daß ich den Meister ohne Stock auf kürzeren Spaziergängen durch den Wald begleiten konnte. Er hatte mich angenommen. Das machte mich glücklich und gab mir eine große Zuversicht.

Auf einem dieser Spaziergänge erhielt ich einmal mehr einen Einblick in sein unvorstellbares Wesen. Wir waren schon mehrere Stunden unterwegs, als wir an einem grasbewachsenen Steilhang einem Hirten begegneten, der eine Herde Ziegen hütete. Der Hirt kniete vor einem der Tiere am Boden, das erbärmlich blökte. Als er den Meister erblickte, erhob er sich rasch, um ihn zu grüßen. Die beiden kannten sich offenbar.

Sein Jungtier habe ein Bein gebrochen, erklärte der Hirt. Ohne zu zögern, ging der Meister zu dem verletzten Tier, streichelte ihm den Kopf und legte behutsam beide Hände um das gebrochene Glied. Ein feines Knacken war zu hören. Ein paar Augenblicke später rappelte sich das Tier wieder auf und rannte übermütig zu den anderen hinüber. Es war vollständig geheilt.

Ich war fassungslos vor Staunen. Auch der Hirt schien überrascht zu sein. Er bedankte sich warm und lud uns ein, seine schlichte Mahlzeit mit ihm zu teilen.

In mir war nach der ersten Verblüffung sofort die Frage aufgetaucht, warum der Meister das gebrochene Bein der Ziege in kürzester Zeit wiederhergestellt hatte, während ich mit meinem verknacksten Fuß so lange leiden mußte.

Unterdessen erzählte der Hirte dem Meister seine vielfältigen Probleme. Der hörte ihm aufmerksam und geduldig zu und gab ihm wertvolle Ratschläge.

Dann machten wir uns auf den Rückweg. Ich staunte, wie aufmerksam der Meister alle Einzelheiten in der Natur beobachtete. In jedem Blatt sah er das Unendliche, er fühlte, wie der Saft durch die Adern der Bäume floß, wenn er sie zart berührte. Er spürte die Erde, auf der er ging und betrachtete sie als eine Quelle unerschöpflicher Energie.

Er machte mich auf die Herrlichkeit der Schöpfung aufmerksam, die er das Kleid des Unaussprechlichen nannte.

In diesem Lauschen nach innen und nach außen enthüllten sich tiefe Geheimnisse, und die Fangarme des Verstandes griffen ins Leere.

Es war eine Pilgerreise ins Innere, eine Entdekkungsreise in die Unendlichkeit, deren Intensität mich überforderte. Ich befand mich in einem Energiefeld, das von Beobachtung, Achtsamkeit und ungewöhnlich umfassender Klarheit zeugte. Der Meister nahm jeden Gedanken, jede noch so leise Bewegung vollkommen wahr. In dieser unglaublichen Wachheit gab es kein Gestern, kein Heute und kein Morgen.

»Du mußt unaufhörlich alle deine Erfahrungen zurücklassen und in jedem Augenblick neu beginnen, sonst ziehst du stets das Vergangene, die alte Oberflächlichkeit an. In der Oberflächlichkeit gibt es keine Tiefe.

Du kannst dich nicht auf die Suche nach dem Ewigen begeben, denn das Ewige ist kein Gegenstand. Die Schönheit, die unendliche Tiefe der Selbsterkenntnis ist der Schlüssel. Wahrnehmen ohne Worte und subjektive Interpretation beinhaltet eine mächtige Energie und erzeugt ein vollkommenes Sichvergessen im Augenblick.«

Diese Worte hatte er mir im Gehen wie nebenbei ins Herz gelegt, und nun erlebte ich eine neue Morgenröte. Es war als begänne eine junge Pflanze frisch zu keimen. Mich selbst in jedem Augenblick vollkommen loszulassen, schien mir jedoch fast unmöglich zu sein. Es war genau das Gegenteil von dem, was ich bisher gelebt hatte. Theoretisch konnte ich es nachvollziehen, aber das half mir nicht weiter. Soviel war mir bewußt.

Meine Liebe zu diesem ungewöhnlichen Menschen, der mich zu mir selbst, in die inneren, sonnenbestrahlten Felder des Lebens führte, wuchs mit jedem Atemzug. Der dunkle Strom meines Bluts war mit Götzenbildern dieser vergänglichen Welt geschwängert, die sich allmählich verflüchtigten. Ich spürte, daß mein angsterfülltes Herz den goldenen Saum des Lebens, der Wirklichkeit berührte, doch hielt mich die Unwissenheit bleischwer im Schlamm meiner eigenen Gefangenschaft fest.

Kurz vor Einbruch der Dunkelheit waren wir zurück. Wir saßen vor der Höhle und nahmen das Stillwerden der Natur in uns auf. Der Meister hatte ein kleines Feuer angefacht, die Flammen warfen einen schwankenden Lichtkreis in die Dunkelheit, doch rundherum war es finster.

Wortlos saßen wir da, die Zeit schien stillzustehen. Und dann platze die Frage, die mir schon den ganzen Nachmittag auf der Zunge brannte, aus mir heraus: »Wie ist es möglich, daß du das gebrochene Bein der Ziege so schnell wiederherstellen konntest?«

Der Meister sagte lange kein Wort. Eine konzentrierte Stille erfüllte die Atmosphäre. Mir war, als sickerte meine Frage endlos in ihn ein, bis sie schließlich den Ort erreichte, von dem aus eine Antwort möglich war.

»Die vollkommene Liebe Gottes kennt weder Krankheit noch Disharmonie, sie ist allumfassend und allgegenwärtig. Eins zu sein mit Gott heißt eins zu sein mit dem göttlichen Bewußtsein und so die uneingeschränkte Macht des heiligen Geistes vollumfänglich auszudrücken. In diesem Licht, in dieser Kraft muß alles genesen, denn das göttliche Liebesgesetz ist die Heilung, die Heiligung und vollkommene Regeneration alles Erschaffenen selbst.

Liebeskraft auszudrücken bedeutet diese Liebeskraft zu sein. Als ich den verletzten Fuß des Tieres in meinen Händen hielt, wurde die Schwingung durch das Liebesgesetz derart erhöht, daß eine augenblickliche Heilung stattfand. In Gott zu leben heißt, seinem allmächtigen Willen, seiner allmächtigen Kraft uneingeschränkt Ausdruck zu geben. Heilung ist die

Wiederherstellung des ursprünglichen Zustands, in dem keine Disharmonie vorhanden ist.

Die äußere Schale eines Menschen oder eines Tieres wiederherzustellen ist aber nicht das Wichtigste. Der innere Mensch muß aus der Begrenzung seiner fleischlichen Hülle und all der niederen Kräfte, mit denen sie verbunden ist, befreit und zum inneren Selbst zurückgeführt werden.

Die mystische Kraft, die Sterne und Sonnen bewegt, ist die wortlose Sprache der Übernatur. Die Welt ist anders, als du sie denkst und siehst. Der Kosmos ist nur das Gewand des Allerhöchsten.

Aus den unergründlichen Brunnen Gottes fließt das Lebenswasser, das reines Licht ist. Diese Lichtströme sind erfüllt von Seligkeit und höchstem Entzücken. Heil zu sein ist der wahre Zustand aller Lebewesen. Es geht jedoch nicht darum, das Gesetz anzuwenden, sondern es selbst zu sein.«

Der Meister schaute mich an, als wollte er sehen, wie tief seine Worte in mich eingedrungen waren. Er hatte mir die vollkommene Erfahrung eines Menschen geschenkt, der im Licht steht, in Wort und Tat. Er hatte mir dieses Ursprüngliche vor Augen gehalten, von dem sich mein abgesondertes Wesen so weit entfernt hatte, daß es sich in den finsteren Gegenden des Unterbewußten verlor. Das Licht der Umwandlung war in meinen Kerker eingedrungen, als ein unverkennbares Zeichen der göttlichen Welt.

Ich gab mir selbst das heilige Versprechen, nicht mehr zu ruhen, bis mein altes bedingtes Wesen restlos aufgelöst und überwunden war.

»Warum hast du die Ziege sofort geheilt und mich fast zwei Wochen am Stock gehen lassen? Ich kann das nicht verstehen«, fragte ich in gekränktem Ton.

»Du bist halt keine Ziege, und Ziegen können schlecht am Stock gehen!« antwortete er trocken.

Ich schluckte leer. Er hatte meine Denkensart völlig demaskiert und mich auf mich selbst zurückgeworfen. Er würde über dieses Thema kein weiteres Wort mehr verlieren, das war mir klar. Er hatte seine Gründe, Dinge so zu tun wie er sie tat, und gab darüber keine Erklärungen ab. Er gab mir umfassende Einsichten in die Geheimnisse des Lebens, doch sobald es persönlich wurde und sich mein Ego in den Vordergrund schob, war es aus. Das mußte ich respektieren und akzeptieren.

Am nächsten Morgen sprach er kein Wort. Ich fragte mich, ob ich etwas falsch gemacht hätte, aber ich wagte ihn nicht zu fragen, er wirkte sehr distanziert.

»Geh in den Wald«, forderte er mich plötzlich auf und verschwand in der Höhle.

Was sollte ich im Wald tun? Vielleicht wollte er einen Tag allein sein. Ich machte mich auf.

Eingebettet in die Stille des Waldes schritt ich durch das Gehölz. Ich merkte, daß ich jetzt intensiver beobachtete und mir Zeit ließ, die Fliege zu betrachten, die auf meiner Hand gelandet war. Mir fielen an diesem kleinen Geschöpf unzählige Kleinigkeiten auf, die ich bisher noch nie beachtet hatte.

Am Abend, als ich zurückkehrte, hatte er für mich eine kleine Mahlzeit zubereitet. Er selbst aß nichts. Er stellte mir keine Fragen. Ich begriff, daß er nicht sprechen wollte.

Am nächsten Morgen kam wieder dieselbe Aufforderung, und wieder spazierte ich viele Stunden allein durch den Wald. Dieses Alleinsein mitten in der Natur begann eine sonderbare Wirkung auf mich auszuüben.

Schon über eine Woche schickte der Meister mich täglich hinaus. Ich spürte, wie ich eine immer intensivere, sehr lebendige Beziehung zur Natur bekam. Es war aber nicht das Sichtbare, was mich so stark berührte, es war etwas Tieferes, Umfassenderes. Von überallher flüsterte mir das Zeitlose zu. Es hatte lange gedauert, bis dieser innere, vertrocknete Mensch von etwas berührt wurde, das tiefer, das jenseits der Sinne und des Denkens lag. Lange war dieses Innere brach gelegen, in einem Zustand, in dem alle echten Empfindungen unterdrückt und abgetötet waren. Jetzt bildete sich in mir allmählich ein feines Gefühl für das heraus, was Leben wirklich war.

Wochen vergingen, bis mir der Meister eines Morgens eine neue Anweisung gab.

»Geh auf den Berg.« Das war alles was er zu mir sagte. Ich vermißte den Dialog mit ihm, aber er blieb stumm. Allmählich gewöhnte ich mich daran, und es fiel mir immer leichter, so wortlos mit ihm zusammenzusein. Tag für Tag stieg ich den steilen Berg hoch. Ich hatte weit oben eine Stelle gefunden, die mir ganz besonders gefiel. Das Gestein glitzerte leicht silbern in der Sonne und gab diesem Ort eine magische Ausstrahlung. Ich hatte mir aus trockenem Gras einen bequemen Sitz gemacht, auf dem ich stundenlang die Umgebung betrachtete.

Jeden Tag kehrte ich an diesen Ort zurück, der mir immer vertrauter wurde. Es gab in dieser Höhe kaum mehr Vegetation, nur noch Geröllhalden und nackten Fels.

Im Wald bei den Tieren, Pflanzen und Bäumen war die Kommunikation mit der Natur für mich einfacher gewesen. Hier war nur Stein. Ich beobachtete die verschiedenen Gesteinsarten, ihre Beschaffenheit, die Adern die sich da und dort durch die Steine zogen. Ich spürte, daß etwas fehlte, irgend etwas entging mir.

Immer wieder schickte mich der Meister hinauf. Dann forderte er mich eines Morgens auf, gleich ein paar Tage oben zu bleiben. Die Idee behagte mir ganz und gar nicht. Ich wußte jedoch, daß ich tun mußte, was er von mir verlangte, obwohl ich mir nicht erklären konnte, warum.

Ich packte eine Decke und etwas Proviant ein und machte mich auf den Weg.

Als die Nacht hereinbrach, überkam mich plötzlich eine lähmende Angst, die sich nicht mehr abschütteln ließ. All die guten Gefühle und tiefen Erfahrungen waren auf einen Schlag wie weggewischt, als wären sie nie mehr als lichte Träume gewesen. Es war stockfinster, ich hatte nichts, um ein Feuer zu machen. Der Meister hatte mich in den Tod geschickt.

Todesängste befielen meine Seele. Dämonische Fratzen schlichen aus dem Urgrund meines Wesens herauf und grinsten mich hämisch, hinterhältig an.

Ich zitterte am ganzen Körper vor Angst, ich wollte schreien, doch eine unsichtbare Kraft schnürte mir die Kehle zu.

Tausende von Todeserfahrungen, die ich im Laufe der Zeiten durchlaufen hatte, schienen sich in meinem Wesen zu einem schwarzen Klumpen verdichtet zu haben und wurden nun an die Oberfläche gespült. Wie viele Male hatte ich schmerzhaft von dieser Welt Abschied genommen und war durch das unsichtbare Tor des Todes entwichen, um von der Zeit geknechtet wiederzukehren in diese Welt.

Der Urschmerz, der mich ergriffen hatte, war fast unerträglich. Ein einziger Gedanke gewann die Oberhand: Ich mußte dieses Rad der Wiedergeburten überwinden! Diese Welt war nichts anderes als das riesige Massengrab von Gezeiten, die den Menschen von einem Ufer ans andere spülten.

Ich wollte leben, ich wollte endlich aus diesem jahrtausendealten Alptraum erwachen! Immer noch stiegen schattenhaft entsetzliche Bilder in mir hoch, Abgesandte aus grauer Vorzeit. Ich atmete tief und versuchte, mich innerlich loszulassen. Es war merkwürdig, allein hier draußen in der Natur zu sein und mit niemandem über diese Erfahrungen sprechen zu können.

Ich hatte vorher aus lauter Sprechgewohnheit begonnen, mit den Tieren, den Bäumen, den Pflanzen und den Steinen zu reden.

Am Anfang kam ich mir albern vor und lachte über mich selbst. Doch je mehr ich zur Natur sprach, desto deutlicher sprach sie auch zu mir. Je mehr ich alles Leben als gleichwertig erkannte, desto mehr wurde mir meine Arroganz bewußt. Mit welch grober, unsensibler Blindheit war ich der Natur bisher begegnet! Allmählich war meine innere Starrheit geschmolzen wie Eis an der Sonne, die Natur war zu meinem Meister geworden. Sie zeigte mir die Stille jenseits der Stille in mir selbst. In einem Augenblick tiefer Einsicht hatte ich erkannt, wie der große Architekt, unendliche Sonnenstufen herabsteigend, in Entzückung diese Welt erschuf. Mir ging auf, mit welcher Ausgewogenheit und unendlicher Logik er seiner lächelnden Liebe durch alles Ausdruck gab.

Als ich mich jetzt an diese Einsichten erinnerte, tanzte mein Herz einen Augenblick auf den lichten Wellen des anfangslosen Ozeans. Doch schon sprachen wieder die dunklen Stimmen zu mir. Sie waren die Samen meines vergangenen Schicksals. Noch lebte ein Hauch von Niedergang in meinem Blut. Ich wußte, ich mußte diesen Zustand überwinden, sonst versank ich im Wahnsinn.

Ganz von innerer Dunkelheit umfangen, riß ich meine ganze Herzenskraft zusammen, und meine Lippen formten sich zum Gebet. Inbrünstig rief ich Gott um Hilfe an. Ich wußte, daß ich ihn im Innersten meines Wesens finden konnte. Und aus dem Kern meiner Seele formten sich wie von selbst Worte der Versöhnung und der Liebe. Immer mehr wich die Dunkelheit dem Licht, das sich jetzt in mir ausbreitete. Die Trübheit der Sterblichkeit, der Moder des Todes verblaßten. Die Ahnung eines neuen Glanzes legte sich wie Balsam auf meine Seele. Blitzartig ließ sie ihr neues Werk vor mir aufscheinen, das durch Kraft und Überwindung entstehen wollte. Ich hatte der Todesfratze ins Angesicht geschaut, und nun wurden mein blindes Gehirn und die unwissenden Zellen durch reines Licht geläutert.

Ich fühlte mich plötzlich von einer machtvollen Gegenwart getragen, die mir die Fesseln meines Herzens lösen wollte. Es war die ewige Geisteskraft, die mich mit milder Liebe erhöhte.

Noch nie hatte mich eine Morgendämmerung so erfreut wie an diesem neuen Tag. Ich fühlte mich verwandelt.

Ich dankte dem stillen Ort, an dem ich so viele Tage gesessen und der mir diese Läuterung ermöglicht hatte. Nie hätte ich gedacht, daß hier etwas so Gewaltiges, Beängstigendes auf mich zukommen würde. Hätte ich auch nur die leiseste Ahnung davon gehabt, hätte ich sicher alles daran gesetzt, dieser Erfahrung auszuweichen.

Es war Zeit, wieder zum Meister zurückzukehren. Ich freute mich, ihn wiederzusehen. Im ersten Morgenlicht stieg ich den steilen Berg hinunter. Hoch über mir kreisten zwei Adler die, jeden meiner Schritte beobachtend, nach einer Beute Ausschau hielten.

Ich sog die Luft tief ein und füllte meine Lungen mit Sauerstoff. Ich fühlte mich lebendig, von neuer Kraft erfüllt. Bald hatte ich die Waldgrenze erreicht und genoß den Anblick des saftigen Grüns und die vielfältigen Gerüche.

Erwartungsvoll langte ich bei der Höhle an. Zu meiner Erleichterung war der Meister da. Er begrüßte mich mit einem gütigen Lächeln und bereitete mir eine Mahlzeit zu, die ich sehr genoß. Es war seit vielen Tagen das erste Mal, daß ich wieder etwas Warmes in den Magen bekam. Ich hatte in der ganzen Zeit viel Gewicht verloren, alles unnötige Fett war verschwunden, die Kleider schlotterten mir am Leib.

Stillschweigend saß der Meister da. Während der beiden nächsten Tagen begleitete ich ihn auf langen Spaziergängen, und wieder sprach er kein Wort mit mir. Es war eine wundervolle Zeit, die ich so mit ihm verbrachte. Er war für mich wie ein reiner geschliffener Diamant, in dessen makellosem Licht ich mein Inneres klar erkennen konnte. Es kam kein einziges Wort über seine Lippen, aber seine Stille übte eine große genesende Wirkung auf mich aus.

Immer deutlicher spürte ich die starke, konzentrierte Lichtkraft, die von dem Meister ausging und die ganze Gegend mit Liebe und Segen überstrahlte. Er war ein gewaltiges Lichtfeld, dessen Reichweite ich nicht abschätzen konnte.

Wer war wohl sein Lehrer gewesen? Wo lebte er, bevor er zu dieser Höhle kam? Wie alt mochte er sein? Fragen tauchten plötzlich auf, und ich war überrascht, daß das erst jetzt geschah, nachdem ich doch schon so viele Wochen in seiner Nähe war.

Meine Uhr stand schon lange still, und nun wurde mir auch bewußt, daß ich keine Ahnung mehr hatte, welches Datum, welcher Wochentag heute war. Diese Feststellung empfand ich als wohltuend und erschreckend zugleich.

Früher war mein Alltag durchorganisiert und strukturiert gewesen, ich hielt mich an eine festgelegte Tagesordnung, legte Wert darauf, pünktlich zu sein und erwartete von den anderen dasselbe.

Hier erschien das alles so lächerlich und absurd, daß ich mich über diese Krampfhaftigkeit, die ich mir selbst angeeignet und die sich wie ein Gespenst in meinem Gehirn eingenistet hatte, nur noch wundern konnte.

In meinem früheren Lebenssystem hatte der Meister keinen Platz. Ich stellte ihn mir in Anzug und Krawatte vor, eine goldene Armbanduhr am Handgelenk, und brach in schallendes Lachen aus. Er blieb einen Augenblick stehen und blickte mich belustigt an. Er hatte das Bild, daß ich mir im Geist von ihm ausgemalt hatte, ganz offensichtlich mitbekommen, denn im Weitergehen kicherte er vergnügt vor sich hin.

Ich genoß seine kindliche Unbeschwertheit, sie wirkte ansteckend, so daß ich selbst noch lange mitschmunzelte.

Überraschend kam eines Morgens die Aufforderung,« Geh zum Wasser.« Irgendwie hatte ich erwartet, daß noch etwas kommen mußte. Ich trennte mich jedoch ungern von ihm. Erst jetzt begriff ich, daß er mich einige Tage hatte ruhen lassen, da mich die schreckliche Erfahrung mit dem Tod doch mehr mitgenommen hatte, als ich es mir eingestehen wollte. Ich hatte dem Tod ins Angesicht geschaut, aber ich hatte ihn noch lange nicht überwunden, das wußte ich.

Am nächsten Morgen nahm ich meine Decke, packte das Essen ein, das er für mich bereitgelegt hatte, und verabschiedete mich. Der Proviant zeigte mir an, daß ich auch diesmal längere Zeit allein unterwegs sein würde.

»Geh zum Wasser.« Seine Worte hallten wie ein fernes Echo in mir nach. Was mußte ich erkennen, was für ein Geheimnis konnte das Wasser mir entschleiern?

Während ich gedankenversunken meines Weges ging, wurde mir bewußt, daß der Meister mich innerlich auf eine sehr besondere Art vorbereitet hatte, damit diese tiefen Erfahrungen überhaupt möglich wurden. Ich merkte, daß viele meiner tiefsitzenden Ängste aus mir gewichen waren. Und es handelte sich dabei nicht um ein Wissen von etwas, es war vielmehr ein sonderbarer Zustand, den ich mir selbst nicht erklären konnte.

Ich setzte mich auf einen Baumstrunk und beschloß, der Frage der Furcht auf den Grund zu gehen. Was ist Furcht?

Still saß ich da und ließ diese Frage langsam in mich einsinken. Es meldete sich keine unmittelbare Antwort. Furcht ist also nichts, sie ist leer, lachte ich innerlich auf, und zugleich erkannte ich die Tiefe dieser nicht intellektuell gefundenen Erkenntnis.

Nichts ist Furcht, Furcht ist leer, überlegte ich. Und dann ging mir auf, daß Furcht an sich nicht etwas war, was wirklich existierte. Sie war vielmehr das Ergebnis meiner Unklarheiten und Mißverständnisse.

Furcht war ja nicht mein Dauerzustand, sie trat

nur in besonderen Momenten in Erscheinung. Bei meiner Begegnung mit dem Tod hatte ich große Furcht empfunden, aber es war die Furcht vor meinen eigenen Bildern, und sie erwuchs aus meiner Identifikation mit ihnen.

Der beängstigende Bildersturm hatte nichts mit meinem wahren göttlichen Zustand zu tun. Das reine Licht in mir war ewig frei von Furcht und nicht an einen vergänglichen Fleischkörper gebunden. Die Halberscheinungen von göttlichen Dingen, die ich in mir erschaffen hatte, waren das Ergebnis meiner Sicht des vergänglichen Universums, und diese getrübte Sicht war der Bote der Furcht und des Ungleichgewichts.

Mein mechanisches Alltagsdasein, die düstere Unzufriedenheit, die es mit sich brachte, hatte mich bisher davon abgehalten, die Schönheit der irdischen Gestaltung wahrzunehmen. Die Fessel der Furcht, die Angst etwas zu verlieren, zu versagen oder nicht geliebt zu werden, diese unheilige Kraft hatte mich in ein seelisches Exil geführt, ohne daß mir das bewußt gewesen war.

In der Stille des Meisters hatte ich erfahren, daß die reine ungebundene Seele ewig frei ist von Haben und Verlieren, von Mein und Dein, ewig frei von selbstbehauptenden, egozentrischen Kräften.

Der Urgrund meines Wesens war diese Lichtseele, und nun schmeckte ich ihre ruhige innere Zentriertheit, ihre unaussprechliche Zartheit. Der ganze Weltenschutt, mit dem ich sie überdeckt hatte, wurde mir schmerzhaft bewußt.

Die zwergenhafte Winzigkeit, die ich Leben

nannte, die alten Kräfte an die ich mich klammerte – sie waren die Ursachen aller Furcht, sie waren das, was der Meister die Dämonen des Herzens nannte. Das sah ich in diesem Augenblick mit großer Klarheit.

Ich folgte dem nahen Bach, als mir plötzlich einfiel, ich könnte mich auf die Suche nach der Quelle machen, nach der Stelle, wo das Wasser aus dem Erdreich sprudelt.

Es war ein herrlicher, sonniger Tag. In bester Laune folgte ich dem Bach, was allerdings nicht so leicht war, wie ich mir das vorgestellt hatte. Stellenweise mußte ich auf allen Vieren über glitschige Felswände klettern, anderswo blieb schlicht kein anderer Weg als das Bachbett. Völlig durchnäßt und erschöpft ruhte ich mich schließlich eine Weile aus.

Hatte ich mir zu viel vorgenommen? Wie weit mochte es noch bis zur Quelle sein? Mein Fuß schmerzte. Der Aufstieg war für ihn allzu anstrengend gewesen. Ich hielt nach einer geeigneten Stelle zum Übernachten Ausschau. Er mußte sich erholen. Schließlich fand ich ein von niederen Bäumen und Büschen umgebenes Plätzchen, das mir gefiel.

Ich erinnerte mich an die Pflanzenblätter, mit deren Saft der Meister meinen Fuß behandelt hatte, und beschloß, selbst welche zu suchen. Nicht lange, so hatte ich die Pflanze tatsächlich gefunden. Es war ein richtiges Erfolgserlebnis, und ich war denn auch hocherfreut.

Über Nacht machte ich einen Wickel um den Fuß. Am nächsten Morgen war die Schwellung verschwunden und der Schmerz mit ihr. Ich nahm mir vor, die Suche nach der Quelle nicht länger als drei Tage fortzusetzen.

Das Bachbett entlang wuchsen jetzt zahlreiche Blumen und Kräuter, die ich noch nie gesehen hatte. Ich nahm mir Zeit, sie eingehend zu betrachten und zu untersuchen. Es war eine seltsam beobachtende Macht, die ihre Sicht auf ihre äußere Form legte und die festen Linien des Geistes dieser Natur wahrnahm.

Eines der Kräuter besaß einen zarten, angenehmen Duft, und ich brach sorgfältig ein Ästchen ab, nicht ohne mich bei der Pflanze zu bedanken und zu entschuldigen. Die inneren Substanzen der Pflanzen sprachen eine fremde Sprache, die in einem rätselhaften Code verschlüsselt waren. Darauf hatte mich der Meister aufmerksam gemacht.

Inmitten des Todes lebt der Geist, diese grandiose Macht, die allem innewohnt, das verstand ich jetzt. Inmitten des Todes lebt dieses todlose Licht, das von allem Vergänglichen unberührt bleibt. Und ganz klar erkannte ich auch, daß alles, was erscheint, körperlich und damit dem unaufhaltsamen Wandel der Sterblichkeit unterworfen ist.

Bei meiner Rückkehr wollte ich den Meister nach den Heilkräften und den Anwendungsmöglichkeiten dieser Pflanze fragen.

Den ganzen Tag war ich unterwegs. Das gleichmäßige Geplätscher des Wassers, das mich Tag und Nacht begleitete, schärfte mein Ohr für die verschiedenen Klangfarben und Töne, das Zischen, Gurgeln, Rauschen, und immer deutlicher hörte ich eine reiche Fülle von Klängen, die eine anmutig wechselnde Melodie ergaben, freudig, sinnlich, herzlich, göttlich, sorgenfrei. Ich lauschte still und gedankenlos und wurde immer ruhiger, fließender und ausgeglichener. Das Wasser plätscherte wie eine schimmernde Perlenkette dahin, ein Liebeslied der Erde.

In mich selbst versunken saß ich da. Ich hörte die Stimme dieser unberührten Gegend. Der Ort, wo sich das Unendliche und das Endliche berühren, war hier fast fühlbar. Es zog meine Seele zurück in die gewaltigen Hallen des grenzenlosen Daseins, der Ruf war da, doch der qualvolle, kummervolle Weg durch die Zeit, das unerträgliche Joch des Schicksals und der Sterblichkeit waren fest in ihr verankert.

Drei Tage waren vergangen, ohne daß ich die Quelle des Baches gefunden hatte. Deshalb suchte ich jetzt nach einem Ort, an dem ich mich für eine Weile niederlassen wollte. Bald stand ich vor einem kleinen Wasserfall, unter dem sich ein kleiner See gebildet hatte. Der Klangteppich war hier viel lauter und intensiver. Am Wasser bedeckte ein hellgrüner Moosteppich die Erde. Das war mein Platz!

Ich kniete nieder, formte meine Hände zu einer Schale und trank mit Genuß das kristallklare Wasser, dann zog ich mich aus und legte mich der Länge nach hinein.« Geh zum Wasser,«hatte der Meister gesagt. Jetzt bin ich sogar im und nicht nur am Wasser, dachte ich vergnügt.

Die nächsten Tage saß ich am Ufer und beobachtete alles, was geschah, ohne daß sich jedoch etwas Besonderes ereignete. Bald schlichen die Tage wieder zäh und träge dahin, drängende Ungeduld und lähmende Langeweile machten sich in mir breit. Zweifel begannen an meinem Verstand zu nagen, vielleicht gab es hier auch gar nichts mehr zu erkennen.

Die Langeweile machte mich schläfrig, und bald schlief ich denn auch die meiste Zeit. Eines Tages wurde ich aus meinem Schlummer durch einen lauten Donnerschlag geweckt. Ich hatte gar nicht gemerkt, daß sich in kürzester Zeit ein mächtiges Gewitter über mir zusammengezogen hatte. Und schon goß es auch schon wie aus Kübeln. Das Bächlein das bisher friedlich ins Tal geflossen war, hatte sich im Handumdrehen in ein reißendes Ungeheuer verwandelt, vor dem ich mich eiligst in Sicherheit bringen mußte. Erschrocken krabbelte ich die Böschung hoch, um den tobenden Fluten zu entgehen.

Ich war in die Sackgasse der Unachtsamkeit und Verblendung zurückgfallen. Das Gewitter war wie ein Mahnzeichen der Gottheit selbst über mich hereingebrochen, hatte mich mit einem Schlag wieder wach gemacht. Das Gift der Langeweile hatte sich im gleichen Augenblick verflüchtigt.

Am nächsten Tag plätscherte das Bächlein wieder so friedlich wie zuvor, meine Kleider und die Decke waren bald wieder trocken, ich hatte die Nacht in einer kleinen Höhle verbracht, die ich in der Nähe gefunden hatte.

Nun saß ich wieder am Wasser und beobachtete seinen Lauf. Ich war ruhig und sehr wach. Und auf einmal veränderte sich meine Wahrnehmung: das Fließen des Wassers hatte sich von außen in mich hinein verlegt. Mein Wesen war in den Strom des

Lebens eingetreten und ich wußte, daß dieser Strom ins ewige Leben führte.

Lichtüberschwemmt saß ich da. Ich war in einem Zustand höchster Entzückung und schmeckte den göttlichen Nektar. Plötzlich sah ich den Planeten Erde als eine reine Lichtkugel vor mir, transparent, leicht zitternd, unendlich schön im Licht der ewigen Sonne.

Und in diesem Licht erschlossen sich mir unendliche Zusammenhänge: Zwischen Mensch und Erde, zwischen Erde und Sonne und zwischen der Sonne und dem zentralen Gestirn unserer Milchstraße, die wiederum eingebettet war in noch größere Systeme. Alles war miteinander verknüpft und voneinander abhängig.

Eine unermeßliche Intelligenz war unaufhörlich dabei zu erschaffen, sie unterhielt alles Erschaffene und löste das so Zusammengesetzte in unbegrenzter Liebe wieder auf. Das in dieser Weise Erschaffene und Erlöste wurde zu bewußtem, gereinigtem Licht und strahlte in ewig zunehmender Glorie die Herrlichkeit des einen, unergründbaren Gottes aus.

Das reine Licht war kein System, keine Form, kein Kommen und Gehen, es war keiner Geburt und keinem Tod unterworfen. »Meine Lichtseele ist dieses unbefleckte Licht, mein Körper mit seinen Bewußtseinsinhalten ist geboren und muß gemäß seines innewohnenden Gesetzes sterben,« dachte ich. Ich wußte, daß ich das Wahrgenommene selbst war.

Mit diesem Eintreten in den Strom des Lebens hatte ich die ersten Schritte aus dem Vergänglichen ins Unvergängliche, vom Sterblichen ins Unsterbliche getan. Die tiefen Einsichten, die damit verbunden waren, lösten gewaltige Kettenreaktionen in mir aus, ich hatte das Gefühl, meine Begrenzung zu sprengen, innerlich zu explodieren. Doch alle diese tiefen Erfahrungen waren erst der Beginn des Weges. Ich ahnte, daß ich mich erst in einer Vorbereitungsphase befand. Deshalb hatte der Meister mich hierher geschickt. Ich hatte nun das Süße und das Bittere in ihren Extremen kennengelernt, aber endgültige Erlösung war nicht eingetreten.

Zwei Tage blieb ich noch hier und dachte intensiv über die vergangenen Tage nach. Wie erschreckend leicht war ich in die schlafende Lethargie der Unachtsamkeit zurückgeglitten!

Nun war die Zeit der Rückkehr gekommen. Ich machte mich auf.

Als ich spät abends beim Meister eintraf, schaute er mir tief in die Augen.

»Das Weltenmeer hat nur einen Geschmack: den Geschmack des Salzes. Das göttliche Gesetz hat nur einen Geschmack: den Geschmack der vollkommenen Erlösung«, sagte er dann. »Du hast wichtige Erfahrungen hinter dir, hast schwierige Situationen durchlebt und kontrolliert. Doch Kontrolle ist noch nicht Überwindung. Sie ist erst der Anfang. Erfahrungen sind wichtig, doch Wissen nützt überhaupt nichts, das weißt du selbst.«

Damit hatte der Meister genau das ausgesprochen, was ich tatsächlich geahnt hatte: Ich war wie ein Kleinkind, das soeben die ersten Schritte getan hatte, aber immer wieder auf seinen kleinen Hintern fiel.

Der Abend war von einer großen Schönheit erfüllt. Das Licht berührte wie mit zarten Fingern das Land, bevor es sich zurückzog, liebkoste Bäume, Pflanzen und Felsen. Die Schatten wurden länger und wiegten die Natur in Schlaf. Es geschah etwas Magisches beim hereinbrechen der Nacht, das mich immer wieder tief berührte.

Lange saßen der Meister und ich noch vor dem flackernden Feuer und unterhielten uns bis tief in die Nacht.

Kurz bevor wir uns schlafen legten, fragte er mich unvermittelt, ob ich ihn auf eine längere Reise begleiten möchte, er habe vor, ein paar Freunde zu besuchen. Ich hatte wie selbstverständlich angenommen, daß er ganz allein war und keinen Menschen kannte. Sein Vorschlag überraschte mich dermaßen, daß ich mich verschluckte und in lautes Husten ausbrach. Einmal mehr hatte er eine meiner vorgefaßten Meinungen zunichte gemacht. Nun begann mein Hirn intensiv zu arbeiten und suchte nach einer vernünftigen Antwort. Ursprünglich hatte ich nicht länger als drei Wochen hier verbringen wollen, inzwischen mußten bereits über zwei Monate vergangen sein.

»Wie lange würden wir unterwegs sein?« fragte ich zögernd.

»Das kann ich nicht genau sagen, ganz sicher werde ich mehrere Monate unterwegs sein, vielleicht ein ganzes Jahr. Ich weiß, daß du über meinen Vorschlag nachdenken mußt. Schlafe darüber und gib mir morgen deine Antwort.«

Ein sonderbarer Traum begleitete mich durch die ganze Nacht. Ein Mädchen und ein Knabe nahmen mich bei der Hand und führten mich auf einen steilen Berg. Auf dem Gipfel blieben wir stehen, beide zeigten zum Himmel, zur gleißenden Sonne hinauf. Ich schaute hinauf und erblickte in dem blendenden Glanz einen Menschen aus reinem Licht.

Sein Gesicht leuchtete heller als die Sonne, sein verklärter Leib war der Ausdruck der Herrlichkeit, der Glorie und der Allmacht des gesamten göttlichen Universums. Ein Gedanke von ihm vermochte selbst die Weltenmeere zu bewegen.

Das Mädchen und der Knabe führten mich hüpfend, lachend und unbeschwert wieder vom Berg hinunter bis zu der Schwelle, wo ich in der Höhle auf meinem Lager erwachte. Erschrocken fuhr ich auf, es war schon hell, dabei hatte ich mich doch erst hingelegt.

Der Meister saß in der Nähe und hatte die alte kleine Tasche in der Hand, die sonst immer in einer Ecke der Höhle lag. Ich hatte mich schon oft gefragt was wohl darin sein mochte. Jetzt bekam ich die Antwort. Der Meister machte sie auf! Ich schielte hinüber. Die Tasche war leer.

Weshalb behielt er sie denn?

Amüsiert wandte er sich mir zu. Die Tasche gehöre nicht ihm, erklärte er dann, auch das Eßgeschirr sei bereits in der Höhle gewesen, als er sie vor vielen Jahren bezogen habe. Er selbst besitze absolut nichts – und absolut nichts besitze ihn, sagte er lachend.

»Ich würde gerne mit dir reisen«, schoß es plötzlich aus mir heraus. Ich war selbst überrascht, denn einen Entschluß hatte ich meines Wissens noch nicht gefaßt. Etwas Tieferes hatte sich offenbar für mich entschlossen und in Worten ausgedrückt.

»Sehr gut, dann brechen wir gleich auf.« Darauf war ich nicht gefaßt. Ich hatte gedacht, daß wir uns in ein paar Tagen aufmachen würden. Allerdings wußte ich inzwischen, daß es mit dem Meister immer anders kam, als ich dachte. Seine Spontanität war außerordentlich intensiv und durchdringend, ungewöhnlich für mein strukturiertes Wesen.

Das Tal lag noch in den Schatten der Nacht, als wir tiefer in die unwegsame Gebirgsgegend eindrangen. Der Meister hatte mir erklärt, daß wir bis zum Abend einen uralten Tempel erreichen wollten, um den sich Geschichten sonderbarer Begebenheiten rankten.

Auf den Bergspitzen glänzte makellos der ewige Schnee. Unser Weg führte über rauhe Felsflanken und war ermüdend. Der Meister verlangsamte den Schritt, damit ich ihm folgen konnte. Barfuß meisterte er alle Hindernisse, ohne eine Verletzung davonzutragen. Seine Fußsohlen waren robuster als die Sohlen meiner Schuhe.

Am späten Nachmittag erreichten wir ein Tal, durch das ein seichter Fluß floß. Zu beiden Seiten erhoben sich hohe brüchige Felswände, Geröllhalden, Gesteinsschichten, die durch Jahrtausende rissig geworden waren. Ein laut grollender Donner ließ mich bis ins Mark erzittern. Erschrocken schaute ich zum wolkenlosen Himmel auf. Da spürte ich, daß der Meister nach meiner Hand griff. Im nächsten Augenblick standen wir fünfhundert Meter weiter vorne. Die Stelle, an der wir uns soeben befunden hatten, war von einer riesigen Steinlawine meterhoch verschüttet.

Es dauerte eine Weile, bis ich erfassen konnte, was vorgefallen war. Ich zitterte am ganzen Körper. Allmählich wurde mir bewußt, daß mir der Meister soeben das Leben gerettet hatte. Entsetzt starrte ich zurück. Ohne den Meister läge dort hinten jetzt mein Grab.

»Wie können wir von einem Moment zum anderen fünfhundert Meter weiter vorne stehen, wie ist das möglich? Ich kann es nicht fassen.« Meine Stimme schwankte, ich war ganz aufgelöst.

Der Meister antwortete mir mit unwandelbarer Ruhe:

»In solchen Augenblicken muß ein höheres Gesetz zur Anwendung gelangen, daß das niedere aufhebt und ausschaltet. Die Vibration wird unmittelbar so sehr erhöht, daß die Schwerkraft der Körper aufgehoben wird. Wenn du unbegrenzt im Geist lebst, hat jeder Gedanke die Macht eines Vulkans und bewegt sich schneller als das Licht.

Gottes schöpferische Kraft ist unbegrenzt. Kein menschliches Auge hätte diese Ortsverschiebung wahrnehmen können. Sie vollzog sich außerhalb der Zeit. Das menschliche Bewußtsein mit seinen begrenzten Wahrnehmungsinstrumenten gehört zum niederen Gesetz. Dieses wurde durch das höhere vollkommen überwunden. Der Raum mit all seinen Hindernissen war vollständig aufgelöst.«

»Wie erreicht man eine so hohe göttliche Verwirklichung?« wollte ich wissen. Ich war fasziniert und völlig überwältigt von diesem Geschehen: nie hätte ich so etwas für möglich gehalten.

»Der wahre Mensch ist unbegrenzt, ungebunden, eins mit dem göttlichen Bewußtsein. Was du soeben erlebt hast, ist auch für dich und für jeden Menschen möglich, nur mußt du deine inneren Grenzen und Begrenzungen völlig überwinden und im reinen unverfälschten Licht leben. Wisse, das Wort »unmöglich« gehört zum niederen Gesetz, zur Schwerkraft des Todes, der Einengung und der Gefangenschaft.

Im höheren göttlichen Lichtgesetz existiert das Wort »unmöglich« nicht, denn in ihm sind alle unbegrenzten schöpferischen Kräfte und Möglichkeiten vorhanden. Es ist absolut alles möglich«, erklärte er mir liebevoll.

»Ich danke dir, du hast mir das Leben gerettet! Ohne dich läge ich jetzt zerquetscht, tot unter den Steinen begraben.«

»Das wahre Leben ist todlos. Leben kann man weder erhalten noch verlieren. Der Körper wird geboren, er löst sich wieder auf, die Lebensessenz bleibt vom Vergänglichen völlig unberührt. Es gibt Menschen, die jede Zelle in ihrem Körper vollkommen vergeistigt haben. Wenn ihre Zeit abgelaufen ist, nehmen sie ihren physischen Leib mit. Auch das ist möglich. Es kommt immer darauf an, wie man das eigene gottgegebene Leben gestalten will. Das Todesbewußtsein gehört zum niederen Gesetz.

Ich habe vorhin deine Schicksalskräfte, die auch zum niederen Gesetz gehören, vorübergehend aufgehoben. Indem ich ihre Vibration erhöhte, verloren diese Kräfte ihre Macht über dich. Dadurch habe ich verhindert, daß du deinen Körper vorzeitig verlassen mußtest.«

Ich war zutiefst erschüttert, in einem Schockzustand. Mir wurde klar, daß ich eigentlich seit einigen Minuten tot sein müßte. Obwohl ich auf dem Berg dem Tod ins Angesicht geschaut hatte, merkte ich jetzt, wie sehr ich doch noch an meinem Körper hing, und an allem, was damit verbunden war. Ich wußte, daß er vergänglich war, und doch klammerte ich mich mit allen Kräften an ihn. Dabei war mir doch inzwischen bewußt geworden, daß dieses Anklammern ein innerer, psychischer Zustand war, der mit dem Körper eigentlich gar nichts zu tun hatte. Als Persönlichkeit bewohnte ich diesen Körper aus Fleisch und Blut. Ich benutzte ihn, um mich auf der irdischen Ebene auszudrücken, um aktiv zu sein. Und gerade meine ganzen bisherigen Aktivitäten stellte ich in diesem Moment doch auch in Zweifel. Mein Leben schien mir so oberflächlich und lächerlich zu sein, und die Frage nach der Sinnhaftigkeit meines Daseins brachte mich aus der Fassung. Es war eine Frage, die ich in ihrer ganzen Tiefe immer elegant umgangen hatte.

Der Meister hatte meine Verwirrung erkannt. »Du bist wieder im alten Gesetz gefangen, verloren im Aberglauben von Sterblichkeit und Vergänglichkeit. Schau, wie du ununterbrochen in Richtung Zerstörung denkst, und sieh, wie du genau das siehst, was du denkst. Was du denkst, das lebst du. Erinnere dich an die Worte von Meister Jesus: ›Wer sein Leben behalten will, der wird es verlieren, wer aber sein Leben um meinetwillen verliert, der wird leben.‹ Das bedeutet nichts anderes als: Wer an den Tod und die Vergänglichkeit glaubt und sich an diesen Aberglauben klammert, der wird sterben. Wer sein Leben dem Licht Gottes übergibt wird, der wird ewig leben.«

Der Meister hatte mir gezeigt und vorgelebt, was es bedeutet, das niedere durch das höhere Gesetz Gottes zu überwinden. Er hatte mir eindringlich klar gemacht, daß dieser Weg für alle Menschen offen und möglich ist, die sich geduldig dem ewigen göttlichen Leben zuwenden. Er selbst drückte dieses göttliche Gesetz vollumfänglich aus und zeigte mir, daß es nur Gedanken waren, die uns trennten. Seine Einfachheit, seine Natürlichkeit beeindruckten mich immer mehr.

»Komm, wir wollen jetzt weitergehen, sonst haben wir den Tempel vor Einbruch der Dunkelheit nicht erreicht.«

Eine dichte Wolkendecke überzog den Himmel, als wir den schmalen Pfad hochkletterten. Hoch über uns sah ich den kleinen Tempel, der an die steile Talflanke gebaut war. Genau in dem Moment, als wir ihn erreichten, begann es zu regnen.

»Gaya, bist du da?« rief der Meister. Seine Stimme hallte durch die Räume.

»Meister! Du bist es!«

Eine jüngere, in ein langes ockerfarbenes Gewand

gekleidete Frau trat aus einem der Nebenräume auf uns zu. Mit strahlenden Augen und gefalteten Händen begrüßte sie uns.

Wir betraten den kleinen, schlicht eingerichteten Raum, den sie bewohnte.

Sie legte dem Meister ehrerbietig eine Girlande leuchtender Blumen um den Hals, deren zarter Duft den ganzen Raum erfüllte.

Im Laufe des Abends erfuhr ich, daß Gaya eine langjährige Schülerin von ihm war. Sie lebte hier völlig allein. Sie liebe die Stille und die Unberührtheit dieses Ortes, erklärte sie mir.

Spontan kam sie meinen vielen Fragen zuvor, indem sie hinzufügte, daß es vier Stunden Fußmarsch von hier entfernt ein kleines Dorf gebe, das sie einmal im Monat aufsuche, um Einkäufe zu machen und Freunde zu besuchen.

Sie berichtete mir weiter, daß niemand das Alter dieses Tempels kenne. Auch seine Erbauer seien völlig unbekannt.

Ich hatte schon beim Betreten des Raumes eine außerordentlich hohe, lichtvolle Vibration gespürt, die mich augenblicklich in einen meditativen Zustand versetzte. Zeit war hier nicht existent. Das Denken fiel mir schwer. Es herrschte eine geistige Atmosphäre an diesem Ort, die mit Denken nichts zu tun hatte.

Eine kleine Butterlampe erhellte mit ihrem spärlichen Licht den Raum. Der Meister legte sich bald zur Ruhe, und auch ich schlief bald ein.

Als ich am nächsten Morgen erwachte, regnete es in Strömen. Eine trübe melancholische Stimmung hatte sich über die Gegend gesenkt. Die Wolken hingen tief und träge um die Berge, es war kühl, alles war feucht.

Gaya brachte mir eine Tasse heißen Tees, der mich erwärmte. Ich schaute mich um, konnte den Meister aber nirgends sehen.

»Er ist für ein paar Tage weggegangen und hat mich gebeten, bis zu seiner Rückkehr auf dich aufzupassen«, sagte sie lachend. »Wo ist er denn hingegangen, bei diesem Wetter?« fragte ich, doch sie konnte meine Frage nicht beantworten: der Meister hatte sich einfach verabschiedet.

Im Laufe des Morgens fragte ich Gaya, wie lange sie den Meister schon kenne. »Zweiundneunzig Jahre«, antwortete sie. Ich hatte wohl nicht richtig gehört. »Zweiundneunzig Jahre«, wiederholte Gaya auf meine erneute Frage. Und schmunzelnd fügte sie hinzu, sie sei eben nicht weniger als hundertzwölf Jahre jung. Es war nicht zu glauben: Ich hatte sie um die Fünfzig geschätzt! Angesichts meiner Verblüffung, lachte Gaya vergnügt und erklärte mir:

»Dort wo die Seele sich hinorientiert, dort drückt sie sich aus. Wahres Leben ist ohne Alter, sogar der Körper, der den Gesetzen der Wandlung unterworfen ist, ist in Wahrheit todlos. Wenn du dich von der Idee der körperlichen Gefangenschaft befreist, wird der Alterungsprozess verzögert oder sogar ganz aufgehoben.

Die Menschen, die vollkommen in der göttlichen Kraft leben, schwingen in einer außerordentlich hohen Vibration. Darin wird der Stoffwechsel beschleunigt, was den Zerfall, die Kristallisations- und

Verschlackungsprozesse verhindert. Das ist allerdings kein Ziel, sondern eine Nebenerscheinung des befreienden Weges.

Es gibt Meister, die so vollkommen eins sind mit dem göttlichen Licht, daß der körperliche Alterungsprozeß völlig aufgehoben wurde. Sie sind reines, unvergängliches göttliches Licht. Jede Zelle, jedes Atom ihrer Körperlichkeit drückt die ewig glorienvolle Herrlichkeit Gottes aus. Der Lehrer des Meisters ist ein solch vollkommen vergeistigtes Wesen.«.

Ich wurde hellhörig. »Hast du den Lehrer des Meisters auch kennengelernt?« fragte ich ganz aufgeregt.

Sie hatte ihn bis jetzt noch nie gesehen, aber sie wußte, daß er irgendwo in dem endlosen Gebirge lebte, das sich hier von einem Horizont zum andern hinzog.

»Du kannst ihn nicht treffen, es sei denn, er ruft dich«, sagte Gaya. Ein großer Respekt lag in ihrer Stimme.

Wir standen vor dem Tempel unter einem Vordach, draußen regnete es ununterbrochen. Von den drei majestätischen Bäumen vor uns rieselte das Wasser leise über die Blattspitzen hinaus und tropfte zur Erde, in der es versickerte. Still, mit großer Empfindsamkeit, beobachtete ich die Natur. Es war ein zeitloses Schauen, das über das Gesehene nicht nachdachte. Die Stille mit ihrer Grenzenlosigkeit hatte mich verschluckt. Eine unbeabsichtigte innere Regung aktivierte den Denkprozeß wieder, und augenblicklich war die ungeteilt klare Wahrnehmung zerstreut. Wieder hatten sich dunkle Schatten über dem Paradies zusammengezogen.

Plötzlich erkannte ich: Es gab kein Außen und kein Innen, nichts war getrennt. Das Innere erschuf das Äußere und dieses Äußere formte wiederum das Innere, in einem unablässigen Wechselspiel. Es war die Bewegung meines Denkens, die den Ausschlag gab: sie formte das Innere und gestaltete danach das Äußere. Dieser endlose Vorgang hatte mein ganzes Leben bestimmt und geprägt. Das unheilvolle Spiel der Sinne, die seit Jahrtausenden funktionierenden Wechselwirkungen, die Art, wie das Äußere mein Inneres formte und das Innere das Äußere, diese ganze Gestaltung meiner Lebensformen stand mir auf einmal klar und deutlich vor Augen.

In diesem geschlossenen Kreislauf, lag die Ursache meiner Bindungen und Mißverständnisse begründet, sie bedeutete eine ungeheure Gefangenschaft.

Eine große Ratlosigkeit bemächtigte sich meiner. Ich konnte mir nicht vorstellen, wie ich mich je aus diesem Teufelskreis zu befreien vermöchte.

Daß das möglich war, bewiesen mir jedoch der Meister und Gaya. Sie hatten das Zeiträumliche in sich verbrannt. Ich durfte also nicht verzweifeln. Ich mußte in diese innere Gefangenschaft eindringen und mich daraus befreien. Das war der Grund meines Daseins, der Sinn meines Lebens auf dem Planeten Erde. Die Gleichgültigkeit, in die ich versunken war, schien mir auf einmal unerträglich. Was hatte ich bloß all diese Jahre aus meinem Leben gemacht? Ich hatte mich in meinem eigenen Stumpfsinn, meiner Oberflächlichkeit und meinem Egoismus gesonnt!

Erst jetzt dämmerte mir, daß ich von der unermeßlichen Schönheit und Intensität des wahren Lebens bisher keine Ahnung gehabt hatte. Eine tiefe Dankbarkeit dafür, daß es den Meister und Gaya gab, und für die göttliche Kraft, die mich zu ihnen geführt hatte, stieg in mir auf.

Gaya und ich saßen im großen runden Tempelraum dessen Boden mit Matten und Teppichen belegt war. Sonst war er leer. Durch verschiedene kleine Öffnungen drang das Tageslicht ins Innere und erhellte zart den Raum.

»Das ist der Tempel des Lichts. Viele Siddhas und Menschen, die Gott suchten, haben hier gewohnt. Wenn du ganz in die zeitlose Stille eintrittst, wirst du den Herzschlag des Universums hören,« erklärte mir Gaya.

Still, mit halb geschlossenen Augen saßen wir da und horchten ins Unendliche hinein. Ab und zu schlug ich die Augen auf und warf einen staunenden Blick auf Gaya, die in einem perfekten Lotussitz vollkommen entspannt dasaß. Jeder Muskel, jeder Nerv war von ewiger Ruhe durchtränkt, eine große konzentrierte Kraft strömte spürbar von ihr aus.

Mein Herz wurde von diesem unendlichen Lichtstrom ergriffen. Die Tore des inneren Universums standen weit offen, die Grenzen des sterblichen Bewußtseins lösten sich auf. Ich erlebte ein seliges »Nahesein am Endgültigen«, ich lag etwas so Gewaltigem, so Erhabenem zu Füßen, daß Menschenworte es weder benennen noch beschreiben konnten.

Es war kein innerer Ort, an dem ich mich befand, kein Zustand, keine Wahrnehmung. Ich kannte nur ein einziges Wort, mit dem ES in einem gewissen Sinne zu bezeichnen war: Gott – aber auch das war nur ein Wort.

Ein verworrener Drang, DAS festzuhalten, es ja nicht wieder zu verlieren, warf mich wieder in die Welt des Verlangens zurück. Ich erkannte, daß ein gewaltiger innerer Umwandlungsprozess stattfinden mußte, bis ich von allen Vorstellungen und mentalen Konzepten befreit war, so daß allein DAS sein konnte. Ein brennender Schmerz durchbohrte mein Herz: ich war so unbewußt, so befangen! Und doch wußte ich: Das innere Reich des Begrenzten mußte völlig überwunden werden. Wenn es verschwand, blieb einzig das Ewige, das Absolute, das Allgegenwärtige.

Leise verließ ich den Tempel und trat ins Freie. Es hatte aufgehört zu regnen. Ein unhörbarer Wind riß die Wolkendecke auf und die Sonne brach durch.

Meine Beine waren vom langen Sitzen ganz steif geworden. Ich begann mich in der Gegend umzusehen. Der Tempel war knapp oberhalb der Waldgrenze gebaut, so daß ich längere Zeit den Berg hochsteigen mußte, bis ich das weite grüne Tal überblicken konnte.

Die Aussicht war überwältigend. Ringsum ragten schneebedeckte Siebentausender zum Himmel, die unter den Sonnenstrahlen aufleuchteten, und unten lag das weite, bewaldete Tal. Vor der Schönheit und

Unberührtheit dieses Ortes erfaßte mich eine Art Verzückung. Meine Sinne aßen sich satt an dem göttlichen Kunstwerk.

Wer ist dieser allmächtige Geist, der diesen Raum, diese scheinbar äußere Welt, die meine Sinne trunken macht und täuscht, im Verborgenen mit solch außerordentlicher Lieblichkeit gestaltet? Wo entspringt die göttliche Quelle, diese ungeformte Energie, durch welche Körper erscheinen und wieder vergehen?

Welch ungeheure, unfaßbare Magie verkörpert die ewigen Gesetze und bringt diese makellose, unerklärliche Schöpfung hervor, was ist es, was dergestalt Endliches aus Unendlichem erschafft in einem vollendeten Plan?

Die Tiefe des göttlichen Geistes war undenkbar, unvorstellbar, grenzenlos. Ergriffen von seelischen Gedanken, die aus einem Bereich jenseits meiner Begrenztheit aufgestiegen waren, sprühte und zitterte mein Herz vor Inspiration.

»Ist das nicht ein wunderschöner Ort?« erklang plötzlich Gayas Stimme hinter mir.

»Ich kann gut verstehen, daß Menschen, die Gott suchen, hierherkommen. Es ist wahrlich ein gesegneter Ort! Doch der Gedanke, daß diese ganze Schönheit vergänglich ist, stimmt mich irgendwie traurig«, erwiderte ich.

Behutsam nahm sie meine Hand:

»Der Erwachende trauert weder um die Toten noch um die Lebendigen. Ich selbst war niemals nicht, noch du, noch alle Seelen dieser Welt. Niemals werden wir zu sein aufhören. Das Erscheinende erscheint nur scheinbar; das Vergängliche ist nur scheinbar vergänglich, denn das ewig Wahre ist immer wahr und vom Bildhaften unbefleckt.

Wenn du den Objekten gegenüber gleichgültig geworden bist, erkennst du den Quell, der diese Gedanken hervorbringt. Wenn dir selbst deine eigene körperliche Form unwirklich erscheint, lernst du, auch dich selbst loszulassen. Wenn die Seele erwacht, wird sie blind für alle Täuschungen des Fleisches.«

Still saßen wir auf einem großen Stein, während über unseren Köpfen leise die Nacht am Himmel heraufzog.

Am Abend saßen wir zusammen. Ich erzählte Gaya von meinem Leben und von meinem Projekt, ein Buch über einen Meister zu schreiben, der in der freien Natur draußen lebt. Als ich ihr von meinem Zeitplan berichtete, und daß ich ursprünglich nicht mehr als drei Wochen zu bleiben gedachte, lachte sie Tränen. Auch ich konnte mich des Lachens nicht erwehren: Inzwischen waren schon Wochen vergangen, und außer ein paar vagen Aufzeichnungen hatte ich noch nichts geschrieben.

Mein Vorsatz, täglich Notizen zu machen, war schon nach ein paar Tagen verblaßt und unwichtig geworden, denn der Meister und Gaya hatten mir etwas Tieferes und Wichtigeres eröffnet, dem ich mich nicht entziehen konnte. Ich wußte, daß ich mein Leben fortan anderem widmen mußte als dem Versuch, dem oberflächlichen Rollenspiel der Gesellschaft gerecht zu werden.

Die Einfachheit, in der diese Menschen lebten, so

ganz ohne Komfort, war für mich anfänglich ein Alptraum gewesen. Immer mehr entdeckte ich jedoch ihren wahren Reichtum, der sich in einem vollkommen Nichtgebundensein, einer Nicht-Abhängigkeit äußerte. Sie waren auf allen Ebenen frei von der Welt, wahrhaft menschlich, bescheiden und unendlich großzügig.

Ich konnte ihnen absolut nichts geben, und das brachte mich in eine ungewöhnliche, noch nie dagewesene Situation, mir der ich schlecht umgehen konnte. Es fiel mir leichter zu geben als zu erhalten.

Ihre Seelen waren ins reine Licht des ewigen Lebens getaucht, während meine im Kerker des schlechten Gewissens gefangen war. In diesem Gefängnis der sterblichen Welt, in dem ich steckte, schrie mein Innerstes nach Licht. Ich mußte die Hölle des Leblosen verlassen! Noch war ich zwischen Licht und Dunkelheit hin und hergerissen, und verletzt, aus unzähligen offenen Wunden blutend, lechzte meine Seele nach Heilung.

Am nächsten Tag zeigte mir Gaya, wie sie mit geschickten Händen wunderschöne Teppiche knüpfte, die sie im Dorf gegen Eßwaren eintauschte.

Das Wetter war strahlend schön, und wir brachen zu einem längeren Spaziergang auf. An einem Ort roch es nach Ziegen, doch die Tiere waren schon weg. Die Hirten waren manchmal viele Wochen lang mit ihren Tieren unterwegs. Einige dieser einsamen Wanderer befanden sich, ohne daß sie sich dessen bewußt waren, auf einem tiefen spirituellen Weg, der sich durch Einfachheit, Ehrlichkeit und Freundlichkeit auszeichnete, erklärte mir Gaya.

Nach unserer Rückkehr begab ich mich für einige Stunden allein in den Tempel des Lichts, während Gaya im Wald Kräuter sammeln ging. Sie hatte mich dazu angespornt, soviel Zeit wie nur möglich in der hohen Vibration des Tempels zu verbringen.

Dieser kam mir immer mehr als ein unsichtbares Fenster der ewigen Lichtwelt vor. Allmählich gelangte ich zur Einsicht, daß diese Empfindung in mir selbst begründet war, daß der Tempel des Lichts nur als äußere Entsprechung meinen inneren Zustand widerspiegelte. Und da, in meinem Innersten, befand sich auch der Schnittpunkt, wo die Form sich auflöste, wo sie im Formlosen aufging. Die Stille des Lichts war das unbegrenzte innere Selbst, die äußere körperliche Form nur ein Schatten.

Je länger, je versunkener ich da saß, desto klarer wurde mir aber auch bewußt, daß ich hier mit meinem Willen etwas erzwingen wollte, daß ich auf ein spirituelles Resultat erpicht war. Ich wollte unbedingt etwas erreichen, was sich überhaupt nicht erreichen ließ: Denn es gab keinen Weg, der vom Zeitlichen ins Zeitlose führte.

Ich merkte, daß ich mir in bezug auf meine Einsichten bereits einen subtilen Stolz angeeignet hatte. Diese ernüchternde Feststellung traf mich wie ein Schlag: Ich stand wieder am Anfang, unwissend wie eh und je.

Am besten kehrte ich wohl nach Hause zurück und bewahrte diese Reise als eine schöne Erinnerung in mir auf! Ich war nicht reif oder ganz einfach nicht geeignet für den befreienden Weg, den man mir hier zeigen wollte.

Ausgerechnet im Tempel des Lichts, von dem ich so viel erwartet hatte, war mir dieses enttäuschende Licht aufgegangen!

Ich wußte nicht, wie ich das Ganze dem Meister und Gaya erklären sollte und beschloß zu warten, bis er zurückkam. Ich fühlte mich elend und beschämt und legte mich früh schlafen. Gaya hatte gemerkt, daß ich bedrückt war und nicht darüber sprechen wollte.

Am Morgen, als ich erwachte, war der Meister schon da und begrüßte mich mit einer reifen Frucht. Er schälte sie sorgfältig und legte sie mir in die Hand. Als ich sie mit ihm und Gaya teilen wollte, gab er mir zu verstehen, daß er sie speziell für mich mitgebracht hatte.

»Was kann ich dir schenken? Gibt es irgend etwas, was ich für dich tun kann?« platzte es aus mir hinaus. Er lächelte nur wortlos und blieb still vor mir sitzen.

Auf meiner Reise durch das Gebirge hatte ich nie eine solche Frucht auf den Märkten gesehen. Ich wußte, daß sie nur in tropischen Gegenden des Flachlandes wuchs. Sie schien frisch gepflückt zu sein, war saftig und süß. Wo hat er sie bloß her? fragte ich mich im Stillen, aber ich wagte die Frage nicht zu stellen.

»Hat der Tempel des Lichtes zu dir gesprochen?« fragte er mich. Seine Frage überrumpelte mich. Wie sollte ich ihm meinen Entschluß mitteilen, diese Reise abzubrechen?

»Ja«, sagte ich, »er hat sehr tief zu mir gesprochen. Und ich muß dir einen Entschluß mitteilen, den ich faßte. Ich werde ...« Ich brachte kein Wort mehr heraus. Meine Zunge und meine Stimme hatten auf einen Schlag völlig versagt. Ich nahm einen neuen Anlauf, versuchte es wieder und wieder, aber umsonst. Es kam kein Wort mehr über meine Lippen.

»Der Dialog mit dem Tempel des Lichts ist offensichtlich sehr tief gegangen«, meinte der Meister lachend. »Das göttliche Licht wirkt immer ich-zerbrechend, nur dadurch ist die große innere Transformation überhaupt möglich. Die Erde ist das dunkle Tal vor dem Licht. Um das Licht zu kennen, mußt du die Dunkelheit restlos aufgeben. Bleibe nie stehen, sei immer auf die unzerstörbare Quelle der Allwissenheit und Allmacht Gottes ausgerichtet. Nur die große Ernüchterung läßt die Seele wachsen.«

Er stand auf und ging zu Gaya, um ihr beim Zubereiten der Mahlzeit zu helfen.

Einmal mehr hatte er meinen inneren Zustand genau erkannt und mir im richtigen Augenblick die richtigen Worte ins Herz gelegt. Eine höhere Macht hatte mich daran gehindert, meinen Entschluß, nach Hause zu gehen, auszusprechen. Wie das hatte geschehen können, war mir rätselhaft.

Die Idee, meine Reise abzubrechen, war im übrigen rasch verflogen. Ich stand auf und gesellte mich zu den beiden. Gaya begann ein Lied zu singen. Obwohl ich die Bedeutung der Sanskrit-Worte nicht verstand, ergriff mich ihre innewohnende Kraft.

Es war eine Lobpreisung an die höchste Gottheit, an das Licht das alle Dunkelheit vertrieb und die

Seele aus der Unwissenheit zur Weisheit und von der Sterblichkeit zur Unsterblichkeit führt, erklärte mir der Meister, der nun auch in den Gesang einstimmte. Ihre reinen Seelen, die diese starken Worte zum Vibrieren brachten, erfüllten bald den ganzen Raum und breiteten sich wie Wellen über die ganze Gegend aus, alles durchdringend, alles segnend, alles erhebend.

Ihre leuchtenden Augen und lachenden Gesichter widerspiegelten die Kraft, die den Worten innewohnte, sie waren mit ihnen verschmolzen. Der Meister schlug mit der rechten Hand auf seinem Oberschenkel den Takt, was sie bewog, den Gesang noch zu intensivieren.

Der Raum war von einer unglaublichen Atmosphäre erfüllt.

Nach dem Essen teilte mir der Meister mit, daß wir unsere Reise bald fortsetzen würden und fragte Gaya, ob sie uns begleiten möchte.

Sie schien von diesem Vorschlag weniger überrascht zu sein als ich, wußte ich doch von ihr selbst, daß sie den Tempel in den letzten zwölf Jahren nicht mehr verlassen hatte, es sei denn, um einmal im Monat ins benachbarte Dorf zu gehen. Und ich merkte erst jetzt, wie sehr ich mir wünschte, daß sie zusagen möge, und wie fest ich sie bereits ins Herz geschlossen hatte. Aber ich hütete mich, etwas zu sagen. Ich durfte nicht versuchen, sie mit meinen Wünschen zu beeinflussen. Sie würde Selbst die richtige Entscheidung treffen.

Sie saß ruhig da. Hatte sie die Einladung des Meisters überhaupt gehört?

Gespannt wartete ich auf ihre Antwort, aber sie reagierte nicht. Sie schickte sich an, das Eßgeschirr und den Wasserkrug zu reinigen. Der Meister stand auf und begab sich in den Tempelraum.

Ich hatte von Gaya eine sofortige Antwort erwartet, doch beide, sie wie der Meister, verhielten sich nicht so, wie ich es in meinem Alltag gewohnt war. Ihre Art der Kommunikation war mir unverständlich. Ich begab mich zum Meister in den Tempelraum und setzte mich neben ihn.

Daß Gaya nichts gesagt hatte, bedeutete wohl, daß sie uns nicht begleiten würde, dachte ich traurig.

»Warum bist du traurig«, fragte mich der Meister. Ich erklärte es ihm und fügte hinzu, ich könne nicht verstehen, warum sie auf seine Einladung nicht geantwortet hatte.

»Sie hat in der Stille ihrer Seele geantwortet. Hast du es nicht vernommen? Sie wird uns begleiten.«

Eine Welle der Freude überflutete mich. Was es mit der Antwort in der Stille der Seele für eine Bewandtnis hatte, war mir jedoch rätselhaft, und ich bat den Meister um eine Erklärung.

»Wenn die Seele aus ihrer Begrenzung befreit ist, dann ist sie eins mit dem Geist. Alle Mißverständnisse, die der Dualität zugrunde liegen, sind dann gelöscht und damit auch die Idee von meiner und deiner Seele. Es gibt nur den einen göttlichen Geist, der alles beseelt, der alles ist.

Der im Geist erwachte Mensch ist vollumfänglich empfänglich für alles Göttliche und vollumfänglich unempfänglich für das dunkle Ungöttliche, das Höllenreich der Egomanie.

Jeder Gedanke ist ein Impuls und beinhaltet eine innewohnende, zielgerichtete Kraft. Es ist eine Vibration, eine Welle, die sich mit großer Geschwindigkeit dem Empfänger entgegenbewegt. Wenn der Empfänger die nötige Sensibilität und Offenheit hat, wird er mit Leichtigkeit fähig sein, die Bilder und die Informationen, die ihm gesandt werden, in seinem Inneren aufzunehmen, sie zu lesen und zu verstehen. Bei dieser besonderen Art von Kommunikation spielen Distanzen keine Rolle.

Ich stehe auf diese Weise mit einigen Menschen in diesem unendlichen Gebirge in Verbindung. Leeres Geschwätz hat hier jedoch keinen Platz, darum herrscht vorwiegend Stille. Doch gerade in dieser tiefen, dynamischen Stille sind wir ununterbrochen im göttlichen Licht miteinander verbunden.

Das Wort ist eine mächtige, schöpferische Kraft, durch die sich der Wille Gottes ausdrückt. Wir gehen sehr bewußt und bedacht mit diesem göttlichen Geschenk um, denn was wir erschaffen, das sind wir.

Die Wortwahl einer gereinigten Seele widerspiegelt den klaren und edlen Bewußtseinszustand dieses Menschen. Auf dieser Ebene ist er sich seiner hohen Verantwortung für das ausgesprochene Wort und seine gewaltigen schöpferischen Kräfte und Auswirkungen voll bewußt. Ausgesprochene Worte können Weltkriege oder Weltfrieden auslösen, können zerstören oder heilen. Wenn die Seele in ihrem höchsten Reinheitsgrad vibriert, wenn sie klar, ungebunden und leuchtend ist, dann ist das Wort mit der gesamten Macht Gottes geladen und offenbart unwiderstehlich, vollkommen die Glorie des einen strahlenden Geistes.

Wer sich ganz dem Göttlichen ergeben hat, handelt nicht selbst und daher weder in guter noch in schlechter Absicht; er handelt durch das Licht, mit dem Licht und für das Licht der Lichter.

Bewußtheit ist das Wichtigste, dies solltest du nie vergessen. Wahrnehmen bedeutet wirklich wahrnehmen, ohne am Wahrgenommenen zu haften. Die schmeichelnden Stimmen der Täuschung versuchen die Menschen, die Gott suchen, immer wieder in den Bann des Vergänglichen zu ziehen. Sei wach und entkleide dich aller Täuschung mit der Kraft des dir innewohnenden universellen Lichtes Gottes.

Das Unerschaffene wohnt in dir. Suche es nicht, denn du bist es selbst. Schäle achtsam alles Vergängliche und dich Begrenzende aus deinem getäuschten Bewußtseinszustand heraus, denn dort ist das Totenreich angesiedelt. Einsicht und Intuition sind Instrumente, die zum Überwinden benötigt werden.

Was ich dir erkläre, ist keine Theorie, denn Theorie ist absolut nutzlos. Wissen und Erinnerung gehören zu dieser zwiefältigen Welt des Todes mit all ihren Einflüsterungen und Täuschungen. Leben im Lichte Gottes ist unaufhörliches Trinken aus den unergründbaren Quellen des Geistes.

Das Leben ist eine gigantische Entdeckungsreise, voller Schönheit und Kraft. In dieser Reise selbst ist der gesamte Sinn unseres Lebens enthalten.

Als Toter bist du zu mir gekommen, als Lebendiger wirst du nach Hause gehen. Komm, gehen wir zu Gaya.«

Beim Aufstehen dankte ich ihm für seine Worte. Doch seine letzte Aussage, daß ich als Toter zu ihm gekommen sei, machte mich betroffen.

Gaya saß in der kleinen Küche und sortierte verschiedene Heilkräuter. Wir setzten uns zu ihr, um ihr dabei zu helfen.

»Es freut mich sehr, daß du uns begleitest«, sagte ich.

Sie nickte: »Es ist an der Zeit, daß ich mich wieder einmal von diesem Ort löse«, sagte sie. »Ich möchte aber auf dem Weg gern noch im Dorf vorbeigehen und meinen Freunden sagen, daß ich für eine Weile weg sein werde, sonst machen sie sich unnötig Sorgen.«

Der Meister nickte zustimmend und meinte, daß das ein vernünftiger Wunsch sei.

In der Frühe stiegen wir den steilen Pfad herunter. Träge Nebelschwaden krochen durchs Tal. Das kleine Dorf war fast menschenleer, doch die Bewohner, die sich auf der einzigen kleinen Straße befanden, begrüßten Gaya und uns mit geschlossenen Händen und verbeugten sich.

Mitten im Dorf betraten wir ein größeres Haus. In dem kleinen Innenhof standen eine Kuh und ein Kalb an Stricken an einen Pfahl gebunden. Das Kalb lag auf Stroh gebettet und blickte uns ängstlich an. Gaya ging geradewegs zu den Tieren hin und streichelte ihnen sanft die Köpfe.

Eine Frau mittleren Alters trat aus dem Haus und begrüßte uns freudig. Kaum hatte sie das Wort an Gaya gerichtet kam eine große Schar Kinder aus dem Haus gerannt und hängte sich ungestüm an Gaya. Sie waren offensichtlich alte Bekannte.

Im fahlen Licht in der Hütte tranken wir Tee. Gaya gab der Gastgeberin verschiedene Anweisungen. Auf einem Stück Tuch breitete sie eine ganze Reihe Heilkräuter auf dem Boden aus, die an verschiedene Menschen verteilt werden mußten.

Die Gastgeberin hörte aufmerksam zu, stellte ab und zu Fragen. Erst jetzt begriff ich, daß Gaya nicht nur ins Dorf kam, um einzukaufen. Sie war als Heilerin und Lebensberaterin tätig.

SUCHE DEIN DU

Am späteren Nachmittag waren wir schon weit durch das leicht bewaldete Tal geschritten. Der Boden war mit dichtem, schwerem Gras bewachsen. Gegen Abend gelangten wir zu einer leeren Hütte, in der wir die Nacht verbrachten.

Obwohl ein eiskalter Wind durch die Ritzen der Wände blies, war es drinnen wohlig warm. So wie ein Sonnenstrahl die Kühle eines schattigen Orts erwärmt, war dieser Raum in kürzester Zeit erwärmt worden. Verwundert blickte ich den Meister an. Mir war klar, daß er es war, der ganz bewußt die Temperatur regulierte.

Er lachte: »Erinnere dich an das Bad im Bergsee! So wie du denkst, so wird dir.« Mehr sagte er nicht dazu. Ich wußte indessen, daß er ein höheres Gesetz angewandt hatte, doch er mochte zu diesem Zeitpunkt nicht darüber sprechen.

Um in den einsamen Weiten dieser Natur mit ihren beseelten Mächten zu überleben, brauchte es eine unermeßliche menschliche Größe, sonst wurde man von ihren gewaltigen Kräften zermalmt. Hinter der einsiedlerischen Einsamkeit der Berge waren die Tore der Göttlichkeit verborgen. Von einer Zeitepoche zur andern stand dieses gewaltige Gebirgsmassiv mit seinen Hochebenen und Tälern unverrückbar da und bot all jenen ein Zuhause, die ihre innewohnende Kraft wahrnehmen konnten.

Das schicksalhafte Suchen trieb den Menschen mit vorbestimmter Absicht immer bis an seine eigenen Grenzen, so daß er sich selbst klar erkennen und überwinden konnte. Es ist die Intensität dieser Ur-Erinnerung, die den Menschen mit Urgewalt zurück in die anfangslose, ewige Seelenlandschaft drängt. Die schweigende Berührung des Ewigen läßt ihn seine wahre Verwandtschaft mit dem Göttlichen erkennen. Immer deutlicher wurde mir bewußt, wie wichtig die vollkommene Selbstüberwindung war.

Ich erlebte die herrliche Kraft der Geburt der Seele im unendlichen Licht, in dem sie sich entzückt, das Leuchten der inneren Welt schauend, den ewigen Strömen zuwandte. Das Grenzenlose hatte von mir Besitz ergriffen und wollte sich durch mich ausdrücken. Ich trank von der Quelle des Lebens. Zum ersten Mal fühlte ich das Fließen des weißen Lichtes in mir.

Wir waren bereits mehrere Tage unterwegs, als

wir über einen Paß in ein weites grünes Flachland hinunter gelangten. Inmitten saftiger grüner Felder lag ein großes Dorf vor uns. Die üppigen Felder, die Laubbäume, die in ihrer prächtigen Fülle dastanden, die Menschen, die gebückt in den Reisfeldern arbeiteten, dann wieder voll behangene Fruchtbäume – meine Augen konnten sich nicht satt sehen an dem friedlichen Bild.

»Hier ganz in der Nähe befindet sich ein wichtiger Pilgerort, der seit Jahrhunderten von unzähligen Menschen besucht wird. Da gehen wir später hin, zuerst habe ich im Dorf aber noch einiges zu erledigen«, erklärte der Meister.

Wir stapften eben durch eine Wiese mit hohem Gras, als plötzlich eine Schlange vor uns hochschoß und uns angriffslustig anzischte. Vor Angst gelähmt, blieb ich wie angewurzelt stehen. Auch Gaya war einen Augenblick erschrocken, hatte aber alle Furcht sogleich wieder von sich abgeschüttelt. Der Meister hingegen verlor seine Ruhe keine Sekunde. Er hatte seine Ängste offensichtlich in jeder Beziehung überwunden.

Regungslos standen wir vor dem Reptil, das nicht von der Stelle wich.

»Töte sie nicht«, sagte der Meister zu mir.

Was meinte er mit »töte sie nicht! »« Am liebsten wäre ich Hals über Kopf davongerannt! Das einzige, was mich davon abhielt, war die lähmende Angst, der Gedanke, daß mich die Schlange bei der geringsten Bewegung angreifen würde.

So standen wir uns lautlos abwartend lange von Angesicht zu Angesicht gegenüber. Allmählich löste sich der Schrecken, der mich gefangenhielt, ich bekam mich wieder unter Kontrolle. Und nun erkannte ich auch unmittelbar die gewaltige Macht der Angst, die mein Bewußtsein und mein ganzes Nervensystem gefangengenommen und mich funktionsunfähig gemacht hatte.

Wovor fürchtete ich mich? Vor dem Schlangenbiß, der meinen Körper zu töten drohte oder einfach vor der ungewöhnlichen Situation?

Trotz dieser ersten Einsicht konnte ich mir nicht einreden, fortan einfach angstlos zu sein. Ich mußte diese Kraft, die nicht dem Geist gehörte, tiefer verstehen. Der Meister würde gewiß, sobald wir uns aus dieser verzwickten Lage befreit hatten, noch mit mir darüber sprechen. Ich spürte, daß sich in mir ein Wandel vollzog. Je länger ich die Schlange anschaute, desto mehr zerfloß das Feindbild, diese Abneigung, die sich tief in meinem Wesen eingeprägt hatte. Allmählich dämmerte mir, was der Meister gemeint hatte, als er sagte: »Töte sie nicht«.

Und dann geschah das Unglaubliche. Plötzlich trat der Meister zu der Schlange hin, die immer noch in Angriffsstellung war. Er streichelte ihr sanft den Kopf und redete ihr mit leiser Stimme zu. Einmal mehr traute ich meinen Augen nicht. Ich konnte nicht fassen, was ich da sah: Bald verschwand die Schlange unter einem Busch, und der Meister kam zu uns zurück. Bestimmt hatte er das Reptil hypnotisiert, sonst hätte es ihn sicher gebissen, dachte ich.

»Bleich siehst du aus«, sagte der Meister zu mir und lachte. »Deine eigene Furcht hat dich besiegt.

Deine Angst ist die wahre, giftige Schlange, die dich selbst immer wieder tötet. Die Angst, das Leben zu verlieren, der feste Glaube DU seist der Körper, darin liegt das große Mißverständnis. Der Geist wohnt im Körper, nicht der Körper im Geist! Lebe in Einklang mit dem Göttlichen, und du wirst erkennen, daß Angst leer und hohl ist.«

»Hast du die Schlange hypnotisiert?« wollte ich wissen.

»Nein, bestimmt nicht! Sie sieht in mir keinen Feind, so wie ich in ihr keinen sehe. Ungeteilte Liebe, vollkommener Respekt für alle Kreatur, das ist das höhere Gesetz. Töte nichts, weder im Denken noch im Fühlen noch im Handeln. Indem du diese Lebenshaltung verwirklichst, wird dir die unermeßliche Schönheit und Unbegrenztheit der Schöpfung offenbar.«

Die Bauern in den Feldern winkten uns zu. Vor dem Dorf erwarteten uns schon viele Menschen, die uns zu Trinken anboten und kleine Häppchen zum Essen schenkten. Zum Zeichen der Gastfreundschaft legte man uns duftende Blumengirlanden um den Hals. Offensichtlich kannte man hier den Meister schon.

In einem großen Gästehaus wurden uns geräumige Zimmer zugewiesen. Die Schlafstätten waren bereits hergerichtet, und in allen Zimmern stand ein Krug mit frischem Trinkwasser und eine Schale mit reifen Früchten bereit.

Ein junger Mann, der für unser Wohl zuständig war, führte mich durch den Garten hinter dem Haus und zeigte mir stolz das Gebäude mit dem großen

Saal. Ein süßer Duft von Räucherstäbchen erfüllte den Raum.

Begeistert erklärte mir der junge Mann, daß der Meister heute abend hier zu ihnen sprechen und am nächsten Tag die Kranken heilen werde. Er sei vor ein paar Tagen hier gewesen, um unsere Ankunft anzukündigen.

Ich fragte ihn, ob das mit den paar Tagen nicht ein Irrtum oder vielleicht eine bloße Redewendung sei, aber er versicherte mir, nein, keineswegs.

Wir waren für unsere Reise hierher über eine Woche unterwegs gewesen. Hin und zurück hätte der Meister mehr als zwei Wochen gebraucht, rechnete ich mir innerlich vor. Er war aber nur drei Tage weg gewesen. Einmal mehr stand ich vor einem Rätsel.

Am späten Nachmittag hatten die Frauen des Dorfes für alle eine bescheidene aber schmackhafte Mahlzeit vorbereitet, die auf Bananenblättern serviert wurde.

Am Abend dann war der kleine Saal bis zum letzten Platz gefüllt. Dichtgedrängt saßen sie am Boden, die Frauen auf der linken Seite, die Männer auf der rechten.

Der Meister sprach von der Bedeutung des Teilens, von der Harmonie in der Gemeinschaft und den integrierenden Kräften.

Er erklärte, daß man sich nicht an Besitz klammern sollte, da uns dieser nur zum Gebrauch, vorübergehend zur Verfügung gestellt sei, damit wir Tieferes daraus lernten. Er wies eindringlich auf die Vergänglichkeit der Dinge und die Unvergänglichkeit des wahren Menschen hin.

Respekt gegenüber der Schöpfung sei Respekt gegenüber dem Schöpfer, und dies beinhalte das göttliche Gesetz: Liebe deinen Nächsten wie dich selbst.

Er erinnerte daran, daß Gedankenstille Gottes Leere sei, in der sich das Unerkennbare enthülle. Da hinein, in dieses Ungewußte, solle das Auge schauen. Hinter dem Bekannten sei das Unbekannte: Gottes Wirklichkeit.

Die aufrichtende Stimme der Seele, die alle Dunkelheit durchdringe und aufhebe, sei der Weg, der ins Ewige führe. Das Hineinstarren in die eigene Selbstsucht dagegen der Weg des Todes.

Die Worte des Meisters berührten unsere Herzen, und als er alle aufforderte, sich ganz und gar und unwiderruflich für den Weg der göttlichen Gerechtigkeit zu entschließen und ein Gott wohlgefälliges, reines Leben zu führen, da dies der einzige Weg ins ewige, unbegrenzte Leben sei, erkannten alle die Wichtigkeit und Tiefe seiner Worte und was sie für ihr Leben bedeuteten.

Die große Kraft, die vom Meister ausstrahlte, hatte die ganze Gemeinde wie auf lichten Flügeln in eine andere Dimension erhoben.

Nachdem die Leute ihre Fragen gestellt und jeder vom Meister eine ausführliche Antwort erhalten hatte, holte einer ein Harmonium hervor. Dann wurden bis tief in die Nacht devotionale Lieder gesungen. Der Meister und Gaya kannten sie alle und stimmten mit großer innerer Kraft und Freude mit ein.

Der Meister liebte ganz offensichtlich das Singen. Die Kinder waren auf den Armen ihrer Mütter längst eingeschlafen, als sich spät nachts endlich alle in ihre Häuser zurückzogen.

Ich lag auf meiner Matte und betrachtete durchs offene Fenster das sternenübersäte Firmament. Ich konnte mich nicht erinnern, in meinem ganzen Leben schon einmal so glücklich und erfüllt gewesen zu sein.

Am nächsten Morgen, saß ich neben Gaya und dem Meister im Saal. Die Reihe von Menschen, die zum Meister kamen, um geheilt zu werden oder einen guten Rat zu erhalten, nahm kein Ende. Es kamen Frauen mit ihren Kindern, ältere, gebrechliche Personen und auch viele jüngere Leute, denen er mit Rat und Tat beistand. Ich beobachtete interessiert, wie der Meister die Menschen heilte. Selten berührte er jemanden. Seine Hände glitten an verschiedene Stellen des Körpers und blieben immer etwa dreißig Zentimeter davon entfernt.

Die Energieübertragung war kurz und intensiv und zeigte eine unmittelbare Wirkung. Zwischendurch sprach er zu mir: »Heilung ist Heiligung der Seele«, sagte er. »Auf göttliche Lichtzufuhr reagiert sie harmonisch. So wird das höhere Gesetz eingeschaltet und die innewohnenden selbstregenerierenden Heilkräfte im Menschen werden prozeßmäßig auf jeder Ebene aktiv. Nur so stellt sich auf allen Ebenen eine wahre Genesung ein.

Krankheit, richtig verstanden, beinhaltet einen tiefen Lernprozeß, den man dem Menschen nicht nehmen sondern bewußt machen muß. Die unterstützende Kraft hilft ihm, umfassend zu erkennen und zu verstehen, so daß er sich innerlich wandeln wird.«

Am späteren Nachmittag, als bereits niemand mehr im Raum war, traf noch ein altes Ehepaar ein. Der Mann hatte ein verkrüppeltes Bein.

Der Meister hörte den beiden lange zu. Sie hatten ganz offensichtlich kein einfaches Leben gehabt. Die Behinderung des Mannes war die Folge eines Unfalls. Der Meister bat den Mann, sich hinzulegen und kniete dann vor ihm nieder. Dann legte er beide Hände um das stark verkrüppelte Bein und schloß die Augen.

Leise sprach er ein Gebet, dessen Worte ich nicht verstehen konnte. Dann geschah etwas Unerklärliches. Ich sah, wie sich das Bein unter den Händen des Meisters verwandelte und allmählich seine ursprüngliche, gesunde Form wiederbekam.

Der alte Mann hatte die Augen geschlossen. Er war eingeschlafen und hatte gar nicht gemerkt, was mit ihm geschehen war. Seine Frau jedoch hatte die Heilung miterlebt und begonnen, mit bebender Stimme immer lauter den Namen Gottes zu singen. Tränen der Dankbarkeit flossen ihr über die Wangen.

Als der alte Mann, durch den lauten Gesang seiner Frau geweckt, die Augen aufschlug und gewahrte, was ihm geschehen war, warf er sich wortlos dem Meister vor die Füße. Er war so überwältigt, daß er kein Wort über die Lippen brachte.

Mit beiden Händen berührte er immer wieder das Bein, stand auf und ging mühelos ohne Stock im Raum umher. Vor lauter Dankbarkeit berührte er immer wieder die Füße des Meisters, doch dieser gab ihm zu verstehen, daß er nicht ihm, sondern Gott danken sollte.

Als die beiden alten Leute den Saal verlassen hatten, erklärte mir der Meister, das letzte Karma des alten Mannes sei nun gelöscht, die beiden Menschen hätten ihr Leben lang ein echtes tief religiöses Leben geführt.

Jener Abend bedeutete einen Wendepunkt auch in meinem Leben. Der Meister wandte sich mir zu, legte mir die Hände auf den Scheitel und sprach: »Heilung ist Heiligung, Heiligung ist Erwachen.«

Da begann mein ganzer Körper zu vibrieren und zu strahlen, als ob die Kraft der Sonne sich in mir ausbreitete. Ich tauchte in ein Meer des Lichts und des Friedens ein. Alle Körperzellen lösten sich auf und verschmolzen mit dem Unendlichen. Irgendwann tauchte ich wieder im körperlichen Zustand, in der Welt der festen Umrisse auf.

In schweigendem Staunen saß ich da und schaute mich um. Ich hatte das merkwürdige Gefühl, auf einem fremden Planeten gelandet zu sein. Der Schnittpunkt, wo Endliches und Unendliches sich treffen war weggeschmolzen.

Die absolute Macht des Geistes hatte mir eine Maske weggerissen, ich hatte den Geist im unverhüllten Strahlenglanz geschaut, wie einen Stern, der in der finsteren Nacht auftauchte. Die überirdische Pforte Gottes hatte sich kurz geöffnet, flüchtig hatte ich den Ursprung der Dinge und die sie erfüllende geheime Kraft erkannt.

Meine Erdgebundenheit war noch nicht überwunden, doch die umgestaltende Kraft Gottes hatte mein Wesen ergriffen. Ich mußte mich ganz der Umarmung der vergänglichen Erde entziehen und auf dem Seelenstrom in dieses Land der höchsten, unvergänglichen Glückseligkeit reisen. Mir wurde jetzt in tiefer Erfahrung klar, was der Meister meinte, wenn er vom höheren Gesetz sprach, welches das niedere aufhob.

Mit einer seltsamen inneren Gewißheit wußte ich, daß ich eine endlose Reise angetreten hatte, bei der es keine Rückkehr gab.

Der Meister berührte sanft meine Hand und wiederholte die Worte: »Heilung ist Heiligung, Heiligung ist Erwachen.«

Erst jetzt, konnte ich die Tiefe dieser Aussage verstehen. Er hatte mir eine tiefe Heiligung und Heilung geschenkt, deren Ausmaß ich zu diesem Zeitpunkt noch nicht erfassen konnte. Aber ich fühlte, daß sich in meinem tiefsten Innern etwas Bedeutendes gewandelt hatte.

Gaya schlug vor, noch vor Einbruch der Dunkelheit einen Spaziergang durchs Dorf zu machen. Wir waren den ganzen Tag gesessen.

Der Meister war mir beim Aufstehen behilflich. Ich torkelte wie ein Betrunkener, es dauerte eine ganze Weile, bis ich meinen Körper wieder ganz im Griff hatte.

Das Dorf war nicht so groß wie ich es mir vorgestellt hatte. Schon bald waren wir am anderen Ende angelangt. Die Dorfbewohner behandelten uns, als hätten wir schon immer zu ihrer Gemeinschaft gehört.

Auf dem Rückweg trat ein Bauer auf uns zu. Es war der Mann, dessen Bein durch die Vermittlung des Meisters wieder gesund geworden war. Er bat den Meister, doch kurz in seinen Stall zu kommen. Eine seiner vier Kühe sei krank. Die selbstlose Hilfsbereitschaft des Meisters war grenzenlos. Wir betraten den kleinen Stall. Die Kuh, die gleich neben der Türe lag, schaute uns aus großen Augen fragend und verängstigt an. Der Meister kniete neben ihr nieder, und sie legte sogleich den Kopf in seinen Schoß. Er griff ihr unter den Hals und legte ihr die Hand aufs Herz. »Sie hat einen Schwächeanfall erlitten, aber sie wird wieder gesund werden und noch einige Jahre leben«, beruhigte er den Bauern, während er seine Hand noch eine ganze Weile auf ihrem Herzen ruhen ließ. Plötzlich regte sich die Kuh, stand auf, muhte laut und begann ihr Kälbchen zu lecken, das neben ihr stand.

Der Bauer strahlte vor Glück. Er bat uns, ihn in sein bescheidenes Zuhause zu begleiten. Ihre bereits erwachsenen Kinder waren zuerst sprachlos vor Überraschung, als sie ihren Vater gesund, ohne Stock, das Haus betreten sahen. Dann bedankten sie sich beim Meister, auch für seine tiefe Ansprache und die innere Führung. Eine der Töchter zeigte uns stolz ihre drei kleinen Kinder, die hinter einem Vorhang schliefen.

Immer mehr bewunderte ich den Meister, wie einfach, bescheiden, unkompliziert und liebevoll er mit allen Lebewesen umging. Er behandelte Mensch und Tier, die ganze Natur mit der gleichen Behutsamkeit, dem gleichen umfassenden Verständnis.

Beim Gedanken an die ersten Tage, die ich bei ihm verbracht hatte, mußte ich innerlich lachen. Wie liebevoll und kompromißlos er mit mir umgegangen war! Und ich hatte ihn kaum ertragen können und jeden Tag von ihm weglaufen wollen!

Vom ersten Augenblick an hatte er mich auf mich selbst zurückgeworfen. Ich mußte mit meiner Arroganz, meinem Haß und meiner Verzweiflung selbst fertigwerden. Er hatte in keiner Weise daran teilgenommen oder sich davon beeinflussen lassen. Auf eindrückliche, ungewöhnliche Art und Weise hatte er mich auf den Weg der unmittelbaren Erfahrung geführt und dabei nichts ausgelassen, um mir geduldig den inneren Weg der Erlösung zu zeigen.

Aus dem Gespräch mit dem Bauern erfuhr ich, daß der Meister jedes Jahr für ein paar Tage dieses und andere Dörfer besuchte. Sein Kommen war immer ein besonderes Ereignis.

Als wir wieder im Gästehaus eintrafen, zog sich der Meister sogleich zurück. Gaya und ich saßen noch eine Weile beieinander und unterhielten uns. Ich drückte ihr meine Verwunderung darüber aus, wie vollkommen der Meister in Einfachheit und Bescheidenheit jede Lebenssituation zu meistern verstand.

»Der Meister hat die Gotteskräfte in einem sehr hohen Grad verwirklicht und kann sie uneingeschränkt anwenden, wenn er es für angebracht hält. Niemand kennt das volle Ausmaß seiner Möglichkeiten. Er spricht nie darüber«, sagte Gaya. »Als ich ihn einmal über diese übernatürlichen Gotteskräfte befragte, sagte er zu mir: ›Hüte dich vor der heimtückischen Schönheit des falschen Lichtes, das in den Räumen der Seelen wohnt und sie in süße Gelüste nach Macht und Beherrschung verstrickt. Die Seelen, die diesem Licht folgen sind Sklaven der Illusion und in die niederen Welten der Dämonen verdammt. Wenn du ins wahre, reine Licht eingehen willst, verschließe deine Sinne für alles Verlangen nach Macht, Manipulation und die krankhafte Vorstellung, etwas Besonderes zu sein oder werden zu können. Lösche diese Flamme in dir und das Göttliche wird sich von selbst offenbaren.‹ Diese Worte haben mir damals eine tiefe Klärung und Erlösung geschenkt«, erklärte Gaya, »und ich bin froh, diese Erfahrung jetzt mit dir teilen zu können. Sie haben mir zu einer umfassenderen Achtsamkeit verholfen, ich bin wacher, bewußter und bescheidener geworden. Erst in diesem Augenblick wurde mir voll bewußt, wie vielfältig die Gefahren sind die uns lauern, und welche Versuchungen uns auf Abwege und immer wieder in Gefangenschaft zu führen drohen.«

Ich hatte Gaya mit großem Interesse zugehört. Ihre Worte lösten einen inneren Sturm in mir aus, der sich nur allmählich besänftigte. Immer deutlicher wurde mir die Unermeßlichkeit des Universums bewußt, und immer klarer wurde meine Gewißheit, daß der Mensch selbst dieses Universum ist. Ich hatte mir noch nie tiefer Gedanken darüber gemacht, wie leicht man dem falschen Licht der Welt, dem Licht der Sinne und den vielfältigen subtilen Einflüsterungen der Egozentrik zum Opfer fallen konnte.

Ich mußte mir eingestehen, daß ich bisher fast ausschließlich den Wegen des falschen Lichtes gefolgt war. Das hatte sich aber jetzt geändert: Ganz sachte entfaltete sich ein neues Unterscheidungsvermögen in mir, ein inneres Auge, daß die Dinge in einem neuen Licht wahrnahm.

Wie froh war ich, daß Gaya uns begleitete!

Auf meinem Lager lag ich noch lange wach. Während ich die Atmosphäre der Nacht einatmete, wanderten meine Gedanken zurück zu meinem Wohnort, den ich vor Monaten verlassen hatte, zu meinen Freunden, zu meiner Arbeit. Mit einem leisen Schrecken wurde mir bewußt, daß sich in mir seit Wochen kein Gedanke mehr geformt hatte, der sich auf mein früheres Leben und die für mich einst alltägliche Gesellschaftsstruktur bezog.

Am nächsten Morgen, noch bevor die Sonne aufgegangen war, kam der Meister in mein Zimmer und setzte sich still neben mich. Wortlos sahen wir zu, wie der anbrechende Tag die Dunkelheit umarmte und in Licht auflöste. »Es ist wichtig, daß wir einen wachen Blick für die Unermeßlichkeit und Schönheit des Universums bewahren. Es gibt Tausende von Milchstraßen mit Sonnen, Sternen und Planeten, es gibt Leben in gewaltigem Ausmaß. An der Peripherie einer kleineren Milchstraße, die aber schon Billionen von Sternen zählt, gibt es in einem äußeren Winkel den kleinen Planeten Erde, auf dem wir leben.

Daß hier Pflanzen, Tiere und Menschen geboren wurden, ist kein Zufall, sondern der willentliche Impuls einer unermeßlichen Intelligenz, die diesem

Universum zugrunde liegt. Allem, was durch die ordnende, gebärende Schöpfungskraft der Mutter Zeit entsteht, liegt ein großer Plan, eine große Ordnung zugrunde, in die jeder Mensch, jedes Wesen eingebettet ist. Dieser göttliche Plan ist das Gesetz, das allem Dasein zugrunde liegt.

Es existiert nichts für sich selbst, alles ist in einer großen Einheit mit allem verbunden und voneinander abhängig.

Jenseits dieses geborenen Universums, das bei seiner Geburt bereits den Samen des Endes in sich trägt, gibt es eine Kraft, eine Intelligenz, die so erhaben und vollkommen ist, daß das menschliche Bewußtsein sie nie verstehen wird. Es kann sie höchstens erahnen.

Dadurch, daß der Mensch in Harmonie mit der Schöpfung und dem ihr zugrundeliegenden, einen, großen Gesetz lebt, entdeckt er das Unaussprechliche, das nie geformt, nie zusammengesetzt und nie geboren ist: Den Urgrund des Seins.

Dieser Urgrund ist der Ur-Grund deines Wesens. Und damit bist du die gestalterische, schöpferische, lebendige Kraft Gottes selbst.

Sei dir fortan immer bewußt, welche Verantwortung du gegenüber der Natur, den Menschen, Tieren und Pflanzen hast, auch in deinen Gedanken, Gefühlen und Handlungen: Denn du nimmst sehr konkret und unmittelbar Einfluß auf alles was ist.

Das Ego-Selbst und das göttliche Selbst können sich nie treffen. Bevor die mystische Kraft aus dir einen Gott machen kann, muß das Ego-Selbst restlos erloschen sein.

Ärgere dich nicht über dein Karma, weder über dein Schicksal noch über die Gesetzmäßigkeiten des Vergänglichen. Überwinde deine Grenzen und Begrenzungen, und die Kammern der göttlichen Lichtschätze werden sich dir von selbst öffnen.

Wie ein Diamant wird dein Herz im göttlichen Sonnenlicht erstrahlen. Nur das Seelenauge kann die ewige Sphäre Gottes schauen, in sie eingehen und mit ihr verschmelzen. Dann ist der Funke im Feuer aufgegangen.«

Die Sonne hatte inzwischen die ganze Gegend vergoldet. Der Meister, Gaya und ich waren dabei, einen nahen steilen Berg zu besteigen. Ich war tief in Gedanken versunken und war mir kaum bewußt, daß mein Körper sich den steilen Weg hocharbeitete.

Die mir eröffnete Perspektive war überwältigend. Zum erstenmal erfuhr ich, daß das gesamte Universum in mir war und ich im gesamten Universum. Die Erkenntnis, daß es hinter dem sichtbaren, vergänglichen Universum ein unvergängliches, formloses Universum gab, war mit endgültiger Klarheit in mir aufgegangen. Und das war keine theoretische, sondern eine ganz konkrete Erfahrung, in die ich mit großer Kraft hineingeführt worden war.

Der Meister blieb stehen und zeigte auf den gegenüberliegenden Berg, der wie eine mächtige schneebedeckte Pyramide in den tiefblauen Himmel ragte.

»Auf der rechten Seite, hinten am Fuß dieses Berges, liegt der Pilgerort, den wir in den nächsten Tagen besuchen werden. Seit Jahrhunderten kommen

Menschen an diesen Ort, um Gott zu verehren. Es leben viele Yogis dort, da die Reinheit und Kraft des Ortes sie bei ihren speziellen Übungen unterstützt«, erklärte er .

»Die Kraft zum Guten, die Fähigkeit und Entschlossenheit, die Dinge, die man sich vornimmt, vollumfänglich durchzuführen, ist der Weg zu Gott.«

Gaya die neben mir stand, nickte stillschweigend. Der Meister hatte ihr aus dem Herzen gesprochen. Als er sich für eine Weile von uns entfernte, um verschiedene seltene Bäume aus nächster Nähe zu betrachten, wandte ich mich an Gaya: »Ich habe manchmal das Gefühl, daß der Meister durch mich hindurchschaut und jedesmal etwas Tiefes in mir bewirkt, das ich nicht fassen kann.«

»Ja«, sagte Gaya, »der Meister sieht tatsächlich das, was das sterbliche Auge nicht erblicken kann. Dieses Lesen im menschlichen Körper dient jedoch nur dazu, dem Menschen die heilende Hilfe zu schenken, die er für den Befreiungsprozeß braucht. Der Meister schaut nur aus einem einzigen Grund in einen Menschen hinein: um ihm etwas von der göttlichen Einsicht und Kraft zu übermitteln. Wenn das Herz denkt und die Seele schaut, sind dem so Erwachten keine Grenzen gesetzt, er ist ein kosmischer Sonnenmensch. Der Meister ist die bedingungslose, reine Liebe selbst«, fügte sie mit Nachdruck hinzu.

Soeben hatte uns der Meister zu sich herangewinkt. Er stand neben einem Baum und erklärte uns, daß der Saft seiner Rinde eine große heilende Kraft besitze. Er zeigte Gaya, wie man sich zuerst beim Baum entschuldigt und ihn um ein paar Tropfen bittet und wie man ihm dann die Flüssigkeit entnimmt ohne ihn zu verletzten.

Nun bat er den Baum um ein Stück Rinde und preßte daraufhin deren Saft mit einem Stein in seine Hand. Danach strich er einen Teil der harzigen Flüssigkeit sorgfältig auf die Stelle, wo er den Saft entnommen hatte. Zum Schluß bedankte er sich bei dem Baum.

»Ein paar Tropfen dieses bitteren Saftes auf der Zunge mit dem Speichel vermischt und geschluckt, das hebt alle Stoffwechselprobleme auf. Die Wirkstoffe des Saftes sind sehr vielseitig, aber darüber sprechen wir ein andermal.«

Gaya hörte aufmerksam zu. Kein Wort, keine Bewegung des Meisters entging ihr. Ihre stille Konzentrationsfähigkeit war atmosphärisch spürbar und beeindruckte mich tief.

Dann wandte sich der Meister an mich: »Viele Millionen Jahre bevor der Mensch auf dem Planeten Erde erschien, waren die Bäume schon da. Sie sind die Grundlage dafür, daß der Mensch überhaupt auf der Erde leben kann. Sie produzieren den Sauerstoff, den wir einatmen und atmen das Gift ein, das wir ausatmen. Mensch und Baum sind vollkommen voneinander abhängig. So ist die Menschheit in Wechselwirkungen und Kreisläufe der Natur eingebunden, und wir können sehen, daß es auf dieser Ebene keine individuelle Freiheit gibt, wie Viele das irrtümlicherweise annehmen. Die Bäume sind sehr lebendig und empfindsam. Wir müssen ihnen Respekt und Liebe entgegenbringen.«

Am Abend, als wir wieder ins Dorf zurückgekehrt waren, teilte der Meister den Menschen, die ihn erneut zahlreich aufgesucht hatten, mit, daß wir am nächsten Tag weiterreisen würden. Ich erwartete, daß nicht wenige ihr Bedauern darüber ausdrücken würden, daß der Meister den kleinen Ort, in den er so viel Licht gebracht hatte, so rasch wieder verlassen wollte. Man würde ihn gewiß bitten, doch noch ein paar Tage hier zu bleiben. Nichts desgleichen geschah. So wie sie seine Ankunft gefeiert hatten, feierten die Dorfbewohner jetzt seine Abreise.

Mein westlich strukturiertes, emotionales Denken konnte dieses Verhalten nicht verstehen. Es gab etwas Tiefes in dieser Kultur, was mir unfaßbar schien. Nicht die leiseste Trauer oder Wehmut war zu spüren. In diesen Menschen war vielmehr das Bewußtsein lebendig, daß wir nur für eine sehr kurze Zeitspanne auf diesem Planeten zu Gast sind, um dann wieder im Unsichtbaren unterzutauchen. Dem entsprach ihr Verhalten und ihre Lebenseinstellung: Sie klammerten sich an nichts, was kommt und geht, sie häuften keine unnötigen Güter an. Das ganze Dorf hatte mir eine tiefe Lektion erteilt.

Gerne wäre ich länger hier geblieben. Ich hatte mich bereits ein wenig an diese Menschen mit ihrer schlichten Lebensart gewöhnt, die karg, aber nicht in Armut lebten.

Aber der Meister wachte darüber, daß ich mich in dieser Zeit weder an etwas gewöhnen noch an etwas festhalten konnte. Er lehrte mich durch Erfahrung, daß alles immer in Bewegung ist, daß Stillstand,

Halten, Haften, Gefangenschaft bedeutete, Gefesseltsein an das Rad der Wiedergeburt, ein Wandern von Tod zu Tod.

Als wir am nächsten Morgen das Dorf verließen, begleitete uns eine ganze Schar Menschen ein Stück weit auf unserem Weg, doch bald war die Zeit des Abschieds gekommen und wir waren wieder allein.

In der Nacht hatte das Wetter umgeschlagen, dichte Regenwolken bewegten sich träge über die Berge hin, es war kühl.

Die graue Stimmung, die über der Landschaft hing, übertrug sich auf mich selbst. Wir hätten ein paar Tage im Dorf bleiben sollen, dachte ich, bis sich die Wetterlage beruhigte. Doch der Meister schritt unbeirrt voran.

Aus dem Tal kroch dichter Nebel herauf. Bald war die Sicht so schlecht, daß mir schien, wir könnten keinen Schritt weitergehen. Aber der Meister machte keine Anstalten, anzuhalten. Ich mußte mich außerordentlich auf den Boden vor mir konzentrieren, um nicht zu fallen, doch das tiefe Vertrauen in den Meister vermochte die Ängste, daß wir uns verirren oder in eine Schlucht abstürzen könnten, immer wieder zu verscheuchen. Unser Führer hatte seinen Schritt keinen Augenblick verlangsamt, obwohl man nicht weiter als fünfzig Zentimeter sah.

Plötzlich hörte ich seine Stimme. Er sprach zu mir, und ich spürte seine starke Gegenwart, obwohl ich ihn nicht sehen konnte: »Gib auf deine Schritte Acht, du gehst durch deine innere Welt, durch deine nebelhaften Zustände. Laß dich nicht von ihnen verunsichern, habe Vertrauen in die dir innewohnende leitende Kraft des Geistes. Die Gefahr, sich auf dem inneren Weg mit seinen dichten Nebeln und zahlreichen Labyrinthen zu verirren, ist größer als die äußere. Der innere Nebel ist träge und unsichtbar, sei deshalb innerlich hell und klar, dann ist es auch außen hell und klar. Verstehst du, was ich dir sage?«

Ich riß mich zusammen und ließ seine Worte auf mich wirken. Erst dann verstand ich plötzlich, was er mir wirklich mitteilen wollte. Obwohl ich ihn nicht sehen konnte, folgte ich ihm blindlings. Ich hatte vollkommenes Vertrauen in ihn und keines in mich. Das schwächte mich und führte mich in eine unerwünschte Abhängigkeit. Ich übernahm keine wirkliche Verantwortung für mein Tun und Lassen.

Bisher war ich immer fest davon überzeugt gewesen, daß ich durchaus verantwortungsbewußt handelte. Jetzt ging mir erst richtig auf, wie oberflächlich und selbstbezogen ich mein Leben gestaltet hatte.

Einmal mehr hatte mich der Meister in eine Erfahrung hineingeführt, die eine tiefe Klärung und Läuterung in mir bewirkte. In bisher ungeahnter Tiefe erkannte ich, wie umfassend und wichtig wahre Selbstverantwortung ist.

Plötzlich, wie von einer mysteriösen Hand hinweggefegt, war der Nebel verschwunden. Am Himmel zogen noch schwere Regenwolken dahin.

Wir verbrachten die Nacht im Freien, unter einem Felsvorsprung, unter dem bald einmal ein kleines, wärmendes Feuer loderte. Der Meister erklärte mir: »Die Natur ist eine Sprosse auf der gewaltigen Leiter des Seins. Ihre unmittelbare Schönheit schenkt dem Herzen Kraft, Entzücken und Einblick in die lieblichen Bereiche der Seligkeit des einen Gottes. Das Sichtbare ist das Gebet des Unsichtbaren, die feine, durch geistiges Licht hervorgebrachte Harmonie einer mächtigen Vision des Todlosen. Doch alles, was sich zusammensetzt, löst sich wieder auf. So will es das innewohnende Gesetz.«

Das Feuer flackerte kurz auf, ein Windstoß blies es aus. Leise, mit feierlicher Stimme sprach der Meister im Dunkeln weiter: »Genau so wie der Wind die Flamme auslöschte und nirgends mehr zu finden ist, verschwindet der Befreite und ist nirgends mehr auffindbar. Hört der Befreite auf zu existieren, oder besteht er ewig fort?« Die Frage richtete sich an mich, doch ich war unfähig sie zu beantworten. So fuhr der Meister fort: »Wenn alle Elemente des begrenzten, vergänglichen Daseins restlos erloschen und beseitigt sind, sind auch alle Beschreibungsweisen restlos beseitigt. Somit ist auch der Maßstab, mit dem sich feststellen ließe, ob der Befreite dann noch existiert oder nicht, erloschen und beseitigt. Diese Frage und der Wunsch, sie zu beantworten und zu verstehen, bezieht sich ausschließlich auf die begrenzten Bewußtseinsinhalte des begrenzten Daseins.

Wenn kein Element dieses begrenzten Daseins mehr da ist, ist auch keine diesbezügliche Beschreibungsweise mehr da.

Man kann aber mit Gewißheit sagen, daß der Mensch, der sich vollkommen befreit hat und im Bereich der begrenzten Welt vollkommen erloschen ist, nicht der Vernichtung anheimgegeben ist.

Der Befreite tritt in einen Zustand ein, der sich absolut jenseits des Sichtbaren und des Unsichtbaren befindet, jenseits aller Grenzen und Begrenzungen des Räumlichen und des Zeitlichen, jenseits der Gefangenschaft eines Diesseits und eines Jenseits, denn in beiden dieser Sphären ist die Kraft des Todes noch nicht getilgt. Es gibt keine Möglichkeit, keine Menschenworte, mit denen sich dieser Zustand beschreiben oder erfassen ließe.«

Mit den Worten des Meisters hatte sich zugleich eine gigantische Kraft entfaltet, die unwiderstehlich alles verwandelte, vergeistigte und erlöste. Sie zeugte von diesem unerklärlichen geistigen Zustand.

»Das Wort ist eine mächtige Kraft. Es erschafft Welten und unterhält sie. Die meisten Menschen sind sich dessen gar nicht bewußt, weil diese Welten für das Auge nicht sichtbar sind«, fügte der Meister hinzu, um meine stillen Gedankengänge zu klären und zu unterstützen.

Jede kleinste Regung in mir las er und führte sie von der Dunkelheit ins Licht.

Inzwischen hatte er das Feuer wieder angefacht und blickte mich mit spitzbübischem Lächeln an. Er selbst entzündete unaufhörlich das mächtige, geistige Feuer, das kein Orkan zu löschen vermochte, das war mir klar.

Wo Licht ist, muß die Dunkelheit weichen, und

das auf allen Ebenen. Im gesprochenen Wort dieses vollendeten Meisters drückte sich die gesamte Lichtkraft des göttlichen Universums aus, es konnte wahrhaftig Berge versetzen. Das schien er mir mit seinem Lächeln mitteilen zu wollen.

DAS KLOSTER IM TAL

Lautlos hatte das Morgenlicht die Gegend ringsum wieder sichtbar gemacht. Wir schritten zügig durch eine karge, von blendend weißen Gipfeln umgebene Felsenlandschaft voran. Diese einsame Gegend war nur mehr spärlich von kleinwüchsigen Büschen bewachsen, die Luft wurde spürbar dünner. Den ganzen Tag stiegen wir eine steile Bergflanke hinan und folgten dann eine Weile einem schmalen Grat.

Beim Abstieg führte uns der Weg an einer zerklüfteten grünblauen Gletscherzunge vorbei, die wir in einem großen Bogen umgehen mußten, da es zu gefährlich war, sie zu überqueren.

Ich hatte Hunger und Durst, allerlei Gelüste zwängten sich in mir hoch. In meiner Vorstellung malte ich mir ein Stück meines Lieblingskuchens und etwas Warmes zum Trinken aus. Viele Wochen war es her, seit ich etwas Ähnliches gegessen hatte, und es würde wohl noch Monate dauern, bis ich wieder einmal in den Genuß meiner Lieblingsspeisen käme.

Als wir nach einem sechsstündigen Marsch endlich das untere Ende des Gletschers erreichten, erklärte der Meister die Zeit für eine Ruhepause gekommen. Während des ermüdenden Marsches war nur wenig gesprochen worden. Meine Füße schmerzten. Ich hatte das Gefühl, der Meister wolle die Stille und Unberührtheit dieser grandiosen Bergwelt nicht durch unnötige Worte stören.

Wir setzten uns auf große Steine, Gaya ging mit einem Gefäß zur Gletscherzunge und füllte es mit dem klaren Wasser, das als kleines Bächlein aus dem ewigen Eis heraussprudelte.

Sie reichte das Gefäß zuerst dem Meister, dann mir und trank zuletzt selbst daraus.

»Du hast Hunger«, sagte der Meister zu mir. Ich wurde verlegen, denn die beiden aßen unterwegs nie etwas, oder nur Kleinigkeiten. Ich wußte nicht, ob Gaya aus dem Dorf etwas zu Essen mitgenommen hatte.

»Ja, ich habe Hunger«, entschlüpfte es mir. Das laute Knurren meines Magens bestätigte beiden hörbar meine Worte.

»Siehst du den Baum dort drüben?« fragte der Meister. »Auf seiner Hinterseite ist ein Loch im Stamm, dort liegt etwas für dich bereit. Du kannst es dir holen.«

Die eigenartige Aufforderung verwirrte mich, doch ich stand auf und ging zu dem Baum hinüber. An seiner Hinterseite fand ich tatsächlich ein Loch. Wir waren erst gerade hier angekommen, und keiner von uns war vorher zu dem Baum hinübergegangen. Wie konnte der Meister wissen, daß auf der Rückseite des Stammes ein Loch war?

Aufgeregt und verunsichert schob ich den Arm bis zum Ellenbogen in die Öffnung hinein. Dann spürte ich etwas Rundes, griff danach und zog den Arm wieder heraus. Ich hatte eine reife, duftende Mango in der Hand.

»Sie gehört dir!« rief der Meister zu mir hinüber. »Leider fehlten mir die Zutaten für den Kuchen!« meinte er lachend.

Ein Sturm von Gefühlen und Gedanken tobte in mir, als ich mit der Frucht zurückkam. Gaya, die den ganzen Vorgang still beobachtet hatte, schenkte mir ein beruhigendes Lächeln.

Ich konnte es nicht glauben! Mein Auffassungsvermögen war einmal mehr völlig überfordert. Wie kam diese frisch gepflückte Frucht hier hinauf in den hohlen Stamm eines Nadelbaums? Aber ich konnte nicht mehr denken.

Ich streckte meinen Gefährten die Hand entgegen, ich wollte die Mango mit ihnen teilen, doch sie wehrten lächelnd ab. Sie brauchten nichts, versicherten sie mir, ich solle nur essen.

Als ich mich etwas von meiner Verwirrung erholt hatte, fragte ich den Meister wie so etwas möglich sei. Kein Mensch würde mir diese Geschichte glauben, wenn ich sie erzählte, wie sie sich wirklich zugetragen hatte. Man würde vermutlich denken, das alles sei nur in meiner Phantasie vorgefallen, ich sei hypnotisiert worden oder einem raffinierten Zaubertrick erlegen.

»Du brauchst die Geschichte ja auch nicht jedermann zu erzählen«, lachte der Meister, »doch eine Hypnose oder ein Zaubertrick waren überhaupt nicht nötig, um eine Frucht zu pflücken. Deine Wunschbilder waren so stark im Äther sichtbar, sie schufen so viel Unruhe in dieser reinen, ruhigen Bergwelt, daß ich mich entschloß, sie vorübergehend zu stillen und deine Gelüste befriedigen, bis du sie überwunden hast.

Schau, wie diese mechanischen Begierdevorgänge in dir ablaufen und welche Macht sie auf dich ausüben. Jetzt, nachdem dein Hungergefühl, das all diese Bilder erschuf, befriedigt ist, ist wieder Ruhe in dir einkehrt. Die Bilder mit ihren innewohnenden Informationen wurden befriedigt.

Spannung und Entspannung auf dieser Ebene bedeuten jedoch Wanderschaft von Tod zu Tod.

Der Kuchen ist gar nicht so harmlos, wenn du siehst, was alles mit diesem niederen Gesetz verknüpft und verbunden ist. Ich erklärte dir schon, daß das Denken unsichtbare Welten erschafft, sie belebt und unterhält. Es sind mächtige, magnetische Wolken, zweipolige Kraftfelder, die von dir ausgehen und in Wechselwirkung auf dich zurückstrahlen. In diesen Kräfteverhältnissen, und durch sie lebst du. Sie sind das Daseinsfeld, in dem du existierst. Vom Denken geht eine schöpferische Kraft aus, die verstärkt wieder auf den Absender zurückwirkt. Das ist das magnetische Gesetz. Und so schließt sich der unheilvolle Kreislauf, der dich in deinem eigenen magnetischen Gefängnis gefangensetzt.

Der Denker und das von ihm Gedachte, der Schöpfer und seine Schöpfung sind unzertrennlich miteinander verbunden. Du mußt diesen Kreislauf in der Todeswelt durchbrechen, wenn du in die ewige, göttliche Welt eingehen willst. Durch rechte Einsicht und Läuterung werden die tödlichen Giftwolken entkräftet und schließlich vollkommen überwunden.

Die ganze Menschheit ist auf dieser magnetischen Ebene in mächtigen unsichtbaren Kraftfeldern miteinander verknüpft und verbunden. Seit Jahrtausenden erschafft sie unaufhörlich diese unheilvolle, zweigesichtig egozentrische Todeswelt, die im Modergeruch der Vergangenheit vibriert.«

Nie war ich mir der starken Bindungen und Verknüpfungen, die mir der Meister hier vor Augen führte, so bewußt gewesen wie jetzt. Mein psychischer Bewußtseinszustand strahlte unaufhörlich magnetische Kräfte aus und zog auch solche an, ich war im Wechselspiel der Kräfte in dieser Todeswelt gefangen. Und diese Kräftekonstruktionen erkannte ich jetzt, diese feinstofflichen Kraftlinien bildeten auch die Grundlage der jenseitigen Welt, die in Coexistenz mit dem Diesseits existiert. Das Ganze ist ein perfekt aufeinander abgestimmtes System, ein riesiges magnetisches Gefängnis, ein unabsehbarer, zweifacher Friedhof der Seelen, die seit Jahrtausenden hier angekettet waren.

»Schau genau hin, dorthin wo du hindenkst. Genau dort ist der Schnittpunkt von Gefangenschaft und Erlösung«, sagte mir eine innere Stimme. »Jeder im höheren Gesetz geäußerte Wunsch, wird sich augenblicklich aus der Ursubstanz manifestieren.«

»Alles, was sich manifestiert, muß sich wieder auflösen«, sagte der Meister, der genau beobachtete, wie ich auf seine Worte reagierte. »Deshalb sind im

Erwachten die Wünsche restlos erloschen. Es gibt nichts, was er für sich wünschen könnte, da er in der Glückseligkeit des Unmanifestierten lebt.«

Es war ihm wichtig, daß ich das genau verstand.

Er hatte mich durch gewaltige Dimensionen und Räume getragen. Erst jetzt merkte ich, daß ich jegliches Körperempfinden verloren hatte. Ich befand mich in einem ekstatischem Zustand, in einem Gefühl vollkommenen Freiseins. Doch bald legte sich der Schatten der Gefangenschaft wieder über meine Seele, der Tod hatte seinen schwarzen Mantel wieder um mich geschlagen. Aber für einen Augenblick hatte ich erfahren, daß ich das bin, was jenseits des Körpers existiert.

»Können wir weitergehen? Ich möchte vor Einbruch der Dunkelheit das Kloster erreichen.« Ich nickte nur, unfähig Worte zu formulieren. Gaya nahm mich liebevoll bei der Hand, und so schritten wir unbeschwert talwärts. Gaya stimmte ein Lied an, sie sang mit kräftiger Stimme in Sanskrit, und ich hatte das Empfinden, auf leichten Schwingen ins Tal zu gleiten.

Ein feines Bewußtsein, das die Strahlen der göttlichen Sonne wahrnahm, entfaltete sich in mir. Ich sah die Schönheit, die vollkommene Gestalt der Dinge, die Verkörperung der schwingenden Gedanken, ich hörte das Flüstern des Windes und das Strömen der zeitlosen Kraft in den Bäumen.

Das innere Auge in der Mitte des Herzens erkannte den vergänglichen Charakter, der Geburt und Tod innewohnte, doch hinter ihnen frohlockte die ewige unvergängliche Gestalt.

Wir gelangten auf eine weite Hochebene, wo auf saftigen Weiden Kühe und Ziegen grasten. Dicht am Ufer eines kleinen, tiefblauen Sees standen mehrere Häuser, die von großen Bäumen und Hecken umgeben waren.

Ein Bauer führte einen von einem Ochsen gezogenen Holzpflug über ein Feld und zog damit eine Furche in die steinige Erde. Am Wasser spielten Kinder, während die Mutter daneben Kleider wusch. Ich betrachtete das klare Spiegelbild der großen Bäume im stillen Wasser. Alles kam mir wunderbar vor.

Ohne das idyllische Bild zu stören, schlugen wir den Weg zum anderen Seeufer ein. In der Ferne erblickte ich das große dreistöckige Kloster, das weiß getüncht auf einer Anhöhe stand. Die vielen Fenster stachen wie Augen aus der Fassade heraus. Ein paar Häuser waren um die das Kloster umgebende Mauer geschart.

Nach etwa zwei Stunden hatten wir den schmalen Pfad erreicht, der zum offenen Portal hinaufführte. Im Innenhof waren ein paar Mönche mit verschiedenen Arbeiten beschäftigt. Ausgedehnte Gärten und einige Obstbäume wurden hier gepflegt. Aus einem Brunnen schöpfte ein Mönch Wasser in einen großen Holzbehälter.

Die Mönche hatten uns sogleich bemerkt und einige liefen uns entgegen, um uns zu begrüßen. Einer von ihnen geleitete uns ins Innere des Hauptgebäudes und führte uns durch viele schmale Gänge zum Abt. Alle Mönche hatten kahlgeschorene Schädel und waren in lange, ockerfarbene Gewänder gekleidet. Ihre unvoreingenommene Offenheit berührte sogleich mein Herz. Keinen Augenblick kam ich mir als Fremder vor.

Der Mönch, der uns vorangegangen war, klopfte an eine Tür, auf der ein großes farbiges Mandala aufgemalt war. Eine kraftvolle, tiefe Stimme rief uns hinein.

Der Abt war ein würdevoller älterer Mann von dem eine konzentrierte Stille ausging. Seine Augen funkelten wie zwei Sterne. Das Feuer, das aus seinen Blicken sprühte, zeugte von einer tiefen Läuterung. Mitgefühl, Güte und Wärme strömten uns entgegen und hüllten uns sogleich ein.

»Willkommen bei uns! Habt ihr gegessen? Bestimmt nicht«, beantwortete er sich die Frage gleich selbst. Er gab einem Mönch Anweisung, uns etwas zu Essen zu bringen und uns dann in unsere Zimmer zu führen. Der Abt und der Meister kannten sich offensichtlich. Als wir beim Tee zusammensaßen, und über dies und jenes sprachen, durchdrang das fröhliche Lachen des Abtes jede Zelle meines Körpers und versetzte mich in einen Zustand der Verzückung. Die Energie, die durch dieses Lachen frei wurde, war das Licht eines von der Welt befreiten Menschen.

Insgeheim hoffte ich, daß wir längere Zeit hierbleiben würden. Ich wollte mich ,solange wie nur möglich in der Nähe dieses Abtes aufhalten, der mich, das wußte ich sogleich, mit seiner ungezwungenen Art sehr viel lehren konnte.

Beim Tee erklärte er mir kurz den Tagesablauf im Kloster. Für den Meister und Gaya war es nichts

Neues. Vor Sonnenaufgang stand man auf, um zwei Stunden zu meditieren, dann gab es ein einfaches Frühstück. Anschließend wurden im und um das Haus herum die anstehenden Arbeiten erledigt, und dann widmete man sich dem Studium der Schriften. Die Hauptmahlzeit war kurz vor Mittag angesetzt, später gab es nur noch Flüssiges. Am frühen Abend gab der Abt Belehrungen und um zehn Uhr war Nachtruhe.

Erschöpft legte ich mich in meinem Zimmer auf eine Matte und schlief sogleich ein. Laute Gongschläge rissen mich aus einem tiefen Schlaf. Mir war, als sei kein Augenblick vergangen, seit ich eingeschlafen war, ringsum war noch stockdunkle Nacht. Ich folgte einer Reihe von Mönchen durch die Gänge. Jeder Schritt auf dem kalten Steinboden machte mich wacher, im Kloster ging jedermann barfuß.

Durch einen schmalen Zwischengang, den sie die Schleuse nannten, gelangten wir in ein Nebengebäude, wo sich die große Meditationshalle befand. Es war das erstemal, daß ich alle Mönche die hier lebten, versammelt sah. Einer von ihnen wies mir meinen Platz zu. Es gab eine genau geregelte Sitzordnung. Gaya betrat den Saal. Ihr wurde ein Platz in meiner Nähe zugewiesen. Sie war die einzige Frau im Kloster, das, wie sie mir am Vorabend erzählt hatte, eigentlich ein Männerkloster war. Doch der Abt nahm alle auf, alle waren willkommen.

Ich schaute mich um. Ich konnte den Meister nirgends sehen, vielleicht hatte er verschlafen oder war mit etwas anderem beschäftigt dachte ich. Der

Abt kam als letzter herein und setzte sich zu den Mönchen. Kaum saß er, begannen sie die Sutras zu rezitieren, dann kehrte Stille ein.

VON TIEF INNEN

Die Kraft der gesungenen heiligen Worte versetzte mich in einen Zustand jenseits des Fleisches, jenseits räumlicher und zeitlicher Begrenzung. Ich fühlte mich wie ein Goldstäubchen, das sich durch einen unendlichen Ozean von Licht bewegte.

Irgendwann vernahm ich aus weiter Ferne den feinen Ton einer Glocke. Ich machte die Augen auf und sah, daß die Mönche aufstanden und wortlos, langsam und sehr bewußt, mit gefalteten Händen das Quadrat des großen Saales umschritten. In jeder der vier Ecken des Raumes blieben sie kurz stehen und verneigten sich, indem sie die vier Himmelsrichtungen mit ihren Kräften begrüßten.

Wieder ertönte die feine Glocke, wir setzten uns und begaben uns gemeinsam in eine noch tiefere Versenkung. Viermal wurde das heilige Ritual wiederholt, immer mehr konzentrierte sich die Geisteskraft im Raum. Die Mauern des Klosters waren transparent geworden. Unsere Körper waren so stark mit heiligem Licht geladen, daß wir zusammen auf einer höheren Offenbarungsebene vibrierten, in einer Kraft, die alles vergeistigt und zu seiner ursprünglichen Bestimmung zurückführt.

Später beim Frühstück machte ich eine sonderbare Erfahrung: Einer saß da, aß und trank, und das Innerste von ihm schaute unbeteiligt zu, wie das Äußere sich auf der Körperebene ernährte. Ich war das! Ich saß da und schaute mir selbst beim Essen zu!

Es war keine Persönlichkeitsspaltung, auch keine außerkörperliche Erfahrung. Ich war in der Meditation so tief in mich selbst eingedrungen, daß ich mein Körperkleid nur noch als einen vergänglichen Schatten in der Ferne wahrnahm.

Als ich im Laufe des Morgens im Gartenhaus die Werkzeuge von der Erde reinigte, verblaßte dieser Zustand allmählich. Ich war wieder ganz Körper, ganz vergänglich, doch ich merkte, wie göttliche Kräfte in einer Kettenreaktion meine inneren Grenzen auflösten.

Als ich am Nachmittag Gaya traf, fragte ich sie nach dem Meister. Aber sie wußte auch nicht, wo er war und hatte sich selbst schon die Frage gestellt.

Später lud uns der Abt zum Tee und zu einem Gespräch ein. Er wußte mehr.

»Der Meister hat mich beauftragt, euch mitzuteilen, daß er für eine Weile weg sei. Er wollte einen Freund besuchen.«

Der Abt erzählte uns von einem Schüler des Meisters, der spirituell sehr weit entwickelt sei. Achtzehn Jahre habe er mit ihm zusammen gelebt, danach habe der Meister darauf bestanden, daß er acht Jahre hier bei ihnen im Kloster verbringe und anschließend acht Jahre allein in einer Höhle im Gebirge. Während dieser Zeit durfte er kein einziges Wort sprechen.

»Er ist schon fast fünf Jahre dort oben. Alle zwei Wochen bringt ihm einer unserer Mönche Essensvorräte. Wann immer der Meister hier in der Nähe ist, geht er ihn besuchen, um ihn in die höchsten kosmischen Lehren einzuweihen.

Er unterweist ihn darin, wie man die Lebensatome neu ordnet, klärt ihn auf über die Transmutation der Elemente, über die Kräfte die das Leben lenken. Diese Erkenntnis kann nur durch eine vollkommene Läuterung und tiefe kosmische Einsicht erlangt werden. So wird der Mensch aus sich heraus zur Sonne.«

Gaya war über diese Erklärungen des Abtes sehr erstaunt. Sie kannte den Meister schon jahrelang und hatte nie etwas von diesem Schüler gehört.

Der Abt bot uns an, ihn alle Tage für ein Gespräch zu besuchen und wir nahmen die Einladung hocherfreut an.

Ich war müde und hatte innerlich viel zu verarbeiten, deshalb zog ich mich etwas früher in mein Zimmer zurück. Ich schaute aus dem Fenster auf die grüne Weite herab. Von hier aus sah ich ein Stück des tiefblauen Sees, an dem wir vorbeigekommen waren. In der Dämmerung färbte sich das Licht des Himmels gelb, wurde dann rötlich und zerfloß allmählich in ein tiefes dunkelblau. Mit unermeßlicher Zartheit, wie eine Liebkosung verwandelte es die ganze Gegend. Bald hatte die Nacht alle Farben besiegt. Das ist das Schicksal dieser sterblichen Welt dachte ich. Doch nichts vermag die höchste Kraft, den Kern des Universums im Menschen zu überdecken, wenn er einmal die Herrlichkeit, die Glorie des Namenlosen geschaut und geschmeckt hat. Ich dachte lange über mein Leben und seine Sinnhaftigkeit nach. Was mir geschah, hatte ich weder gesucht noch gewollt. Eine höhere Macht, der ich mich nicht entziehen konnte, hatte für mich bestimmt und den Zeitpunkt ausgesucht, an dem sich mein ganzes Leben vollkommen verwandeln sollte.

Wie unzählige Diamanten leuchteten die Sterne am Firmament. Ich legte mich hin, konnte aber nicht schlafen. Mir war, als sei ich bereits viele Jahre weg von Zuhause, hier in dieser geheimnisvollen Welt zwischen Himmel und Erde, Traum und Wirklichkeit.

Die stille Würde und Wahrhaftigkeit dieser unkomplizierten Menschen, die hier in Einklang mit der Natur lebten, hatte mich tief ergriffen.

Kaum war ich eingeschlafen, ertönte der große Gong. Wie ein Schlafwandler steuerte ich der Meditationshalle zu. Ein Mönch, der meinen Zustand erkannte, nahm mich bei der Hand und führte mich in den Hof zum Brunnen. Er zog einen halben Eimer kaltes Wasser hoch und forderte mich auf, mich nach vorn zu beugen. Dann schüttete er mir rasch das Wasser über den Kopf. Mit einem Schlag war ich hellwach.

Er reichte mir ein Tuch, das hinter dem Brunnen in einer kleinen Holztruhe lag, und bat mich, mich schnell abzutrocknen, da wir uns beeilen mußten, um rechtzeitig in die Meditationshalle zu gelangen. Auf dem Weg erklärte er mir, daß die Mönche manchmal auch zu diesem Hilfsmittel griffen, um sich aufzuwecken. Der Abt duldete in der Meditationshalle keine Schläfrigkeit. Wir trafen noch gerade rechtzeitig ein. Kaum hatten wir uns gesetzt, betrat der Abt den Raum.

Wir waren bereits zwölf Tage hier. Inzwischen hatte ich mich an den Rhythmus des Klosterlebens gewöhnt. Mit dem Abt hatten Gaya und ich viele aufschlußreiche Gespräche geführt. Seine Liebenswürdigkeit und Geduld war grenzenlos. Am sechzehnten Tag führte er uns durch einen verborgenen Gang in ein großes unterirdisches Gemach. Es war eine Bibliothek, wo die alten Schriften aufbewahrt wurden.

»Das ist der Schatz unseres Klosters. Hier, auf diesen langen Holzplättchen ist das geheime Wissen der verborgenen Welt eingraviert. Sieben Jahre lang wurde das Holz mit verschiedenen Verfahren präpariert, so daß es nicht der Fäulnis unterworfen ist. Erst dann wurde es beschriftet.«

Ein kleiner Buddha aus reinem Gold stand in der Mitte des Raumes auf einem Altar. Die Harmonie, die von dieser Statue ausging, faszinierte mich. Der Abt hatte es bemerkt und sagte: »Siehst du sein Lächeln? Er hat die Augen nur halb geschlossen. Das bedeutet, daß er die sichtbare wie auch die unsichtbare Welt vollkommen überwunden hat, was er mit diesem Lächeln ausdrückt.

Mit der linken Hand hält er sein Gewand. Damit drückt er seine vollkommene Herrschaft über die Materie aus. Und mit der Fingerstellung der rechten Hand setzt er das Lebensrad in Bewegung.

Diese Statue ist sehr alt. Vor zweihundert Jahren brachte ein Mönch sie hierher, der dann Abt dieses alten Klosters wurde. Das Gebäude wurde im Laufe der Zeit immer wieder renoviert, neue Gebäude wurden angebaut. Das Gemach, in dem wir uns jetzt befinden, stammt aber noch aus jener Zeit«.

Der Abt zündete drei kleine Lämpchen an, die ein fahles Licht verbreiteten, entnahm einer Schatulle ein paar feine, makellos weiße Handschuhe und zog sie an. Er ging zu einem der Regale, zog sorgfältig eines der beschrifteten Holzplättchen heraus und legte es vor uns auf den Tisch. Noch bevor er etwas sagte, fühlte ich mich von einem Strom des Friedens durchdrungen. Nach einem kurzen Gebet begann der Abt zu lesen:

»Nur der mit dem sonnenhaften Willen kann in die unergründlichen Tiefen des Namenlosen eindringen. Es gibt nur Licht und die Abwesenheit von Licht. Deshalb, Erwachender, erkenne, was zu tun ist. Das Ewige kennt weder Ethik noch Moral, es ist reines Nicht-Sein.

Sieh, o Grenzenloser, das Geheimnis im Atom. Jeder Kern beinhaltet einen Kern bis ins Unendliche. Verlasse den äußeren Kreis des Scheinbaren an der Peripherie der vergänglichen Dinge, kehre zurück zum zentralen Punkt, wo die Ursachen entstehen, erwecke die schlafende Macht in dir.

Dann wirst du richtig handeln. Die sich offenbarende Macht wird die Struktur der Materie reinigen, verwandeln und verändern und damit eine neue Lichtwelt in dir hervorbringen. Sie wird Nirwana genannt, doch auch das ist nur ein Name, an dem du nicht haften sollst. Das Unbegrenzte kannst du weder sehen, noch verstehen, noch betreten, denn das

Unbegrenzte steht in keiner Beziehung zum Begrenzten. Das Begrenzte ist nichts anderes als eine Illusion.

Löse alle Schatten auf und lebe im Ewigen. Lebe und atme in allem was du wahrnimmst, wohne in allen Dingen, denn alles ist das Namenlose. Sei in Harmonie mit allen und allem, denn alle sind das Namenlose. Bleibe in der Sonne, kehre niemals zurück ins Land der Schatten. Nicht-Dualität ist Leben – Dualität ist Tod.«

Vorsichtig legte der Abt die dünne Holzplatte ins Regal zurück. »Es ist hier auch eine Jahrhunderte alte, umfassende Pflanzenheilkunde niedergelegt und wird fortlaufend ergänzt. Mönche, die sich von innen heraus für die Heilkunde eignen, werden in langjährigen Studien bei uns ausgebildet. Sie gehen dann in die Dörfer, um den kranken Menschen zu helfen. Durch echtes Erbarmen und Mitgefühl für alle Lebewesen erlangen sie in Selbstvergessenheit die Befreiung.

Andere wählen andere Formen des Entsagens. Es kommt immer auf die innere Disposition des einzelnen an. In Wahrheit gibt es jedoch nur einen Weg, der zur vollkommenen Erlösung führt, das ist der weglose Weg.«

Sachte blies der Abt die drei kleinen Lämpchen aus, das fahle Licht war gelöscht und bald saßen wir wieder in seinem Raum. Scherzend aber mit großer Tiefe sagte er zu mir: »So wie das fahle Licht gelöscht wurde und nirgends mehr zu finden ist, so verschwindet der Befreite und ist nirgends mehr zu finden. Doch bevor er verschwindet, versichert er sich, daß keine Glut mehr in ihm vorhanden ist, die das Feuer der Erscheinungswelt in ihm wieder entzünden könnte.«

Der Meister hatte mir dasselbe in anderen Worten gesagt. Ich verstand die Wichtigkeit und die absolute Konsequenz, die es bedeutete, aus dem Diesseits und dem Jenseits, dem zweifachen Totenreich, vollkommen erlöst zu sein.

Gaya und ich wurden von einem jungen Mönch, der noch nicht lange im Kloster war, in Empfang genommen, wie es der Abt veranlaßt hatte. Er führte uns in einen größeren Arbeitsraum, den wir bisher noch nicht besucht hatten.

Mehrere Mönche, die ich in der Meditationshalle und bei den Mahlzeiten gesehen hatte, saßen oder knieten am Boden und malten meditativ konzentriert Mandalas in verschiedenen Größen und Farben.

Ein sehr hagerer alter Mönch unterrichtete sie in dieser Kunst. Wir grüßten ihn. Mit freundlichem Lachen kam er auf uns zu und fragte, ob wir mehr über die Mandalas erfahren möchten.

Wir waren sehr interessiert, und er sparte nicht mit tiefen Erklärungen. »Jeder Mönch hier im Kloster malt in sieben Jahren sieben Mandalas«, sagte er. »Das gehört zu seiner Ausbildung. So lernt er die Ein- und Ausgänge dieser Welt aus sich heraus kennen, und erkennt, wie die sichtbaren und unsichtbaren vergänglichen Welten in den vier Himmelsrichtungen mit ihren guten und schlechten Aspekten existieren und mit ihm verbunden sind, solange er nicht von ihnen frei ist.«

Er wies uns auf den kleinen Kreis in der Mitte des Mandalas hin, in dem ein Buddha gemalt war. »Er existiert außerhalb des Bildes«, erklärte er eindringlich. »Das Mandala entsteht um diesen Kreis herum von innen nach außen, so ist festgehalten, daß der Buddha nicht im Geborenen, Zusammengesetzten, Geformten und Gemachten existiert. Auf diese Weise soll der Mönch in der Versenkung seinen wahren Seinszustand erkennen und verwirklichen. Beim Malen setzt er sich zuerst mit seiner eigenen niederen Welt der Dämonen auseinander und danach mit der Welt der Götter. Sein Bewußtsein muß immer in der Mitte, im Zustand der Buddhaschaft verweilen, nur so kann er in jedem Augenblick klar zwischen Vergänglichem und Unvergänglichem unterscheiden.

Jeder Mönch behält seine sieben Mandalas. Im achten Jahr gibt es ein großes heiliges Ritual, wo er seine gemalten Bilder eines nach dem anderen dem Feuer übergibt und verbrennen läßt. Damit hat er gelernt, daß alles, was sich zusammensetzt vergänglicher Natur ist, und daß man dem Vergänglichen nicht nachtrauern und keine irdischen Güter anhäufen sollte. So wie der ewige Geist diese sichtbare Welt erschafft und wieder auflöst, so hat der Mönch in Analogie die Welt aus sich heraus erschaffen und auf Papier gemalt, um sie am Ende wieder dem heiligen Feuer zurückzugeben. Zurück bleibt die anfangslose, ungeformte, ungeborene Kraft. Der ganze achtjährige Prozeß war eine mächtige Bewußtwerdung.

Was der Mönch in den sieben Jahren an Weisheit und Befreiung verwirklicht, ist ewiger Natur, er hat das Ende des Werdens erreicht. Das ganze Leben ist ein großes Mandala, das wir verstehen müssen.«

Der Abt hatte mir die Erlaubnis gegeben, während des Tages ein paar Stunden allein in der Meditationshalle zu verbringen. Ich brauchte Zeit, um das Gehörte und Erlebte zu verarbeiten.

Täglich tauchte ich tiefer in die heiter gelassene Atmosphäre dieses Klosters ein. Jede Zelle meines Wesens wurde von der starken, klaren Vibration der Weisheit und des Mitgefühls durchdrungen. Immer deutlicher erkannte ich in unmittelbarer Erfahrung, daß mein Ich als Persönlichkeit, so wie ich mich kannte und wahrnahm, in jeder Hinsicht etwas Zusammengesetztes und Vergängliches war.

Meine Vorstellung von Leben und Sterben, meine Vorstellungen von einer Wiedergeburt, von einem Diesseits und einem Jenseits, das alles gehörte zu meinen zusammengesetzten, vergänglichen Bewußtseinsinhalten, das offenbarte sich mir jetzt ganz klar. Diese Einsicht erschreckte mich zutiefst. Auf einen Schlag, in einem einzigen Augenblick war meine ganze Welt zu einem Häufchen Asche reduziert. Eine unbekannte Macht drängte mich, noch tiefer vorzudringen. Ich mußte auch noch dieses übriggebliebene Häufchen Asche in Frage stellen.

Während dieses vollständigen inneren Abräumens blitzte in mir gleichzeitig etwas auf, was jenseits aller irdischen Grenzen war: das sonnenhafte innere Universum hatte sich geöffnet.

Solange das alte, innere Haus nicht vollkommen abgebrochen war, konnte sich dieses unendliche

Sonnenreich nicht vollkommen in mir und durch mich offenbaren. Der Gnadenstrom, der mit Macht in mich eindrang, war so stark, daß es meinen ganzen Körper durch und durch erschütterte. Tränen der Dankbarkeit, der Glückseligkeit und Erfüllung liefen mir über die Wangen.

Es war das erstemal, daß ich so ganz mein wahres, inneres Zuhause wahrnahm. Ich konnte es erst erahnen, noch nicht betreten, so unermeßlich, so gewaltig war dieses innere Reich.

Mein Körper fühlte sich an, als würde er in Flammen stehen. Ich war an der Grenze des Ertragbaren angelangt. Ich stand auf, ging im Raum herum und vollzog das heilige Ritual in den vier Ecken, wie ich es jeden Morgen mit den Mönchen tat. Mir war klar, daß ich noch nicht ausreichend geläutert war, um diese machtvolle universelle Kraft aufzunehmen und zu ertragen.

Plötzlich erschien der Meister vor meinem inneren Auge. Seine ruhige Anwesenheit besänftigte die mächtige Kraft. Ich hörte seine Stimme, die zu mir sprach: »Sei geduldig, es ist die Geduld, die die Seele wachsen läßt. Um für die Macht Gottes vollkommen zu sein, muß das Gefäß gereinigt und geschliffen werden, sonst verglüht es im göttlichen Feuer. Das Äthergewand muß sorgfältig vorbereitet werden.

Geduld, Aufmerksamkeit, rechte Einsicht, Einfachheit und Liebe sind die Mittel, die das Gefäß reinigen und vorbereiten. Das Wichtigste ist, daß deine Worte Taten sind. Wenn das geschieht, beginnt die große Verklärung, die Vergeistigung des gesamten Menschen.

Liebe allein ist die große Energie, die den Moment erfüllt. Wenn die Gedanken und Worte, die sie ausdrücken, mit den damit verbundenen Taten nicht eine harmonische Einheit bilden, dann ist die Liebesenergie, die den Moment erfüllt, abwesend.«

Wie wohltuend war die Anwesenheit des Meisters, wie gut taten mir seine Worte! Obwohl er weit weg war vom Kloster hatte er mich nicht vergessen und ein waches Auge auf meinen inneren Zustand behalten. Dieses Wissen gab mir Zuversicht und Kraft.

Inzwischen war er schon fast einen Monat weg. Ich hatte mich bereits gefragt, ob er mich mit einer bestimmten Absicht hier zurückgelassen habe, denn seine Denkensart und Handlungsweise waren für mich immer noch ein Rätsel.

Nie legte er sich fest oder sprach über seine Pläne. Er verkörperte das, was er sagte und vollbrachte alles in einer äußerst dynamischen Art. Die Gleichzeitigkeit von Wort und Tat, ohne jegliche Verzögerung, war der Schlüssel zu seiner unbegrenzten geistigen Kraft, die er auf sehr besondere Art einsetzte.

Ich suchte nach Gaya. Ein Mönch sagte mir, er habe sie im großen Arbeitsraum gesehen. Es drängte mich, ihr sogleich von der Erscheinung des Meisters zu erzählen. Als ich den Raum betrat, sah ich sie am Boden knien. Sie hatte unter der Anleitung des alten Mönchs soeben begonnen, ein Mandala zu malen.

Ich setzte mich zu ihnen und schaute ihr zu, wie sie mit ruhiger Hand die ersten Striche zog. In mir brodelte es, mein Erlebnis brannte mir auf der Zunge. Aber es war mir klar, daß ich sie bei dieser meditativen Arbeit jetzt nicht stören durfte.

Meine unkontrollierbare Ungeduld war mir bewußt, aber ich wußte nicht, wie ich sie besänftigen und überwinden konnte. Die Worte des Meisters leuchteten noch in mir: »Geduld ist die Tugend, die die Seele wachsen läßt.«

Meine Strategie, die innere Unruhe zu verbergen und äußerlich ruhig zu erscheinen, funktionierte nicht. Einer der Mönche brachte mir auf Anweisung des Lehrers eine Tasse Tee und zeigte mir in einer Ecke still verschiedene Mandalas, die sie gemalt hatten.

Erst jetzt merkte ich, daß außer dem alten Mönch niemand in diesem Raum sprach. Malen war eine tiefe Meditation, jeder setzte sich mit seiner Innenwelt auseinander.

Als Gaya aufstand, winkte sie mir, gemeinsam verließen wir den Raum und gingen in mein Zimmer, wo ich ihr endlich meine Erfahrung mitteilen konnte. Ich hatte eine besondere Reaktion von ihr erwartet, doch diese blieb aus. Gelassen sagte sie mir, daß der Meister sich auch an sie gewandt hatte, um ihr zu sagen, daß er noch eine Weile wegbleiben würde. Diese Art von Kommunikation war für sie offensichtlich nichts Neues oder Besonderes.

Die Tage vergingen. Ich war mit mehreren Mönchen damit beschäftigt, ein Dach zu reparieren. Immer mehr lernte ich ihre innere Stille und Ausgeglichenheit schätzen. Wir sprachen wenig über philosophische Dinge. Sie lebten in Einfachheit und Klarheit den befreienden Weg.

Den Abt sah ich manchmal tagelang nicht. Ich hatte keine Ahnung, ob er sich während dieser Zeit zurückzog oder das Kloster verließ. Immer wieder lud er mich in sein Arbeitszimmer zum Tee ein. Ihn interessierte, was mich dazu bewogen hatte, in den Himalaja zu reisen, und wie ich den Meister kennengelernt hatte.

Als ich ihm erzählte, daß ich ursprünglich nur zwei Wochen bei ihm hatte bleiben wollen und ihm den Empfang schilderte, den er mir hatte angedeihen lassen, brach der Abt in ein so herzhaftes Lachen aus, das es gewiß im ganzen Kloster zu hören war. Ich mußte ihm meine Probezeit in allen Einzelheiten erzählen, er fand das Ganze äußerst amüsant.

»Er ist ein guter Meister, ein guter Meister«, wiederholte er immer wieder. Jetzt, da alles schon Monate zurücklag, konnte auch ich über mein damaliges Verhalten lachen, damals jedoch, als er mich durch die Wechselbäder der Gefühle und Emotionen jagte, war mir wirklich nicht zum Lachen gewesen, erklärte ich dem Abt abschließend. Immer noch schmunzelnd, nickte er verständnisvoll: »All jene, die den erlösenden Weg beschreiten, müssen früher oder später in ihrer eigenen Art und Weise diese Bereiche durchleben. Das ist die Prüfung für die Seele, bei der es sich zeigt, ob sie in dieser Inkarnation bereit ist, den steilen Weg der Befreiung zu betreten.«

»Möchtest du noch einmal in den Raum gehen, wo die Schriften sind«, fragte er mich ein paar Tage später. Ich bejahte sogleich begeistert. Ich hatte den

Abt schon darum bitten wollen, aber nicht den Mut dazu gehabt, da ich ihn immer sehr beschäftigt sah.

Am nächsten Morgen nach dem Frühstück führte mich der Abt in den Raum. Gaya kam diesmal nicht mit. Der hagere Mönch bestand darauf, daß man seine Arbeit an einem Mandala zu Ende führte, wenn man sie einmal begonnen hatte. Es war ein fortschreitender Prozeß, der keine Unterbrechung duldete.

Das fahle Licht der kleinen Lämpchen flackerte, als der Abt das Schriftblatt auf den Tisch legte, bevor er sich mir zuwandte. »Heute werde ich dir einen Ausschnitt aus einem sehr alten Buch vorlesen. Der Inhalt ist anspruchsvoll, höre aufmerksam zu.«

»Der Sternengesang des Ewigen durchdringt das ganze Universum. Die sieben Strahlen der zwölf ewigen Lichtströme dringen in die sieben Säle ein und lassen in ihnen ein Lied, eine Botschaft erklingen: die Botschaft des ewigen inneren Lichtreichs.

Die zwölf Herren des Schicksals, die das niedere Gesetz der Zeit beleben, existieren ebenfalls in den sieben Sälen und lassen die Melodie des Zeitlichen und Vergänglichen ertönen.

Das niedere Gesetz kennt das höhere ewige Gesetz nicht. Es gibt keinen Weg, der vom einen zum anderen führt. Der zu reinem Licht verwandelte Äthermantel im höheren Gesetz ist von der Schwerkraft der Zeit, vom niederen Gesetz befreit. Er besitzt die Macht, ins zeitlose, ewige Reich einzutreten. Das Geheimnis der Feuerräder, die den neuen Äthermantel schmücken, offenbaren die Fülle des universellen Lichtreichs.

Die Sonnenkraft des Ewigen durchstrahlt, erlöst und vergeistigt alle Welten und Wesen. Erwachender, du mußt eine Sonne sein, damit sich der Glanz und die Fülle Gottes in dir und durch dich offenbaren können.«

Obwohl ich sehr aufmerksam zuhörte, hatte ich von dieser verschlüsselten Botschaft fast nichts verstanden. Diese Worte waren nicht in Reichweite meines Bewußtseins und meines geistigen Auffassungsvermögens.

Ich kam mir vor wie ein Kind, dem man am ersten Tag im Kindergarten gleich eine Universitätsvorlesung hielte.

Wortlos legte der Abt die Schrift zurück ins Regal, zog die weißen Handschuhe aus, löschte die Lämpchen und forderte mich auf, ihn in sein Arbeitszimmer zu begleiten.

Unterwegs versuchte ich mir die gehörten Worte in Erinnerung zu rufen, für den Fall, daß er mich danach fragen würde, aber das war völlig unmöglich. Mir war, als hätte eine unsichtbare Hand in meinem Gehirn einen Stecker ausgezogen.

Obwohl ich nichts von diesem Text verstanden hatte, merkte ich daß die feurigen Worte eine mächtige Wirkung auf mich ausübten. Ich hatte das Gefühl, es werde ein Lichtschacht durch das innerste meines Wesens gebrannt, ein Schacht, der aus der Dunkelheit ins strahlende Licht hineinführte. Das göttliche Licht durchstrahlte meine Nerven und mein Blut, und alles Dunkle, Begrenzte stöhnte bei seiner Auflösung.

Eine ungeheure Macht reinigte in mir alle Zellen,

die in den niederen Bereichen der Begierden vibrierten. Die jahrtausendealten niederen Kräfte schäumten und bäumten sich auf im Kampf gegen das Licht, doch ihre Niederlage war unvermeidlich, das Licht verschlang allmählich alle Finsternis.

Neue Einsichten eröffneten sich in mir wie Pforten. Ich sah nun klarer, was mich davon abhielt, mich in diese lichten Höhen des ewigen Daseins hochzuschwingen. Der verborgene Kern des selbstbehauptenden Bewußtseins gehorchte seinem eigenen Gesetz und das war die Kraft, die selbst die Götter bindet.

Wie durch eine durchscheinende Wand sah ich den Grund für meinen von Gott abgespaltenen Zustand, und obwohl er mir deutlich vor Augen stand, konnte ich nicht unmittelbar jetzt aus dieser uralten Begrenzung heraus explodieren. Zu träge und zu stark waren die alten Gewohnheiten mit ihren Identifikationen und Bindungen in mir verwurzelt.

Still schlürfte ich den heißen Tee, den mir der Abt gereicht hatte. Wortlos saß er mir gegenüber und schaute mich an. Das funkelnde Licht in seinen Augen schien mir in diesen Momenten besonders intensiv zu strahlen, was wohl damit zusammenhing, daß der Text, den er mir vorgelesen hatte, auch ihn tief berührte, obwohl er ihn sicher schon unzählige Male gelesen und das innere Verständnis dafür inzwischen wohl auch ganz verwirklicht hatte.

Er stand auf und ging zum offenen Fenster hinüber. »Komm, schau dir dieses grüne, fruchtbare Tal und die majestätischen Berge an, und dort in der Ferne den tiefblauen See. Spürst du den Frieden, der von dieser Landschaft ausgeht? Ohne die Sonne gäbe es kein Leben auf diesem Planeten. Ihre lebensspendende Kraft ist mächtig, erahne die unermeßliche Herrlichkeit, die Allmacht dessen, der sie erschaffen hat und am Leben erhält.

Der Erdplanet ist kein ewiges Zuhause, sondern eine Durchgangsstation, eine Etappe für die Menschheit, die zu Höherem berufen ist. Sie muß das Vergängliche überwinden und im reinen Licht aufgehen.

Das Nicht-Anhaften an Ideen und Konzepten, das innere Losgelöstsein vom Vergänglichen öffnet das Tor zu dem, was in Menschenworten nicht ausgedrückt werden kann.

Der Text, den ich dir vorlas ist von Menschen geschrieben worden, die alles Sterbliche und Vergängliche und damit auch den Planeten Erde vollkommen überwunden hatten.

Mit ihren klaren Anweisungen hinterlassen sie uns eine Lichtspur, der man folgen kann, wenn man sich innerlich befreit. Der Text weist darauf hin, daß hinter dem sichtbaren, vergänglichen Universum ein anfangsloses, ewiges Universum existiert, und daß beide, sowohl das vergängliche wie auch das unvergängliche Universum in uns existent sind.

Zwölf reine Lichtströme offenbaren das unvergängliche Licht, die universelle Liebe, Weisheit und Macht. Doch der Lichtquell, dem sie entströmen, ist ewig unberührt von allem Geoffenbarten.

Das vergängliche, sichtbare Universum ist den zwölf Emanationen, den Herren des Schicksals unterworfen, die sich in der Zeit offenbaren und Zeitliches erschaffen. Diese zwölffachen Kräfte spalten sich atomar auf. Aus ihnen gehen gemäß ihrer Bestimmung die festen und die feinstofflichen Körper hervor.

Das so Geoffenbarte ist die Entsprechung und Widerspiegelung der Offenbarungskräfte dieser komplexen Welt, in der wir leben.

Weil der Mensch ganz in den Täuschungen der zeitlichen Kräfte gefangen ist, hat er den Sinn seines Daseins vergessen, und dies, obwohl die Kenntnis des ewigen Lichtreichs vollumfänglich im Herzen eines jeden Menschen vibriert.

Es ist diese Urerinnerung, diese Urkraft, die uns bewegt, unermüdlich das Ursprüngliche, das Unbegrenzte zu suchen. Um dieses ewige Lichtreich wieder in unseren Herzen zu wecken, es zu erkennen, es zu betreten und wieder vollkommen mit dem Ewigen EINS zu sein, braucht es eine vollkommene Hingabe, einen vollkommenen Glauben an diese ewige Gotteskraft und damit einhergehend die vollkommene Auflösung der alten Kräfte. Was das für eine gigantische Arbeit ist, erfahren alle, die den befreienden Weg betreten.

Die Kräfte des sichtbaren und vergänglichen Universums, aus denen der Mensch zusammengesetzt ist, haben ihn fest im Griff und lassen ihn so leicht nicht los. Deshalb bedarf es von uns, die wir frei werden wollen, frei werden müssen, da wir unseren wahren Seinszustand wieder entdeckt haben, starke, unwiderrufliche Entschlüsse, eine große Intensität und Geduld, um restlos alle Grenzen und Begrenzungen zu erkennen und zu überwinden.

Was den neuen Äthermantel und die Feuerräder betrifft, so kann ich dir im Augenblick noch nichts darüber sagen. Doch wenn du wirklich den befreienden Weg gehst, werden sich dir diese tiefen Geheimnisse allmählich entschleiern.

Man darf in dieser Hinsicht nichts forcieren, sonst nährt und belebt man die selbstbehauptenden Ich-Kräfte dieser Natur. Viele gehen dem Wollen, Haben und Besitzen in die Falle, den vielversprechenden Gelüsten nach Macht. Ohne sich dessen bewußt zu sein, binden sie sich noch stärker in diese zeitlichen Kraftlinienstrukturen ein, identifizieren sich mit ihnen und verstricken sich in den Äonen der Todeswelt.

Das Weltbild, das in unserem Bewußtsein vibriert, vollkommen loszulassen, ohne es durch ein anderes zu ersetzten, ist nicht so einfach. Denn alles, was wir haben und kennen, ist diese von uns selbst erschaffene Grundlage.

Dieses Weltbild, das wir in uns tragen und beleben, setzt sich aus ungeheuren Kräften zusammen, in die wir eingebunden sind. Wenn wir diese Kräfte in Frage stellen, wenn wir beginnen, uns aus ihnen zu befreien, ruft diese Aktion eine Gegenreaktion hervor. Zweifel, Ängste und Unsicherheiten bedrängen uns und versuchen uns mit aller Gewalt davon abzuhalten, den befreienden Weg zu gehen.

Sobald wir standfest werden, gibt es eine Beruhigung der Kräfteverhältnisse, es kommt vorübergehend zu einem Gleichgewicht, ein künstlicher Friede stellt sich ein, den wir als solchen erkennen müssen.

Der nach Erlösung suchende Mensch jedoch

schreitet unbeirrt und unerschrocken vorwärts und löst dabei magnetische Orkane und gewaltige Stürme aus. Diese mächtigen Kräfte versuchen ihn zu destabilisieren und zur Umkehr zu bewegen, doch er steht wie ein Fels im Auge des Zyklons, gestärkt durch die Erkenntnis, daß diese Stürme vorübergehende Phänomene sind.

Auf diesem Weg gelangt er unweigerlich an die Grenze, auf den Höhepunkt der Sturmgewalten, und indem er diesen überschreitet wird es immer ruhiger, friedvoller, er hat endgültig das ewige Lichtreich betreten.

Alles, was er in den Stürmen zurückgelassen hat, ist in ihm verblaßt und endgültig erloschen. Er hat ein Reich betreten, das vollkommen jenseits des menschlichen Verstandes und der sinnlichen Wahrnehmung ist. Keine Menschenworte können dieses ewige Reich beschreiben, das selbst den Göttern verborgen ist.

Man kann dieses Lichtreich nicht wollen, denn der menschliche Wille gehört zur Begrenzung des zeitlichen Bewußtseins, er ist immer mit seinem Willensobjekt verbunden und durch es gebunden. Jedes Willensobjekt ist etwas Erschaffenes und somit vergänglich.

Nicht im Wollen, sondern im Löschen des Gewollten liegt die Kraft, die uns sicher durch alle Stürme führt. Zweifle nicht an dir, glaube nicht, du seist zu schwach, um diesen Weg vollkommen zu verwirklichen. Deine vermeintliche Schwäche ist eine Einflüsterung der begrenzten, magnetischen Zustände dieser Todeswelt. Höre nicht auf sie, laß dich nie von ihnen beeinflussen. Es geht nicht um Können und Erreichen, sondern um Loslassen und Nicht-Anhaften.

Vieles habe ich dir heute erklärt. Der Meister wünschte, daß ich dir während seiner Abwesenheit von der verborgenen Seite des Lebens spreche.

Nun möchte ich dir noch von den zwei Wegen, den zwei Möglichkeiten erzählen. Es ist wichtig, daß du das in diesem Zusammenhang klar erkennst.

Die Menschen haben verschiedene Tendenzen und Absichten und wählen ihren Neigungen gemäß einen der zwei Wege. Vom ersten habe ich dir gerade gesprochen: Es ist der Weg des Nicht-Wollens, des Nicht-Seins, des vollkommen Erlöschens und Überschreitens.

Der andere Weg gestaltet sich völlig anders. Der Sucher auf diesem Weg erforscht die magnetischen Kräfte dieser Welt und verhält sich harmonisch zu ihnen. Er lernt, sie zu beherrschen und anzuwenden, er verbindet sich bewußt mit den irdischen Kräften und erlangt dadurch große Macht in dieser Welt. Das ist der Weg des Wollens, Erreichens und Beherrschens.

Diese zwei Wege haben absolut nichts miteinander gemein, wie du nun erkennen kannst.

Entsprechend gibt es eine universelle Lichtbruderschaft, die jenseits dieser zweigesichtigen Welt, jenseits von Zeit und Vergänglichkeit existiert, und es gibt eine Bruderschaft innerhalb der zeiträumlichen Welt, die die Welt beherrscht und sie aus selbstsüchtigen Motiven heraus so erhalten will, wie sie ist. So wird die Menschheit durch ihre Schwächen sowohl im Diesseits wie auch im Jenseits versklavt und ausgebeutet.

Die Bruderschaft dieser Welt hat ihre moralischen und ethischen Qualitäten sehr hoch, bis an die äußerste Grenze der Möglichkeiten entwickelt, doch diese Grenze kann so nie überschritten werden.

Die erste Bruderschaft, Lichtbruderschaft genannt, die Loge der Erhabenen, benutzt die mächtigen Gotteskräfte ausschließlich, um die Welt zu erlösen, zu transformieren, zu vergeistigen und auf höhere Integrationsstufen der Evolution zu begleiten .

Leider verfallen viele Sucher dem Machtrausch und werden Gefangene der feinstofflichen Welt, deren Gesetze sie beherrschen.

Nun darfst du aber nicht in Versuchung kommen, diese beiden Wege als gut und böse, als weiß und schwarz zu beurteilen und zu verurteilen. Beide Tendenzen liegen in uns.

Erst nachdem die Seele durch viele Schicksalsschläge und Erfahrungen erschöpft und des ewigen Abschiednehmens müde geworden ist, erst wenn die unzähligen Wiedergeburten, die sie an das Rad der Zeit gekettet, erst wenn der immer wiederkehrende Verlust der Geliebten, die durch die Todespforte gehen, erst wenn das alles sie in eine gewaltige Krise geworfen hat, die es ihr unmöglich macht, so weiter zu existieren, erst dann, in tiefer Desillusionierung und Ernüchterung, tritt sie die große Reise, den Weg in die endgültige Erlösung an.«

Große Stille herrschte im Raum, als der Abt zu

sprechen aufgehört hatte. Vieles, was ich bisher nur geahnt hatte, war mir jetzt klar. Er saß mit geschlossenen Augen da, als ob er schliefe. Sein Atem war tief und regelmäßig, er war vollkommen entspannt. Die Zeit stand still.

Ich hatte so viel auf einmal gehört, daß ich das alles nicht ohne weiteres einzuordnen vermochte. Ich spürte das starke Bedürfnis, ein paar Tage allein zu sein, ich kam mir vor wie eine randvoll gefüllte Vase. Ein paar Tropfen mehr, und sie lief über! Als der Abt die Augen öffnete, teilte ich ihm mit, welcher Wunsch mich bewegte. Ein verständnisvolles Lächeln huschte über sein Gesicht.

»Wir haben oben am Berg, etwa zwei Stunden zu Fuß von hier, ein kleines leerstehendes Haus. Das ist genau der Ort, den du jetzt brauchst. Wann möchtest du gehen?« fragte er mich. »Morgen wäre gut für mich«, antwortete ich.

»Gut. Morgen nach der Frühmeditation wird dich ein Mönch begleiten. In der Küche kannst du dich mit dem nötigen Proviant eindecken. Wasser brauchst du keines mitzunehmen, neben dem Haus steht ein Brunnen.«

Ich verbrachte den Abend mit Gaya. Auch sie hatte großes Verständnis für meinen Entschluß. Ich erzählte ihr vom Text, den mir der Abt vorgelesen hatte und von seinen ausführlichen Erklärungen.

Stillschweigend saß sie da und hörte zu. Sie sagte kein Wort zu dem Gehörten. Das, was mich so tief berührte, schien ihr ganz gleichgültig zu sein.

Wußte sie das alles schon, oder interessierte diese Art der Belehrung sie nicht? Vielleicht war das der

Grund, weshalb der Abt diesmal nur mich mitgenommen hatte?

Ich wollte Gaya nicht verletzten und stellte keine Fragen. Vielleicht hatte sie sich ihren eigenen Weg in die Freiheit gebahnt, das konnte ich mir gut vorstellen.

»Wie kommst du mit deiner Arbeit am Mandala voran«, fragte ich sie, um das Gespräch in Gang zu bringen.

»Gut«, antwortete sie kurz, ohne sich in ihrer gesammelten Stille stören zu lassen. Sie wollte ganz offensichtlich nicht über ihre Erfahrung sprechen. So verabschiedete ich mich und ging in meinen Schlafraum.

Ich freute mich, wieder einmal für längere Zeit allein zu sein. Schon eine ganze Weile war ich immer in Gesellschaft gewesen. Dabei hatte ich mich jedoch nie eingeengt oder zu etwas gedrängt gefühlt. Die außergewöhnlichen Menschen, mit denen mein Schicksal mich so unerwartet zusammengeführt hatte, waren auf meinen Rhythmus eingegangen, und die Belehrungen, die ich von ihnen erhielt, richteten sich danach.

Eigentlich hatte ich ja nur theoretische Fakten über diese geistigen Prozesse zusammentragen, die Rolle eines aufnehmenden, außenstehenden Zuschauers spielen und aus dieser Perspektive heraus darüber schreiben wollen. Daß dies für mich nicht möglich war, hatte ich längst herausgefunden. Die geistige Kraft, die mich zu diesen Menschen geführt hatte, wollte mir mehr erteilen als nur Anschauungsunterricht.

Für mich war die Zeit gekommen, die große Reise durch die Orkane und Stürme zu bestehen. Ich war bereits mittendrin. Was mochte noch alles auf mich zukommen, bis auch ich die innere Grenze überschritt und das leuchtende Land des ewigen Friedens betrat?

Ich hatte allen Grund, zuversichtlich zu sein, denn auf meiner inneren Reise war ich in besten Händen und brauchte mich nicht zu fürchten. Ich wußte, daß der Meister jeden meiner Schritte im Unsichtbaren verfolgte und mich mit großer Liebe und Geduld durch die Düsternis dieser Todeswelt begleitete.

Er war mein Berater, mein leuchtender Wegweiser, den Weg aber, der zur endgültigen Befreiung führt, mußte ich selber gehen, das hatte mir der Meister immer wieder bekräftigt, und mir selbst war das bis ins tiefste Innere meines Wesens klar.

Ich saß in einer Ecke des Raumes und schaute durch das geschlossene Fenster in den wolkenverhangenen Nachthimmel hinaus. Durch einen Riß strahlte silbernes Mondlicht herüber. Ich hoffte, daß mir das Wetter in den nächsten Tagen günstig gesinnt sein würde. Es zeigte sich hier immer wieder von unberechenbarer Wechselhaftigkeit.

Am nächsten Morgen war ich während der Meditation sehr unkonzentriert. Meine Gedanken waren bereits rastlos am Planen und Organisieren. Es machte mir große Mühe, ruhig zu sitzen, ich rutschte hin und her und fühlte mich dabei nicht wohl. Ich hatte das Gefühl, mit meiner Unruhe die ganze Gruppe zu stören.

Der Abt hatte an diesem Morgen nicht an der Meditation teilgenommen. Ich hätte mich gerne von ihm verabschiedet. Auch Gaya entfernte sich grußlos mit dem alten hageren Mönch. Sie gingen sogleich ins Arbeitszimmer.

Endlich befand ich mich in der Küche und packte allerlei Vorräte in eine kleine Tasche. Der junge Mönch, der mich begleiten sollte, schaute mir dabei belustigt zu. Bald machten wir uns auf den Weg.

Es waren bereits einige Wochen vergangen, seit ich durch dieses Holztor geschritten war, über dem das Lebensrad gemalt war. Während dieser ganzen Zeit war ich nie aus dem Kloster herausgekommen. Eigenartigerweise war mir das bis jetzt gar nicht aufgefallen.

Das Leben innerhalb der Klostermauern hatte eine ganz eigene Qualität. Die Mönchsgemeinschaft bildete einen eigenen Kosmos, ein sehr spezielles, reines Lebensfeld. Diese Dynamik, das innere Gesammelt- und Ausgerichtetsein auf das eine, gemeinsame Ziel, nämlich die Erlösung aller Lebewesen, schuf für jeden Einzelnen ganz besondere spirituelle Entfaltungsmöglichkeiten. Es waren außerordentliche menschliche Qualitäten, die hier durch alle offenbart wurden.

Wir schritten zwischen den paar Häusern durch, die außerhalb des Klosters standen. Überall wurden wir von den Menschen, die unseren Weg kreuzten, herzlich und respektvoll begrüßt.

Der junge Mönch erklärte mir, daß von allen Familien, die hier wohnten, mindestens ein Sohn das Ockergewand anziehe und Mönch werde. Auch er war einer von ihnen. Seine inzwischen verstorbenen Eltern hatten ihn im Alter von zwölf Jahren ins Kloster gebracht, und von da an war der Abt und die Mönchsgemeinde, die Sangha, seine Familie geworden.

Er schilderte mir lebhaft, wie stolz seine Eltern gewesen waren, als sie sahen, daß er Lesen und Schreiben und Sutras rezitieren konnte. Er zeigte mir das kleine Steinhaus, in dem er aufgewachsen war. Jetzt wohnte ein älterer Bruder von ihm mit seiner Familie dort. Die anderen Brüder und Schwestern hatten das Tal verlassen. Sie hatten sich im Flachland in Städten niedergelassen, wo sie sich ein leichteres und besseres Leben erhofften.

Als die Häuser hinter uns lagen, sagte er leise: »Sie sind dem Wahn des Materialismus verfallen.« In seiner Stimme schwang eine leise Traurigkeit mit, doch im nächsten Augenblick hatte er sich wieder gefaßt und meinte: »Jeder muß den Weg gehen, den er in sich sehen kann. Es wird wohl eine Weile dauern, bis sie erkennen, daß das Vorübergehende nur vorübergehende Freuden und Befriedigungen bringt, und daß sie selbst, mit ihrem Anhaften am Vergänglichen, die Quelle des Schmerzes und des Leides sind.«

Diese Worte flossen ganz natürlich aus ihm heraus, es war nichts Theoretisches, nichts Angelerntes darin, nur strahlende Klarheit, Einfachheit, Mitgefühl und tiefe Einsicht.

Bald begann ein steiler, steiniger Aufstieg. Die Morgensonne überflutete mit ihrem Licht die ganze Gegend, ich spürte ihre wärmende Kraft im Rükken. Immer wieder blieben wir stehen und betrachteten weit unter uns das Kloster, und in der Ferne den tiefblauen, von Weideland und kleinen bebauten Äckern umgebenen See.

In langen Schlaufen wand sich der schmale Pfad über die abschüssigen Geröllhalden nach oben. Kurz vor Mittag hatten wir unser Ziel erreicht. Der Aufstieg war länger gewesen, als ich gedacht hatte. Ich war vollkommen überwältigt von der Aussicht. Die Schönheit des Ortes, an dem wir standen, verzauberte mich auf den ersten Blick.

Auf dem Weg nach oben waren wir nur vereinzelten knorrigen Büschen begegnet, doch hier, auf dem kleinen Felsplateau standen mehrere Laub- und Nadelbäume. Eine endlose Kette von majestätischen weißen Gipfeln und Graten erstreckte sich am Horizont, soweit das Auge reichte.

Neben dem kleinen Steinhaus plätscherte friedlich ein Bach zu Tal. Ich hätte mir keinen besseren Ort wünschen können, um mich zurückzuziehen.

Das Innere des Hauses war schlicht eingerichtet. Auf einem Regal standen mehrere Öllampen, Schlafdecken lagen auf einem grob gezimmerten Bett. Daneben gab es einen Tisch und zwei Stühle.

»Wir nennen diese Hütte den Adlerhorst. Es kommen immer wieder Mönche hier hinauf, um sich zurückzuziehen. Ich war auch schon mehrmals da.

Im Winter, wenn die Stürme wüten, liegt hier sehr viel Schnee. Meist schließen wir dann die Hütte und sorgen dafür, daß die starken Winde sie nicht beschädigen können. Doch es gibt Mönche, die viele Monate, ja den ganzen Winter über allein hier oben bleiben. Der alte Mönch, der uns im Mandalamalen unterrichtet, hat früher mehr als einen Winter hier verbracht. Dabei sind ihm tiefe Einsichten zuteil geworden, doch er spricht nicht darüber. Er drückt sein Wissen in den Mandalas aus.

Ich gehe jetzt ins Kloster zurück. Da wartet Arbeit auf mich. Leb wohl, alles Gute!«

Und schon war der quirlige Mönch verschwunden. Ich war allein und hatte ihm nicht einmal für seine Begleitung danken können.

Bald hatte ich mich eingerichtet und saß vor dem Haus unter einem der großen Bäume. Ich hatte eine Matte auf einen großen flachen Stein gelegt, den irgend jemand einmal behauen hatte. Lange saß ich aufrecht da und fragte mich, wieviele Stunden der alte Mönch und die anderen hier gesessen hatten. Worüber hatten sie wohl nachgedacht, was hatten sie den ganzen Tag getan, was erkannt?

Ich erinnerte mich an eine Aussage des Meisters: »Es gibt ein kreatives Nicht-Tun.« Diese Worte hatte ich nie ganz verstanden. Kreativität war für mich immer mit einem Tun, mit konkretem Handeln verbunden gewesen. Vielleicht hatte ich hier gerade Gelegenheit herauszufinden, was kreatives Nicht-Tun ist, sagte ich mir schmunzelnd.

Bald stand ich jedoch auf und versuchte, mich zu beschäftigen. Ich schaute mir das Haus genau an. Vielleicht gab es etwas zu tun. Zu meiner Erleichterung fand ich da und dort ein paar kleine Reparaturarbeiten, die dringend nötig waren. Ich nahm mir vor, am nächsten Tag damit zu beginnen.

Eine große Rastlosigkeit trieb mich um. Ich

durfte mich nicht langweilen, ich wollte die Zeit hier voll nützen, hatte aber im Grunde genommen keine Ahnung wie. Was hatten die anderen denn hier die ganze Zeit getan? Sicherlich nicht den ganzen Tag nur meditiert... Ich begann meinen Entschluß, hierherzukommen, in Frage zu stellen.

Gewiß würde ich viel schlafen und mich ausruhen können. Und wenn mir der Aufenthalt verleidete, konnte ich auch ins Kloster zurückkehren. Den Weg kannte ich. Allerdings käme ich mir wie ein jämmerlicher Versager vor, wenn ich das von mir selbst gewünschte Experiment allzu früh abbrechen würde. Ich wollte unbedingt mehrere Tage hierbleiben.

Wieder setzte ich mich unter den Baum, atmete tief, ruhig und gleichmäßig durch, wie der Meister es mich gelehrt hatte.

Meine Sinne sogen die Schönheit und Unberührtheit dieses Ortes ein. Dazwischen wurde mein ganzes Wesen von Entzugserscheinungen aller Art heimgesucht. Sie fielen mit unkontrollierbarer Kraft über mich her. Ruhig blieb ich sitzen und beobachtete die Gefühlsstürme und Regungen, die mich durchzuckten, nahm die Gewohnheiten, Mechanismen und Denkkonzepte wahr, die damit verbunden waren, meine ganze chaotische Triebhaftigkeit.

Diese extrovertierte Energie war der Dämon, der mich in seinen Klauen hielt, und mich damit ausweglos durch die Reiche des Todes, das Diesseits und Jenseits jagte. Zwei Täler des Todes, das war die einzige Welt meiner Gefangenschaft!

In den melancholischen Sümpfen meiner Einsamkeit kam ich mir vor wie eine matte, verwelkende Blume. Mir war klar, daß ich meine Ängste und diese Einsamkeit selbst hervorbrachte und auch selbst überwinden mußte. Aber die Wurzel des Übels saß tief. Viele der darüber gelagerten Schichten hatte ich bereits abgetragen, aber der Kern der fragwürdigen Kräfte war noch da und ließ sich nicht einfach wegmeditieren.

Geduld und Achtsamkeit waren die Schlüssel zur Befreiung, das hatte man mir oft wiederholt. Ich versenkte mich tief in diesen weisen Ratschlag und faßte den unwiderruflichen Entschluß, nicht zu ruhen, bis mein inneres Wesen vollkommen geläutert und von den Kernkräften des Todes befreit war. Sie waren es, die mich immer wieder aus dem Gleichgewicht brachten und ungeduldig werden ließen.

Ich mußte jetzt jeglichen Erfolgsdruck, jede Vorstellung, irgend etwas erreichen oder verwirklichen zu müssen, ablegen. Die Unermeßlichkeit des Universums war nicht mit einem zwanghaften Willensakt zu fassen oder zu erkennen.

Die Abenddämmerung brach an. Ihr golddurchwirkter Schatten war der Vorbote, der die Nacht ankündigte. Der Tag war an den Ufern des Schlafes angelangt. Das langsam schwindende Licht ließ mich über mein zeitlich begrenztes, dahinschwindendes Leben im Körper nachdenken.

Trotz der verschlingenden Kraft des Vergänglichen war die Zeitlosigkeit unantastbar in mir erwacht. In diesem inneren Glühen erklang die Stimme der todlosen Macht.

In warme Decken eingehüllt, lag ich im Bett und

wartete darauf, daß mich der Schlaf abholte. Wie und wann sich diese Verwandlung vollzog weiß ich nicht: irgendwie, irgendwann war ich eingeschlafen.

Am Morgen wurde ich von einem lauten Rauschen aus einem traumlosen Schlaf geweckt. Es regnete in Strömen. Das Bächlein neben dem Haus war zu einem reißenden Wildbach geworden. Ich verbrachte den ganzen Tag im Haus, draußen war es empfindlich kühl geworden.

Auf der langen Reise durch diese weltabgeschiedenen Gebirgstäler hatte sich mein Seelenfenster geöffnet und gab mir den Blick auf ungeahnte, gewaltige Möglichkeiten frei. In meinem Herzen sprühte das Zentrum der Liebe vor Kraft, meine Sehnsucht, endgültig in den Ozean des göttlichen Lichtes einzutauchen, war übermächtig. Dennoch zögerte ich, durch das weit offene Tor zu treten.

Ich verbrachte den Tag mit kleineren Arbeiten und schob dazwischen lange Ruhepausen ein, in denen ich meditierte. Der Regen ließ nicht nach. Im Gegenteil, es kam ein starker Wind auf, der sich am frühen Abend in einen Sturm verwandelte. Rings um die Hütte heulten und tobten die Elemente derart, daß ich fürchtete, das Dach würde weggerissen. Die Urgewalten drückten sich hier mit einer unwiderstehlichen Kraft aus, ich fühlte mich ihnen hilflos ausgeliefert. Angst und Bangen beschlichen mich. Beklommen zwang es mich, diese inneren Zustände einmal mehr zu betrachten. Wie schattenhafte Gestalten der Nacht krochen Ängste aus unergründlichen Tiefen meiner Seele herauf.

Ich war in meinem ganzen Leben noch nie mit einem Unwetter von solcher Gewalt konfrontiert worden. Wie mächtige Flutwellen brandeten merkwürdige innere Regungen über mich hinweg. Unbekannte Mächte versuchten mich in die Enge zu treiben und zu kontrollieren. Doch jetzt erkannte ich deutlich, daß sich in mir bereits etwas gelöst und grundsätzlich verändert hatte. Die Erfahrung dieser Sturmnacht glich jener anderen Nacht, als mich der Meister in die Berge und damit in die Konfrontation mit meinem eigenen Tod geschickt hatte. Aber anders als damals war mein Innerstes jetzt gelassen und unberührt, obwohl sich auch jetzt Ängste in mir regten. Das erste Mal hatte mich der Meister in den Orkan geschickt, diesmal war ich, wenn auch ohne bewußte Absicht, so doch aus eigenem Antrieb in den Sturm gegangen.

Ich nahm Zuflucht in mir selbst, zog mich an diesen stillen Ort des neutralen Beobachtens zurück, der von den äußeren Zuständen unberührt war. Es war eigentlich auch gar kein Ort, sondern ein Zustand, für den sich keine menschlichen Worte finden lassen. Zu meinem großen Erstaunen merkte ich, wie die vielschichtigen Ängste und Unsicherheiten in mir allmählich nachließen und schließlich zerrannen, wie Eis, das an der Sonne schmilzt.

Es war ein wunderbarer Lichtblick: Immer klarer sah ich den Weg zur endgültigen Erlösung vor mir, sah, wie er wirklich beschaffen war. »Es ist wahrhaftig ein wegloser Weg«, platzte es mit einem befreienden Lachen plötzlich aus mir heraus.

Draußen tobte noch immer der Sturm. Seine Kraft hatte überhaupt nicht nachgelassen, der Regen prasselte sogar noch heftiger aufs Dach. Innerlich gelöst saß ich da. Eigenartig: diese unbändige Kraft, die mir vor kurzem noch so große Furcht eingeflößt hatte, klang jetzt wie liebliche Musik in meinen Ohren. Etwas hatte sich in mir gewandelt. Es war etwas geschehen, was nicht durch Übungen, Meditationen oder okkulte Praktiken zu erreichen war, was weder mit Beherrschung noch mit einer irgendwie erworbenen Fähigkeit zu tun hatte. Es war eine innere Ablösung, ein Erwachen im Zeitlosen.

Jetzt konnte ich nachvollziehen, was mir der Meister erklärt hatte: »Rechte klärende Einsicht ist unmittelbare Erfahrung und die innere befreiende Tat selbst.« Ich hatte diesmal das begrenzte Ich mit seinen Kräften überwunden – und unmittelbar war mir auch bewußt, daß ich diese so wichtige Erfahrung nicht überbewerten durfte. Leicht konnte ich dem Wahn einer falschen Sicherheit oder der Idee, etwas Besonderes erreicht zu haben, erliegen. Die Subtilität der Egofallen war nicht zu unterschätzen, das hatte ich inzwischen gelernt. Zuviel Unklarheit und Unwissenheit beherrschten mich noch, auch wenn diese zerstörerischen Kräfte immer sichtbarer, transparenter wurden.«

»Die Ewigkeit ist ein unaufhörliches Beginnen, der Weg selbst ist das Ziel«, hatte mir der Meister erklärt.

Allmählich legte sich der Sturm, der Regen ließ nach. Es war schon fast dunkel, als ich vor die Türe trat und tief die kühle Luft einatmete. Die Natur strahlte in frischem Glanz. Der Boden rings ums Haus war durchnäßt und glitschig, vom Baum, unter dem ich gesessen hatte, war ein großer Ast abgebrochen.

Wo war wohl jetzt der Meister, was hat er während des Sturms gemacht? Wer war wohl dieser weit fortgeschrittene Schüler, bei dem er sich seit Wochen aufhielt? Was lehrte er ihn wohl? Auf einmal gingen mir Fragen über Fragen durch den Kopf. Und überrascht merkte ich plötzlich, wie sehr ich die Nähe des Meisters vermißte.

Auf meinem Rundgang ums Haus konnte ich zu meiner Beruhigung feststellen, daß der Sturm am Gebäude keinen Schaden angerichtet hatte.

So wie Regen und Wind die Atmosphäre gereinigt hatten, so hatten meine Einsichten und Klärungen mein Inneres gereinigt.

Trotz der Nässe holte ich zwei Matten heraus und legte sie unter den Baum, nachdem ich den abgebrochenen Ast weggebracht hatte. Ich setzte mich aufrecht hin und begann mit halb geschlossenen Augen ruhig und tief zu atmen. Der Meister hatte mir einmal scherzhaft erklärt: »Du mußt die Augen halb geschlossen, nicht halb geöffnet halten!«

Mein Herz versuchte das Herz und den Pulsschlag der Natur zu erfühlen. Unsichtbar waren hier ungeheure Energien am Werk. Von diesem unendlichen Ganzen hatte sich mir ein winziges Teilchen offenbart, eine Facette des geheimnisvollen Seins hatte in meinem Bewußtsein aufgeleuchtet. Anfangslos ist die Vergangenheit, anfangslos die Zukunft. In der Mitte der beiden befindet sich der Abfluß der sterblichen und vergänglichen Welt, die Nabe, das schmale Tor zur Ewigkeit.

Inzwischen hatte sich lautlos die Dunkelheit herabgesenkt. Ich mummte mich in meinen dicken Mantel und in Decken ein. Die Blätter des Baumes rauschten leise im Wind, der mir den herben Geruch des Schnees von den umliegenden Bergen an die Nase trug. Ab und zu riß die Wolkendecke auf, durch einen feine Silberschleier wurde der Mond sichtbar, der war fast voll war.

Er warf seinen blassen Schein auf den wieder ruhiger fließenden Bach, in dem das Licht aufglitzerte und sich spiegelte.

Obwohl ich es mir nicht eingestehen wollte, machte mir das Alleinsein in dieser mächtigen Bergwelt zu schaffen. Es gelang mir zwar, das Gefühl des Verlassenseins zu verdrängen, aber ich war allein, und nicht All-Ein. Ich zwang mich, sitzen zu bleiben und Geduld zu üben, bis das sonderbare Gefühl verblaßt war. Eine unsichtbare Hand hatte inzwischen die Wolkendecke weggezogen, das Firmament zeigte sein von Sternen funkelndes Gesicht. In der unermeßlichen Schönheit des sichtbaren Universums erahnte ich die eine einzige Kraft, die geistige Sonne, die sich in unendlicher Herrlichkeit in der scheinbaren Vielfalt widerspiegelte.

»Wie vollkommen diese grenzenlose Ordnung ist! Nichts im göttlichen Logos ist dem Zufall überlassen, die Sternenschrift zeugt davon«, dachte ich, während meine Seele sich an dem Nektar labte, der sie erfüllte.

Sternschnuppen blitzten durch den Nachthimmel. »Du darfst dir etwas wünschen«, lachte ich in mich hinein. Aber was sollte ich mir wünschen?

Spaßeshalber wollte ich mir etwas einfallen lassen. »Ich wünsche mir ganz fest, der Meister wäre hier bei mir«, dachte ich auf einmal. »Wenn der mich hören würde!«

UNERWARTETES

Es war schon spät, als ich meine Matten unter den Arm nahm und ins Haus zurückging. Kaum hatte ich mir mein Nachtlager bereitet und mich hingelegt, vernahm ich ein leises Klopfen an der Tür. Ich erschrak. Ich mußte mich getäuscht haben. Aber schon klopfte es wieder, lauter und bestimmter diesmal.

Das Ganze war mir nicht geheuer. Wer konnte in der stockdunklen Nacht den steilen Berg hinaufgestiegen sein? Lebte hier in der Nähe noch jemand, von dem ich nichts wußte, oder war jemand aus dem Kloster heraufgekommen? Am liebsten hätte ich mich umgedreht und getan, als ob nichts wäre.

Die Türe hatte kein Schloß, wer immer da draußen stand, konnte jederzeit eintreten. Ich hatte also keine Wahl. Zögernd ging ich zur Tür. Mir stockte der Atem, als ich langsam aufmachte. Dann stand mir beinahe das Herz still vor Schreck: vor mir stand der Meister und fragte mich ganz gelassen, ob ich ihn eigentlich nicht hereinlassen wolle.

Obwohl ich mir gewünscht hatte, er möchte bei mir sein, war ich durch sein nächtliches Erscheinen verwirrt. Es dauerte eine ganze Weile, bis ich mich gefaßt hatte.

»Wie geht es? Wie kommst du zurecht?«, fragte er mich. Eine große Milde war in seiner Stimme. Ich schürte die Glut in der Feuerstelle. Bald kochte das Wasser und ich konnte ihm eine Tasse heißen Tees und etwas Gebäck aus dem Kloster anbieten.

Ich hatte gewartet, bis sich in mir eine Antwort auf seine Frage gebildet hatte. Dann erzählte ich ihm von den vielschichtigen Gefühlsregungen, die mich hier überfallen und aufgewühlt hatten und von den Einsichten die mir daraus erwachsen waren.

Und dann konnte ich mich nicht mehr halten. Ich mußte ihn fragen!

»Bitte sage mir – wie bist du mitten in der Nacht hierhergekommen? Ich dachte, du seist bei einem deiner Schüler . . .«

»Komm, setz dich zu mir«, forderte er mich auf. »Es stimmt, daß ich bei einem meiner Schüler bin«, sagte er dann. »Er ist allerdings inzwischen kein Schüler mehr, sondern selbst ein Meister geworden. Ich bin nur kurz bei dir zu Besuch und kehre noch heute Nacht zu ihm zurück.«

Ich war drauf und dran, Einwände zu erheben, wollte ihn bitten, doch wenigstens die Nacht hier zu verbringen, aber er bedeutete mir mit einer Handbewegung, daß Worte überflüssig waren. Wie immer waren seine Entschlüsse klar und unwiderruflich.

»Um zu verstehen, wie ich hierhergekommen bin, mußt du das, was du Materie nennst, neu kennenlernen. Aus dem, was du durch deine Sinne wahrnimmst, entsteht der Eindruck des Dichten,

Trägen, das was du als Materie interpretierst. In Wirklichkeit liest und interpretierst du aber nichts anderes als verschiedene Frequenzen, die so ihre spezifische Qualität erhalten. Die Frequenzen an sich haben keine Ursache. Die Identifikation der Sinne mit dieser dichten, niederen Vibration hat im Menschen zu einem verzerrten Bild der Wirklichkeit geführt. Der feinstoffliche Ätherleib der Erde leidet unter dem Gewicht der Unwissenheit und der Mißverständnisse ihrer Menschenkinder. Es hemmt die zur Erlösung drängende Entwicklung des Planetengeistes, die Vergeistigungsprozesse, die im höheren Gesetz vorgesehen sind.

Ihr ganzes Werden in diesem verzerrten Weltbild hat die Menschen an eine lange Vergangenheit gekettet. Der Großteil der Menschheit lebt und schöpft ausschließlich aus Vergangenem und gestaltet daraus seine Zukunft. Damit bleibt sie in immer demselben Kreislauf gefangen.

In der aus diesen Mißverständnissen entstehenden Zerrissenheit und Lieblosigkeit kann das höhere Gesetz weder erkannt noch angewandt werden.

Die reine unbegrenzte Liebe, verbunden mit der unbegrenzten schöpferischen Macht des göttlichen Willens öffnet grenzüberschreitende Möglichkeiten für die Erde. Wenn die Bedingungen der menschlichen Begrenztheit vollkommen überwunden sind, ist auch die gegenständliche Welt mit ihren Grenzen und Widerständen aufgelöst und überwunden.

Das reine Herz ist leer. Es begehrt nicht und besitzt nicht, denn es gibt nichts, was es nicht wäre.

Das Herz ist Licht, der Leib ist Licht. Licht ist unbegrenzt. Licht durchdringt alles und reist mit großer Geschwindigkeit.

Die Bedingungen, nach denen du dein Leben gestaltest, liegen in dir selbst. Aus dir entsteht Böses und das Beenden des Bösen. Aus dir entsteht Gutes und der Schlüssel zur Güte. In dir entsteht durch Mißverständnis Gefangenschaft, in dir entsteht das Beenden der Mißverständnisse und der Gefangenschaft. Aus dir selbst entsteht die vollkommene Erlösung, denn du bist die vollkommene Erlösung selbst!

Du schaffst dir deine eigenen Grenzen und Begrenzungen, aus dir entsteht das Grenzenlose.

Durch die erlösenden Erfahrungen, die du machst, ist eine neue Orientierung und dadurch eine neue Lebenshaltung in dir entstanden, die mit deiner bisherigen Einstellung nichts mehr gemeinsam hat. Habe Mut, neue Gedanken zu denken. Laß dich durch deine neuen Lebenserfahrungen beflügeln und in die Tiefen des göttlichen Universums hineintragen.

In der göttlichen Welt herrscht eine vollkommene Ordnung, darum ist es wichtig, daß du aufhörst, in deinem Leben Unordnung zu schaffen. Die Unordnung entsteht aus dir selbst, du bist für sie verantwortlich, wie du nun gesehen hast.

Danke für den Tee«, sagte er unvermittelt. »Ich gehe jetzt. In ein paar Wochen sehen wir uns im Kloster wieder, dann wollen wir zusammen diesen Pilgerort besuchen, von dem ich dir erzählte. Begleitest du mich zur Tür?«

Ich war seinen Worten mit ungeteilter Achtsamkeit gefolgt. Sie hatten mich in einen tief meditativen Zustand versetzt. Es dauerte ein paar Augenblicke, bis ich ganz realisiert hatte, daß er gehen wollte.

»Begleitest du mich zur Tür?« fragte er nochmals. Auf meine Frage, wie er hierhergekommen war, hatte er mir nicht eigentlich mit einer Erklärung geantwortet. Vermutlich war ich auch gar nicht imstande, die Lösung des Rätsels zu diesem Zeitpunkt vollumfänglich zu verstehen. Der Meister hielt mich fortwährend zu Selbstverantwortung und Selbsterfahrung an.

Endlich stand ich auf, um ihn zur Tür zu geleiten. Vielleicht würde ich ihn wenigstens bei seiner mysteriösen Abreise beobachten können? Eine leise Hoffnung pochte in mir. Kaum hatte ich die Tür aufgemacht, schritt der Meister in die Dunkelheit hinaus. Und staunend gewahrte ich, daß ein intensives Licht von ihm ausstrahlte. »Dieses göttliche Licht segnet die ganze Umgebung, ja den gesamten Weltenraum,« erkannte ich in einer tiefen unmittelbaren Erfahrung.

»Ich gehe jetzt. Bis bald!« Er hatte sich noch einmal kurz umgedreht und winkte mir zu. Dann steigerte sich die Intensität des Lichtes augenblicklich so stark, daß ich die körperliche Form in dem Lichtfeld nicht mehr wahrnehmen konnte. Plötzlich war das Licht verschwunden und vom Meister war nichts mehr zu sehen.

Staunend stand ich da und starrte in die dunkle Nacht hinein. Irgendwie hatte ich mir den Abschied so vorgestellt, aber mit eigenen Augen zu sehen, wie der Meister durch ein unsichtbares Lichttor entschwand, war ein überwältigendes Erlebnis.

Einmal mehr war mein Vorstellungsvermögen überfordert. Wie war ein solcher Vorgang möglich, was ging da ganz konkret vor sich? Einmal mehr blieb meinen Gedanken nur der Bereich der Spekulation.

Als ich wieder auf meinem Lager lag, begann ich mir auszumalen, was ich alles unternehmen könnte, wenn ich diesen Verwirklichungsgrad erreicht hätte. Welche Möglichkeiten taten sich da auf, wenn man sich so im Unsichtbaren von einem Ort zum anderen bewegen konnte!

Ein ganzes Feuerwerk seltsamer Ideen entfaltete sich in mir, das mich auch bald einmal nachdenklich stimmte. All diesen Wünschen und Vorstellungen haftete ein Hauch von Machtgelüsten an. Sie waren egozentrisch und überaus oberflächlich, das konnte mir nicht verborgen bleiben.

Und genau da entstand auch die in mir selbst angelegte und belebte Begrenzung! Mit diesen Wünschen und Hoffnungen erschuf ich eine ganze Menge von Grauzonen, von Verfälschungen und Verfärbungen des reinen Lichts. Nur das endgültige Erlöschen dessen, was diese Grauzonen in mir hervorbrachte, würde es dem reinen Licht erlauben, sich vollkommen zu offenbaren.

Schließlich ließ mich der Schlaf in die Traumwelt hinüber gleiten, eine Welt mit eigenen Gesetzmäßigkeiten, die nicht wirklicher aber auch nicht unwirklicher war als die Wachwelt. Ich begegnete Menschen aus zahlreichen verschiedenen Kulturen darin. Wir saßen auf einer Wiese in der Nähe eines Waldes und hörten einem mächtigen Wesen zu, das barfuß auf einem Felsen stand. Seine Lippen bewegten sich, doch war kein einziger Ton zu hören. Aber die Bewegung seiner Lippen besaß allein schon die Kraft, die Weltenmeere zu bewegen. Jedes Atom wurde vom Strom seiner gewaltigen Lichtstrahlung mitgerissen und in eine unbekannte höhere Dimension versetzt.

Plötzlich vernahm ich Worte, von denen ich nicht wußte, ob sie vor allem für mich bestimmt oder an alle gerichtet waren.

»Je weiter du auf dem befreienden Weg voranschreitest, desto mehr mußt du auf Fallstricke gefaßt sein. Immer subtilere Täuschungen lauern dir, immer leichter kannst du auf Irrwege geraten. Aber dein Weg ist aus dem Feuer des Herzens entstanden. Je mehr du wagst, desto mehr wirst du verwirklichen. Und je mehr du dich fürchtest, desto mehr wird das Feuer in deinem Herzen ersticken und das wegweisende Licht verblassen. Dieses Feuer allein kann dich führen. Wenn sein Licht verblaßt, steigen drohende Todesschatten auf und ersticken die Flamme. Wenn nicht alle selbstbezogenen, eigennützigen Gedanken aus dir gewichen sind, kann das Licht der Seele den Todesengel nicht besiegen. Gib die Identifikation mit dem vergänglichen Gehäuse auf! Entziehe den Ursachen der Schatten alle Kraft, bis sie vollkommen getilgt sind.

Ist das Herz einmal rein und schattenlos und der Kampf zwischen dem Höheren und dem Niederen beendet, dann hat sich der Kampfplatz in Nichts aufgelöst. Doch das ist nicht das Ende des Feuerweges, sondern erst der Beginn. Sei achtsam, wach, verschließe deine Augen nicht. Der Urquell aller Dinge ist ohne Anfang. Alles ist ohne Anfang, ewig Eins.«

Am Morgen erwachte ich frisch und gestärkt. Am Horizont kündigte ein zartes Morgenrot den neuen Tag an. Die Worte des mächtigen Wesens waren mit mir aus der Traumwelt in den Tag herübergekommen. Die rätselhafte, unsichtbare Grenze zwischen Wach- und Traumzustand hatte nicht die Macht gehabt, sie aus meinem Bewußtsein zu löschen.

Wer war dieses Wesen, dem ich in der Traumwelt begegnet war? Es war kein gewöhnlicher Traum gewesen, ich hatte alles völlig wach erlebt, obwohl ich geschlafen hatte. Ich spürte ein großes Verlangen, dem mächtigen Wesen noch einmal zu begegnen, aber es stand ganz bestimmt nicht in meiner Macht, eine solche Begegnung herbeizuführen.

Ich war vor die Hütte hinausgetreten und zu der Stelle gegangen, wo der Meister letzte Nacht durch das blendende Lichttor entschwunden war. Ich schloß die Augen, in der Hoffnung diese unsichtbare Pforte erfühlen oder gar sehen zu können, aber ich mochte mich anstrengen, wie ich wollte, ich fühlte und sah nichts.

Die wachsende Helle des Morgenhimmels ließ erkennen, daß der Sonnenaufgang bevorstand. Es war empfindlich kühl. Ich begann meinen vor Kälte steifen Körper mit verschiedenen Yogaübungen geschmeidig zu machen, die mir der Meister noch in der Höhle gezeigt hatte. Dabei atmete ich regelmäßig und tief. Der Meister hatte mich eine besondere Atemtechnik gelehrt, mit der man das Sonnenprana aus der Luft aufnehmen und diese Kraft bewußt durch die zweiundsiebzigtausend Nadis, durch das Nervensystem und alle Organe fließen lassen konnte, um sie so mit erhöhter Vitalkraft aufzuladen. Das war für die körperliche Gesundheit eine große Wohltat.

Als ich die Übungen beendet hatte, legte ich mich nackt ins eiskalte Wasser des Baches.

»Vergiß nicht zu atmen!« hatte mir der Meister damals im eisigen Bergsee zugerufen. Damals wußte ich noch nicht, was er damit meinte. Jetzt wandte ich die erlernte Atemtechnik an und lag eine halbe Stunde im Wasser, ohne daß mich die Eiseskälte berühren konnte. Dann ließ ich den frischen Morgenwind meinen Körper trockenblasen. Ich fühlte mich gut gestärkt und frei.

Im Laufe des Morgens ging ich das erste Mal weiter von der Hütte weg. Es drängte mich, die Umgebung besser kennenzulernen. Ich kletterte Felswänden entlang, legte da und dort ein paar dürre Holzstücke aufeinander, die ich auf dem Rückweg mit nach Hause nehmen wollte.

In einem Talkessel traf ich ganz unerwartet auf einen Hirten, der eine kleine Ziegenherde hütete. Die Tiere zupften gemächlich das spärliche Gras. Ich machte mich laut bemerkbar, ich wollte den Hirten nicht erschrecken. Als er mich sah, winkte er mich erfreut zu sich heran.

Als erstes fiel mir seine Brille auf. Das Gestell war auf beiden Seiten mit Klebeband geflickt, und das linke Glas war gespalten. Unter einer farbigen Strickmütze lugten zwei straff geflochtene, dünne Haarzöpfe hervor. Kaum hatte ich mich zu ihm gesetzt, griff er nach einer alten, unzählige Male geflickten Stofftasche, packte seine kargen Eßvorräte aus und breitete sie vor mir aus. Er war erstaunt und hocherfreut, einen Gast aus einem fernen Land bei sich zu haben.

Wir saßen still nebeneinander und schauten den weidenden Tieren zu. Wir hatten schon ein paar Stunden zusammen verbracht und uns über dies und jenes unterhalten. In dieser ganzen Zeit hatte er keine einzige Frage über meine Herkunft gestellt. Er hatte nicht herauszufinden versucht, weshalb ich hier im Lande und wie ich allein in dieses abgeschiedene Tal gekommen war. Er schien völlig frei zu sein von Neugier und gierigem Interesse.

Sein Verhalten machte es mir unmöglich, ihm auch nur eine einzige Frage über seine Herkunft zu stellen. Ohne daß er sich dessen wohl bewußt war, erteilte er mir eine außerordentlich tiefe Lektion. Seine Einfachheit und schlichte Freundlichkeit ergriffen mich zutiefst.

Während wir in diesem ungezwungenen Schweigen nebeneinander saßen, versank ich in einen eigenartigen meditativen Zustand, in dem weder der Wissende noch das Gewußte einen Platz hatten. Die Kraft der Stille, das unbegrenzte Nicht-Sein allein war die Substanz dieses unendlichen Zustands. Unendlichkeit, Ewigkeit selbst waren nur schattenhafte Wörter in dieser gewaltigen Wirklichkeit. Die gestaltlose Befreiung zeigte mir ihre unendliche

Tiefe. Ein Strom der Liebe überflutete und umfing mich, versetzte mich in Verzückung und tiefen Frieden. Es war das erste Mal, daß ich mich bewußt im Zustand des vollkommenen Gleichgewichts mit aller Existenz erfuhr.

Irgendwie, irgendwann kehrte mein Körperbewußtsein zurück, das ich auf einmal überwunden hatte, ohne es zu merken. Der Hirte war dabei, die einzige Kuh zu melken, die er besaß, und sprach ihr mit sanfter, ruhiger Stimme zu:

»Entschuldige, Mutter, daß ich dir ein wenig von deiner Milch wegnehme, die für dein Kälbchen bestimmt ist.« Das Kälbchen stand daneben und schaute den Hirten mit großen Augen an. Er sprach weiter zu der Kuh: »Gefällt dir dieser Ort, an den ich dich geführt habe, Mutter? Schau, du kannst dich satt essen hier. Bald werden wir weitergehen.«

Dann kam er mit einer kleinen Schale warmer Milch zu mir herüber: »Trink, die Milch wird dir gut tun!« Dankend trank ich und fragte mich, ob ihm wohl aufgefallen war, daß ich mich in einem körperlosen Zustand befunden hatte. Er saß neben mir und kaute an einem trockenen Stück Brot. Seine ruhige Ausgeglichenheit faszinierte mich immer mehr.

Von unserem kleinen Feuer war nur noch die Glut übriggeblieben. Gedankenversunken betrachtete der Hirte die kalte Asche rundum. Seine kleinen wachen Augen suchten die meinen, dann sagte er fröhlich:

»Buddha sagt uns: Solange wir nicht erloschen und kalt geworden sind wie diese Asche hier, bleiben wir im Zyklus der Wiedergeburten stecken.

Deshalb sollten wir uns bemühen alle Wünsche abzulegen, denn sie halten das Feuer am brennen.

Alles zu geben bewirkt, daß man sich selbst vergißt und nicht allzu wichtig nimmt. Es wird wohl noch lange dauern, bis ich frei bin, aber ich habe noch eine Ewigkeit Zeit.«

Es schüttelte ihn vor Lachen über das paradoxe Wortspiel, das ihm eingefallen war. Ich hatte es verstanden und lachte herzhaft mit.

In dieser mächtigen Bergwelt fernab von jeglicher Zivilisation veränderte sich mein Leben. Eigentlich begann ich erst jetzt zu erahnen, was Leben an sich war und wie von allen Menschen die Todesschatten erzeugt wurden. Die Begegnung mit den Menschen hier hatte mich wie vor einen großen, klaren Spiegel gestellt, in dem ich mich selbst neu entdecken konnte. Was ich zu sehen bekam, gefiel mir nicht besonders. Mein selbstsüchtiges Verhalten, mein Anhaften und Festgeklammertsein an der materiellen Welt kamen zum Vorschein, und ich mußte mich damit auseinandersetzen. Die perfide Subtilität meiner Eigeninteressen und das Spiel der manipulativen, strategischen Kräfteverhältnisse, dem ich unterworfen war, überraschten mich immer wieder.

Es hatte sich jedoch eine spürbare Veränderung in mir vollzogen. Ich agierte und reagierte nicht mehr wie früher, ich war gelöster, ungezwungener, unbeschwerter und klarer.

Wie wird das sein, wenn ich wieder Zuhause bin? Dieser Gedanke, der ganz von selbst aufgetaucht war, erschreckte mich zutiefst. Diese Bergwelt, die einfachen und tiefsinnigen Menschen waren mein Zuhause geworden, doch der Tag würde unweigerlich kommen, an dem ich diese einst fremde und jetzt so vertraute Welt wieder verlassen mußte. Das wußte ich genau.

Die Schatten waren länger geworden, sie waren die Vorboten der Nacht. Ohne es zu merken hatte ich den ganzen Tag hier verbracht. Selbst wenn ich mich beeilte, konnte ich die Hütte unmöglich vor Einbruch der Dunkelheit erreichen.

Der Hirte war erfreut, als ich ihm eröffnete, daß ich die Nacht bei ihm verbringen würde. Er führte mich in der Nähe in einen kleinen Unterschlupf, dessen Boden mit einer dünnen Schicht Stroh bedeckt war. Dann reichte er mir zwei alte, staubige Decken, in die ich mich einhüllen konnte.

Die Nacht war kalt. Ein bissiger Wind pfiff durch die Ritzen. Mich fror, aber es gab keine Möglichkeit, mich zu wärmen. Mein ganzer Körper fühlte sich klamm an und gab mir das Gefühl, krank zu werden. Der Hirte hatte sich hingelegt und war sogleich eingeschlafen.

Ich haderte mit mir selbst. Warum hatte ich mich nicht früher auf den Weg zur Hütte gemacht? Immer deutlicher hatte ich das Gefühl, daß sich ein schleichendes Fieber in meinem Körper ausbreitete. Ob und wie lange ich geschlafen hatte, wußte ich nicht. Plötzlich war es Tag geworden, ich schlug die Augen auf, der Hirte stand vor mir und begrüßte mich.

Als ich aufstand, fühlte ich mich schwach auf den Beinen. Ich folgte dem Hirten vor die Hütte hinaus, wo er Buttertee zubereitete. Auf meine Bemerkung, daß ich hohes Fieber haben müsse, sagte er nur: »Das geht vorbei.« Damit war dieses Thema für ihn abgeschlossen.

Nachdem ich das warme Getränk zu mir genommen und eine Kleinigkeit gegessen hatte, fühlte ich mich etwas besser. Der Hirte war bei seinen Tieren und sprach mit ruhiger und freundlicher Stimme mit ihnen. Er streichelte ihnen die Köpfe, tätschelte ihnen die Hälse, es herrschte ganz offensichtlich eine große Vertrautheit zwischen ihm und seinen Tieren, es entstand ein Dialog, eine Art Kommunikation, die ich nicht verstehen konnte.

Endlich sandte die Sonne ihre wärmenden Strahlen ins Tal. Ich nahm Abschied vom Hirten und machte mich auf den Rückweg. Meine Glieder schmerzten, ich schleppte mich mühsam voran.

Ich hatte mir auf dem Hinweg mehrere Anhaltspunkte eingeprägt, so daß ich den Rückweg mühelos finden konnte. Als ich nach einem mehrstündigen Marsch die Hütte erreichte, war ich so matt und erschöpft, daß ich mich gleich auf mein Lager fallen ließ und sofort einschlief.

Die Sonne stand bereits nah am Horizont der Berge, als ich die Augen wieder aufschlug. Ich hatte den ganzen Tag geschlafen. Aber ich fühlte mich besser und beschloß, mich noch eine Weile unter den Baum zu setzen, um mich innerlich zu sammeln. Ich dachte an die Begegnung mit dem Hirten und an seine einfachen tiefen Worte zurück. Nach einer Weile besänftigte sich der Gedankenstrom, eine tiefe genesende Stille kehrte in mich ein. Ich ruhte im allumfassenden Weltall. Aus unergründlichen Tiefen stiegen plötzlich Worte auf und formten sich von selbst zu einem Gebet. Ich lauschte in diese unendliche Tiefe in mir hinein.

»Alle Dinge sollst du in dir tragen, so daß sich alle Dinge ändern können. Erfülle alles mit meinem Glanz und meiner Liebeskraft, begegne allem mit deiner losgelösten, reinen, im Licht verwandelten Seele und erhebe so alles in meine unermeßlichen Höhen. Durch die Flammen deines Denkens wirst du die Wirbel der Atome neu ordnen. Schau in den geheimen Spiegel des Geistes, der die Natur erschafft, und finde zum Kern meines ewigen Lichtherzens, aus dem alles strahlt und widerstrahlt.«

Ich sog diese Botschaft, die aus mir selbst entstanden war, tief in mich auf. Kein Wort dieser Eingebung wollte ich vergessen oder verlieren.

Das schwarze Tuch der Nacht hatte sich über die Gegend gebreitet. Ich legte mich hin, konnte aber nicht schlafen. Unruhig wälzte ich mich hin und her. Mich drängte es, ins Kloster zurückzukehren und meine Freunde zu treffen.

In den nächsten Tagen stellte ich Verschiedenes an der Hütte wieder instand und sammelte Brennholz. Es war mir wichtig, die Hütte so zu verlassen wie ich sie angetroffen hatte. Welcher Mönch wird sich wohl hier als nächster in die Einsamkeit zurückziehen?

Immer wieder stand ich an der Stelle, an der sich der Meister im unsichtbaren Lichttor von mir verabschiedet hatte. Dieser kleine Fleck Erde hatte für mich eine besondere, heilige Bedeutung.

Ich empfand den Wunsch, diese Stelle zu schmücken. In der Umgebung suchte ich schöne Steine, die ich im Bach wusch. Als ich genug gesammelt hatte, fragte ich mich, was für ein Symbol ich damit auslegen wollte. Lange saß ich mit geschlossenen Augen unter dem Baum und wartete auf ein Zeichen, auf eine Eingebung. Was immer sich zeigen mochte, sollte nicht aus meinem Denken hervorgehen, es mußte jenseits des Denkens entstanden sein.

Immer wieder stand ich auf, bewegte mich und trank frisches Wasser aus dem Bach. Tief sog ich die klare Luft ein. Nach Langem offenbarte sich ein Kreis und darin erschienen zwei weitere kleinere Kreise. Intuitiv wußte ich, daß dieses Bild das richtige war. Ich machte mich sogleich an die Arbeit.

Während ich sorgfältig den ersten Kreis auslegte, stiegen wieder Worte aus den inneren Tiefen des Geistes in mir empor: »Wenn du die Wahrheit erkennen willst, dann schau durch den Spiegel. Der erste Kreis ist das Äußere, das Dichte, das Verkörperte.«

Still arbeitete ich weiter. Als ich den zweiten Kreis auslegte, traten die folgenden Worte in mein Bewußtsein: »Der zweite Kreis ist der perfekte Spiegel des ersten im Unsichtbaren«, und als ich den dritten Kreis auslegte, sprach die Stimme: »Dieser dritte Kreis hat die beiden ersten überwunden. Er ist offen, unsichtbar für das Sichtbare wie für das Unsichtbare. Dieser innerste Kreis ist offen! Es ist die Sphäre der Entstiegenen. Die ersten beiden Kreise sind unmittelbar miteinander verknüpft, der dritte ist das Unverknüpfte, das Unverknüpfbare.«

Ein unerwartetes, sonderbares Empfinden vibrierte in mir. Ich hatte etwas verstanden, konnte es aber in seiner umfassenden Tiefe nicht vollkommen erkennen. Das irritierte mich.

Ich setzte mich wieder unter den Baum und ging in die Stille. Keine störenden Gedanken kamen hoch. Mein Geist war ruhig. Ich war im Einklang mit dem großen Gleichgewicht. Da wurde mir klar, daß ich intuitiv ein Mandala ausgelegt hatte, das den göttlichen, befreiten, allgegenwärtigen Menschen darstellte.

Und auf einmal wurde mir blitzartig die höhere Entsprechung dieser drei Kreise klar. Ich erkannte, wie der Mensch in den zwei Sphären von Diesseits und Jenseits gefangen war und durch Überwindung der beiden zum Gottmenschen wurde. So wie der Planetengeist der Erde zur Sonne wurde und die Sonne mit dem göttlichen kosmischen Feuer vereint. Der Mensch, der die beiden ersten Kreise überwunden hatte, war vollkommen Eins mit den hohen Enfaltungsprozessen im Unbegrenzten.

»Das gesamte Bewußtsein dieses Kosmos, in dem sich das Menschsein offenbarte, mußte gereinigt, geklärt und vergeistigt werden. Nur der Mensch allein konnte dieses göttliche Werk vollbringen, denn jeder ist Schöpfer und Schöpfung seiner selbst, das hatte mir der Meister klar gezeigt und vorgelebt. Wenn die Menschheit die ganze Tiefe ihres Daseins realisierte, dann gäbe es die Welt, so wie wir sie jetzt kennen, überhaupt nicht mehr. Die gesamte Schöpfung hätte einen Quantensprung vollzogen und wäre aus Begrenztem ins Unbegrenzte übergegangen«, sinnierte ich. Aber sogleich fiel mir ein Wort des Meisters ein, das diese edlen Gedankengänge relativierte: »Schöpfer und Schöpfung gibt es nur in der Sphäre des Vorstellbaren, da, wo sich Ursache und Wirkung die Hand reichen. In der letzten Wirklichkeit gibt es keines von beiden. Einheit ist weder eine Ursache noch Wirkung, sonst ist sie keine Einheit.«

Seine liebevolle Kompromißlosigkeit war unantastbar.

Mein Leben bekam damit einen immer tieferen Sinn, ein tieferes Verständnis, er erschloß mir immer neue Perspektiven für die Daseinsformen.

Ich nahm mir vor, am nächsten Morgen aufzubrechen und ins Kloster zurückzukehren. Ich hatte das Gefühl, daß der Meister auch bald dort sein würde. Lange saß ich still unter dem großen Baum und betrachtete die schattenhafte Umgebung im Silberglanz des Mondlichts. Ich kannte ihre Umrisse schon so gut, daß ich mit geschlossenen Augen die ganze Landschaft im Geist vor mir sah.

Wie unverrückbare kosmische Diagramme, wie silberne Paläste standen die Bergriesen da.

»Wundersam und erhaben ist das Gesicht des Erdplaneten, wundersam die Mondkugel, die in genauer Bahn die Erde umkreist, die Meere hebt und senkt«, durchzuckte es mich. Ergriffen lauschte ich in die stille Nacht hinein, wissend, daß ich ein Teil dieser Bewegung war, mitvibrierend seit unvordenklichen Zeiten.

Mein Herz rief nach Gott und lud ihn ein, vollumfänglich in der Menschenwelt zu leben. In der hastigen strukturierten Welt aus der ich kam, in dieser Gefangenschaft des zeitlich Begrenzten, hatte

Gott keinen Platz gehabt. Der beklagenswerte, abgestumpfte und sinnlose Zustand, der die Menschheit von Tod zu Tod hasten ließ, wurde mir schmerzhaft bewußt. Jetzt wo sich mein inneres Auge langsam zu öffnen begann, sah ich klar, wie ich allmählich aus diesem inneren schwarzen Zustand auftauchte und mich von ihm zu lösen begann. Ein starkes Mitgefühl für alles Leben brannte wie ein mächtiges Feuer in meinem Herzen.

Mir war inzwischen klar, daß die vollkommene Befreiung meines Wesens, das vollkommene Erlöschen und die Überwindung meines ganzen begrenzten Daseins die größte Hilfe für die Menschheit und den Planeten war.

Aber am Schluß mußte auch noch der Wunsch nach Selbstbefreiung und jeder Gedanke daran zu kalter Asche werden, da sonst das Ich-Konzept, die Idee von »Ich und meine Befreiung« bestehen blieb – und es war ja genau dieses Ich-Konzept, das durch die ihm innewohnende mentale Spaltung die Dualität, die Verdunkelung der Seele erschuf.

Ein starker Wind war aufgekommen. Der Himmel hatte sich mit einer dichten Wolkendecke überzogen, so daß ich bald von einer bleiernen Dunkelheit umgeben war. Rasch ging ich hinein, und hörte von der schützenden Hütte aus den heulenden Winden zu, die mit großer Kraft durch diese Bergwelt stürmten. Da ich am nächsten Morgen aufbrechen wollte, hoffte ich, daß der Sturm keinen Wetterumschlag ankündigte. Die Zeit der Einsamkeit hatte mir sehr gut getan. Vieles hatte sich geklärt, ich war bereit Neues aufzunehmen.

Tief und traumlos schlief ich die ganze Nacht durch. Vor Sonnenaufgang erwachte ich und fühlte mich frisch und ausgeruht.

Ein letztes Mal setzte ich mich unter den Baum und meditierte. Mein Bewußtsein war kristallklar und still. Diese Stille beinhaltete eine gewaltige Tiefe, eine außerordentliche Energie, die eine Dimension wahrnahm, in der es weder Zeit noch Denken gab. Diese Energie ist das Licht in der Dunkelheit, das weiße Licht, das alles Äußere, Vergängliche und Begrenzte auslöscht.

In diesem weißen Licht sah ich, daß meine ganze Vergangenheit und auch die der gesamten Menschheit in diesem Augenblick vollumfassend in mir, in meinem Bewußtsein und in jeder Zelle als lebendige Information gegenwärtig war. Und diese Gegenwart war auch die Zukunft, denn diese gegenwärtige Informationsfülle war in ständiger Bewegung. Ich versuchte meine Gegenwart zu verstehen, doch außer Unmengen von Worten und Begriffen aus der Vergangenheit, aus der ich unaufhörlich schöpfte und lebte, fand ich nichts.

Das Licht der Seele zeigte mir, wie das, was ich Leben nannte, von Augenblick zu Augenblick entstand und wie das so Entstandene den Strom des Todes bildete, den ich pflegte, nährte und belebte. Wenn ich über mein Leben nachdachte, bedeutete das nichts anderes, als daß ich über meine Vergangenheit nachdachte und versuchte, in ihr Pläne zu schmieden, die sich scheinbar in der Zukunft verwirklichen sollten.

Eine große Ernüchterung überkam mich. Meine

Gefangenschaft in dieser Welt des Todes und der Verwesung stand mir auf einmal wieder klar vor Augen, und dieses Bild riß mich auf den Boden der Wirklichkeit zurück. Meine guten Vorsätze und spirituellen Bemühungen brachen wie Kartenhäuser in sich zusammen. Was mich am meisten erschreckte, war die unglaubliche Lieblosigkeit und Arroganz, in der ich lebte, ohne daß mir das bis jetzt bewußt gewesen war.

Aber ich wußte, daß mir nichts anderes als die reine Liebe jetzt die Maske der Lieblosigkeit heruntergerissen hatte.

Ich stand auf, dankte dem Baum, unter dem ich so viele Einsichten erlangt hatte und machte mich auf den Weg. Etwas Tiefes, Unfaßbares hatte sich in mir verändert, aber ich wollte nicht darüber nachdenken, was es genau war, ich wollte das Gelöste gelöst sein lassen und es unter keinen Umständen durch etwas Anderes ersetzten oder es zu verstehen und als Erfahrung festzuhalten versuchen.

So stieg ich unbeschwert den steilen Weg hinab. Das Licht des wahren Seins schien meine Schritte zu lenken. »Entfernung, Zeit, Dualität, diese Kraft, die die zwei Welten bewegt und forterhält, existiert nur im Herzen des Blinden«, sprudelte es aus meinem Innersten empor. Mein Herz pochte laut, als wollte es diese Worte unauslöschlich in mein Blut einprägen.

Die Morgenröte färbte den Himmel, ein kühles Lüftchen begrüßte mich und das laute Rauschen des nahen Baches war mein ständiger Begleiter. Kleine Steine rollten unter meinen Füßen weg den Hang herunter, als wollten sie mit mir beim Abstieg um die Wette laufen. Ich war glücklich, einfach glücklich, grundlos glücklich.

Der feine Nebelschleier unten im Tal wurde von den wärmenden Sonnenstrahlen sachte aufgelöst. Immer wieder setzte ich mich und sog die Schönheit und die Kraft dieser unberührten Bergwelt in mich ein. Mein Körper hatte sich inzwischen an das rauhe Klima und die dünne Luft der Höhenregionen gewöhnt.

Am frühen Nachmittag erblickte ich weit unter mir das grüne Tal und den kleinen, tiefblauen See. Ich merkte, daß sich meine Schritte gleich beschleunigten, doch ich ermahnte mich selbst zu jener Gelassenheit, die ich beim Meister und bei Gaya so zu schätzen wußte. Jede Bewegung, jede Handlung, jedes Wort wurde ganz bewußt und mit großer Ruhe ausgeführt. Mir war jedoch klar, daß ich diese Gelassenheit nicht üben durfte, sonst tappte ich unweigerlich in die Falle der Nachahmung und kultivierte einen unechten Zustand. Bei Gaya und dem Meister war diese Ruhe, diese Gelassenheit und Ausgeglichenheit der Ausdruck ihres befreiten Zustandes.

Der Augenblick, als der Meister durch das unsichtbare Lichttor entschwand, kam mir in den Sinn, und die Erinnerung daran, versetzte mich in einen Zustand des Entzückens. Dieser Moment hatte in mir etwas Tiefes berührt und ausgelöst. Er hatte eine Urahnung geweckt, die bis jetzt in den tiefsten Schichten meines Wesens geschlummert hatte. Der Meister hatte mir nicht irgend ein Kunststück vorführen, noch mir etwas beweisen wollen, das wußte ich genau. Das, was er mich in diesem Moment hatte erleben lassen, hat meinen Verstand und mein sinnliches Auffassungsvermögen, alles was ich bisher rationell für möglich oder nicht möglich gehalten hatte, im Bruchteil einiger Augenblicke relativiert und zusammenbrechen lassen.

Dadurch wurde ich gezwungen, mein Leben oder das, was ich bisher mit all seinen Umständen dafür gehalten hatte, völlig neu zu betrachten. Mir wurde gezeigt, daß das Verstandesbewußtsein, das die materielle Welt mit ihrer hellen und dunklen Seite sah, erlebte und belebte und sich mit ihr identifizierte, eine sehr relative Ebene war. Auf dieser Ebene war relatives Wahrnehmen und Interpretieren der Maßstab der Wahrheit. Und dieses unheilvolle Mißverständnis war die Ursache für das Leiden in dieser Welt.

Bevor ich auf den Berg gegangen war, hatte der Abt mir und Gaya in einem Gespräch etwas sehr Wichtiges erklärt. »Die reine, intuitive Wahrnehmung ist nicht gebunden an das Konzept von Subjektivität und Objektivität und somit nicht mit dem relativen Verstandesbewußtsein verstrickt, das durch seine Sinnesinstrumente die materielle Welt sieht und erlebt und sich mit dem so Erlebten identifiziert.

So wie ich meine Kleider benutze um meinen Körper zu bedecken, so solltest du gleichsam das vergängliche Verstandesbewußtsein benutzen: als ein Instrument mit all seinen Inhalten. Identifiziere dich weder mit dem Verstandesbewußtsein noch mit seinen Inhalten. Sei frei, denn Freiheit ist der Zustand des Namenlosen.«

Immer wieder rief ich mir die mahnenden Worte in Erinnerung, die mich zu einer vollkommenen Achtsamkeit anhielten. Plötzlich war mein Leben so intensiv geworden! Manchmal war mir das alles fast zuviel, und ich sehnte mich nach einer langen Pause, wo ich von dem allem nichts mehr hören würde, aber inzwischen wußte ich auch, daß es diese Pause nicht mehr geben konnte, bis ich alle Grenzen und Begrenzungen restlos überwunden hatte.

Am frühen Nachmittag schritt ich durch das große Eingangsportal des Klosters auf das Hauptgebäude zu. Ich begegnete mehreren Mönchen, die mich kurz grüßten und fragte mich, ob sie meine Abwesenheit überhaupt bemerkt hatten. Durch die schmalen Gänge gelangte ich in das Zimmer, das mir der Abt zugewiesen hatte. Ich legte mich eine Weile hin, um mich vom Abstieg zu erholen. Später wollte ich nachsehen, ob ich Gaya und den Abt fand, um ihnen meine Rückkehr zu melden.

Unwillkürlich war ich eingeschlafen. Ein Klopfen an der Tür weckte mich. Eilig stand ich auf und machte auf. Im Flur standen der Abt und Gaya und hießen mich willkommen. Gaya hatte heißen Tee mitgebracht.

Der Abt erkundigte sich freundlich, ob mir der Aufenthalt gefallen habe und ob alles gut gegangen sei. Das verschmitzte Leuchten seiner Augen zeigte mir, daß er genau Bescheid wußte, auch ohne meinen Kommentar.

Wie immer fühlte ich mich in seiner Anwesenheit

geborgen und getragen. Sein Herz strahlte eine große Wärme aus. Sie war das Resultat einer lebenslangen hingebungsvollen Arbeit für alle Lebewesen, denen er unermüdlich den Weg vorlebte, der zur Glückseligkeit und endgültigen Befreiung führt. Doch diesmal nahm ich noch etwas Tieferes, Umfassenderes an seinem Wesen wahr, eine Sensibilität, die sich in Worten nicht ausdrücken ließ. Eine Sensibilität, die alle Grenzen auflöste und ein wunderbares stilles Leuchten offenbarte. Der Herrscher der Zeit hatte keine Gewalt mehr über ihn, er hatte ihn mit grenzenloser Liebe entkräftet und erlöst.

Bald einmal stand er auf und verabschiedete sich, er war wie immer sehr beschäftigt.

»Wie geht es dir, Gaya? Du hast mir gefehlt!« wandte ich mich an meine Gefährtin. Sie lachte kurz auf und sagte: »Nie bist du gekommen, nie bist du gegangen, aber es ist schön, daß du wieder da bist. Morgen kommt der Meister zurück, ich nehme an, daß wir in den nächsten Tagen weiterziehen werden. Er hat dir ja versprochen, dich zu diesem bekannten Pilgerort zu bringen. Es ist tatsächlich ein eindrücklicher Ort, ich war vor vielen Jahren einmal dort und denke, daß sich seither nicht viel verändert hat.«

Gaya führte mich in den Raum, wo sie das Mandala gemalt hatte. Sie wollte mir ihre Arbeit zeigen. Niemand außer uns war da. So setzten wir uns, und sie begann mir das Mandala zu erklären. Als erstes fiel mir der kleine goldene Buddha auf, der im perfekten Lotussitz außerhalb des äußersten Kreises oben in der Mitte des Bildes saß, dieses aber nicht berührte.

Vielschichtig und bunt war die Erscheinungswelt in den Bereichen der vier Himmelsrichtungen dargestellt, alles in den zweifachen Aspekten dieser Welt. Mit ruhiger Stimme erklärte mir Gaya alle Einzelheiten.

Plötzlich stand der alte hagere Mönch hinter uns und sagte mit leiser Stimme: »Der Mensch ist wie die Lotusblüte, die im sumpfigen Wasser geboren wird. Sie wächst im trüben Wasser heran, bis sie schließlich ihren reinen weißen Kelch über der Wasseroberfläche zur Blüte entfaltet. Da kann die schlammige Trübe sie nicht mehr beschmutzen. Genauso ist es mit dem befreienden Weg des Menschen.«

Er hatte Gaya bei ihrer Arbeit angeleitet und ihr bei jedem Aspekt, den sie malte die entsprechenden tiefen Einsichten vermittelt. Er räusperte sich leise und setzte sich zu uns, um Gayas Arbeit zu begutachten. Er war nicht ein Mensch der vielen Worte, doch seine konzentrierte Stille sagte alles, was es zu sagen gab.

Nach einem langen Schweigen erklärte er weiter. »Alles außer der reinen strahlenden Essenz ist vergänglich im Menschen. Das reine Licht im Inneren ist außen von einem trägen Fleischklumpen überdeckt. Der innere Lichtstrahl bewegt vorübergehend dieses Fleisch und weist ihm den Weg zum Tor des großen Gleichgewichts. Der Lichtleib ist nicht aus Fleisch und Blut und auch nicht aus den feinstofflichen Elementen dieser Natur zusammengesetzt. Er ist die Buddha-Natur selbst. Der Lichtleib beruhigt alle Stürme und hebt alles Ungleichgewicht auf.«

Eine unendliche Güte strahlte aus den Augen des alten Mönchs, unaufhörlich strömte dieses Ewige aus seinem Körper hervor, segnete und erhob uns. Seine Anwesenheit erfüllte die Atmosphäre mit dem zarten Duft der Stille und des Friedens. Er war leer von der illusorischen Welt – ein Nichts mit Körper, das nach seinem physischen Tod ein Nichts ohne Körper sein würde.

Vor meinem inneren Auge sah ich ihn unter dem Baum oben auf dem Berg vor der Hütte sitzend, nichts wollend, nichts nicht wollend. Er war unergründbar tief, ein unaufhörliches schöpferisches Erblühen. Er verkörperte die schlichte Einfachheit der ewigen Wahrheit. Keine Macht der Welt konnte diese Einfachheit angreifen oder zerstören.

Lange saßen wir still da. Mein Geist war ruhig, gelassen und außerordentlich empfänglich, nicht für Worte, sondern für diese reine, strahlende Kraft, die den Raum erfüllte. Ein junger Mönch, den ich hier auch schon beim Malen gesehen hatte, kam herein, trat leise zu seinem Lehrer hin und teilte ihm kurz etwas mit.

Der alte Mönch stand auf, nickte uns beiden kurz zu und verließ dann mit dem jungen Mönch das Arbeitszimmer. Ich wollte etwas sagen, aber eine feine Kraft zügelte meine Zunge.

Später verließen Gaya und ich gemeinsam das Kloster und schlugen den Weg zum See hinüber ein. Ich war wie benommen von der Schönheit und Kraft der Vegetation. Diese erhöhte Wahrnehmungsfähigkeit, diese zarte Empfindsamkeit für alles Leben war in der hohen Liebesradiation, die wir durch die Anwesenheit des alten Mönchs erfahren hatten, in mir wach geworden.

Gedanken bahnten sich den Weg in mein Bewußtsein: ich wollte diese Verkörperung, diesen hohen Ausdruck der Liebe die weder zu- noch abnimmt, verstehen. Diese leuchtende Kraft Gottes, die sich unaufhörlich verschenkt, alles erfüllt, alles erblühen läßt, diese all-mächtige, all-gegenwärtige Kraft, die unaufhörlich siegreich aus unserem Innersten in die ganze Welt hinausstrahlt, diese Unermeßlichkeit Gottes, Licht, Liebe und unermeßliche Schönheit, dieses nie erlöschende Feuer, das die universelle Weisheit aus allen erwachten Seelen ausstrahlt, in unvorstellbarer Herrlichkeit alles vergeistigend, alles verwandelnd, alles heiligend, diese Liebesstrahlung des universellen Lichtschatzes Gottes, in sie wollte ich vollumfänglich eintauchen und darin mein Ich ertrinken lassen.

Bei den Menschen in diesem Land hatte ich erlebt, daß es diese Lichtkraft war, welche die Seelen erweckt, die Menschheit verwandelt und zu ihrer wahren Bestimmung zurückführt. Gaya hatte gemerkt, daß ich in meinem Inneren tief bewegt war und blieb stehen. Ich hatte das klare Empfinden, unmittelbar in etwas Mächtiges eingedrungen zu sein, das Gefühl, daß sich eine heilige Quelle in mir geöffnet hatte.

Gaya sagte nichts. Sie schaute mir kurz in die Augen, ein mildes Lächeln huschte über ihr Gesicht. Ohne daß ich es gemerkt hatte, waren wir bei den Hütten am Ufer des Sees angelangt. Die Menschen, die hier wohnten, hatten sogleich erkannt, das wir aus dem Kloster kamen und luden uns zum Tee ein. Drei Generationen lebten in diesem Haus. Das jüngste Familienmitglied, ein kleines Mädchen, war erst fünf Wochen alt. Obwohl sie genug zu essen hatten, waren sie alle spindeldürr und hatten ausgemergelte Gesichter. Sie schienen die Spiegel dieser rauhen Bergwelt zu sein. Der Großvater, der in einer Ecke saß, war nur noch Haut und Knochen. Aus ihren Augen strahlte jedoch Freude und Freundlichkeit. Sie hatten ihre Arbeit unterbrochen, um uns zu begrüßen; nur der Großvater saß teilnahmslos da und starrte zum Fenster hinaus. Er wurde immer wieder von heftigen Hustenanfällen befallen, die ihm seine Kräfte raubten.

Nachdenklich betrachtete Gaya den alten Mann und fragte seine älteste Tochter, wie lange er denn schon so huste und warum er derart apathisch sei.

Als Gaya sein Krankheitsbild verstanden hatte, gingen wir zu viert auf die Wiesen und in den Garten hinaus, um bestimmte Kräuter und Blätter zu suchen. Nachdem wir gefunden hatten, was wir brauchten, legte Gaya unsere gesammelten Schätze in eine große Tonschüssel und weichte die Heilkräuter und Blätter in kaltem Wasser ein. Dann zerrieb sie diese sorgfältig, und sang dazu verschiedene Mantren, mit denen sie die Heilkraft der Pflanzen erhöhte und außerdem die pranische Lebenskraft hinzufügte, die aus ihren heilenden Händen ausstrahlte. Es entstand eine grünbraune Brühe, die drei Mal kurz aufgekocht und schließlich eine Stunde draußen an die Sonne gestellt wurde. Während dieser ganzen Zeit saß Gaya neben der Schüssel und sprach kein Wort. Die ganze Familie hatte sich ebenfalls vor dem Haus versammelt und schaute Gaya ehrfürchtig, verwundert und neugierig zu.

Niemand wagte aufzustehen oder zu sprechen. Es herrschte auf einmal eine feierliche Atmosphäre. Sogar die kleinen Kinder rannten nicht mehr ums Haus herum und hatten sich still zu ihren Eltern gesetzt. Nur die drei braunen Schweine suchten eifrig grunzend nach Küchenabfällen.

Mir kam es vor, als hätten alle schon vergessen, daß Gaya ein Medikament für den Großvater zubereitete. Sie genossen es einfach, daß es etwas nicht Alltägliches zu sehen und zu erleben gab.

Nach einer Stunde fachte Gaya draußen ein kleines Feuer an. Dem Urfeuer dankend, warf sie mit leichter Hand ein wenig Reis und Gee (ausgelassene Butter) sowie verschiedene Gewürze in die allesverzehrenden Flammen. Auch hier folgte sie einem klar strukturierten Ritual, das von den dazugehörigen Mantren begleitet war. Sie war ganz offensichtlich in die uralte vedische Heilkunst eingeweiht. Ich wußte, daß sie vieles vom Meister erfahren hatte, aber sie mußte irgendwo noch einen anderen Meister haben, der sie ganz speziell in diese Kunst des Heilens eingeweiht hatte. Davon hatte sie mir jedoch nie etwas erzählt.

Wir warteten geduldig, bis das Feuer wieder ganz erloschen war. Dann traten alle herbei, nahmen ein wenig von der kalten Asche auf und strichen sie auf ihre Stirnen. Gaya strich auch meine Stirn damit ein und danach ihre eigene. Die älteste Tochter der Familie füllte eine kleine Schale mit der übriggebliebenen Asche, dann gingen wir alle ins Haus hinein.

Das Sonnenlicht fiel durchs offene Fenster herein, Stäubchen tanzten in seiner Lichtbahn, und eines der kleinen Kinder bewegte sich spielend und verwundert im flimmernden Lichtkegel. Unter dem belustigten Blick der Älteren versuchte es mit seinen Patschhändchen das Licht einzufangen.

Der hechelnde, keuchende Husten des alten Mannes durchbrach die Stille. Nun strich ihm die Tochter etwas Asche auf die Stirn, und Gaya flößte ihm behutsam die bittere Flüssigkeit ein. Er verzog das Gesicht, während er langsam schluckte. Seine Tochter mußte ihm fortwährend zureden und erklären, daß dies eine Medizin für ihn sei, denn nach jedem Schluck weigerte er sich, weiterzutrinken.

Indessen dauerte es nicht lange, und er schlief ein. Sein Atem wurde ruhiger und die Hustenanfälle ließen nach.

Als wir wieder draußen saßen, begann Gaya auf die Bitten der Familie, zu ihnen über das ursprüngliche Leben zu sprechen. »Wir dürfen nie vergessen, daß wir von der heiligen Umwelt behütet sind«, sagte sie. »Jedes Ding in dieser Welt ist heilig, denn in jedem Ding wohnt die unbegrenzte Kraft des ewigen Geistes. Wir sind in Güte eingebettet, in reine ewige Liebe. Wir müssen wach sein für diese unendliche Liebe, gleich dem Meer, das auch nicht schläft.

Das zarte Fühlen, das wundersame Licht des Geistes ohne Anstrengung zu entdecken, das ist der Sinn unseres Lebens. Der blütenhafte Leib dieser vergänglichen Welt verwelkt, doch der darin wohnende zeitlose Geist ist unvergänglich, immerwährend. Die Welt des Herzens ist die Welt des Unendlichen, der unermeßlichen Schönheit der Dinge. Das Lächeln der Sonne und die Stille des Abends, alles ist eingebettet im ewig Einen.«

Nachdem Gaya gesprochen hatte saß sie lange regungslos da. Es war, als hätte das, was sie sagte, alle Welten durchwirkt und als hätte die ganze heilige Natur ihr gelauscht. Ihre Worte waren segensreiche Lichttropfen aus der Seelenwelt von jenseits der Grenzen alles Sichtbaren herübergekommen.

Ich war tief berührt von der Einfachheit und der Klarheit, mit der sie zu diesen Menschen gesprochen hatte. Sie fand immer den richtigen Ton, und dieser vibrierte heilend, klärend und reinigend durch alle Schichten des Menschseins.

Als wir uns anschickten, Abschied zu nehmen, rannte eines der kleinen Mädchen ins Haus und kam mit einem kleinen, rötlich schimmernden Stein wieder heraus, den es mit leuchtenden Augen Gaya entgegenstreckte. Stolz erklärte es, daß es den Stein selbst gefunden habe.

Wir gingen gemächlich am Seeufer entlang und blickten auf die vom Wind gekräuselte Wasserfläche hinaus. Lautlos zogen weiße Wolkenfelder über unseren Köpfen dahin, darüber strahlte ein tiefblauer Himmel. Gayas Worte strahlten wie eine Sonne in meine noch vernebelte Seele. Nie hatte ich die Natur mit diesen Augen gesehen. »Wir sind eingebettet in diese heilige Umwelt, alles ist heilig, ein Ausdruck des Allerheiligsten«, klang es in mir nach.

Genau so, wie sie die Natur geschildert hatte, nahm ich sie in diesen Augenblicken wahr. Es war eine von Denken, Zeit und Erinnerung freie Wahrnehmung, ein ungehemmtes Fließen, etwas, das sich in Worten nicht ausdrücken ließ.

Mein Bemühen, die Sorgen und Erwartungen, die ich in bezug auf die Erde gehabt hatte, all das zog lautlos an mir vorbei wie die weißen Wolken über mir. Ich verstand die Dinge nicht, ich war sie selbst! Ein Hochgefühl breitete sich in mir aus.

Gaya flüsterte mir zu: »Keine Freude ist Freude. Laß dich nie von Emotionen wegtragen, die ewige Stille ist ewig still.« Ihre Worte drangen wie Lichtstrahlen in mich ein und ich merkte, daß ich soeben versucht hatte, diesen zeitlosen Zustand in die Zeit herunterzuziehen und festzuhalten, um mich solange wie möglich an ihm zu ergötzen. Einmal mehr war ich der Versuchung erlegen, Ewiges im Zeitlichen festzuhalten, ohne mir dessen bewußt zu sein.

Am Schnittpunkt von Licht und Dunkelheit betraten wir das Kloster, und nachdem ich mich von Gaya verabschiedet hatte, zog ich mich in mein Zimmer zurück.

DAS GOLDAUGE

Nach langem kreisten meine Gedanken wieder einmal um das, was mich bewogen hatte, diese Reise anzutreten. Nachdenklich öffnete ich mein Notizbuch und überflog, was ich bisher geschrieben hatte. Es war nicht gerade viel! Es gab eine ganze Menge zu ergänzen und nachzutragen.

Aber wie konnte ich die Intensität, die Vielfalt und Vielschichtigkeit der Erfahrung zu Papier bringen, die mir in den letzten Monaten zuteil geworden war?

Bis tief in die Nacht hinein saß ich im flackernden Licht über meine Blätter gebeugt und ließ Ereignisse und Erfahrungen immer wieder vor meinem inneren Auge vorbeiziehen, um mir die tiefen Worte und Belehrungen in Erinnerung zu rufen, die in ihnen verborgen gewesen waren. Immer wieder stellte sich mir die Frage, ob ich die Botschaft auch wirklich richtig verstanden hatte oder ob mein begrenztes Auffassungsvermögen mir eine ganz bestimmte Interpretation aufzwang. Vielleicht hatte es alles nach seinem Gutdünken umgebogen und ich hatte mich mit einer oberflächlichen, subjektiven Erklärung zufriedengegeben?

Ich notierte mir verschiedene unklare Fragen, um entweder Gaya oder den Meister später um eine Erläuterung zu bitten. Und merkwürdigerweise zeigte sich mir ganz von selbst, welche Frage wem zu stellen war. Diese nochmalige konzentrierte Auseinandersetzung mit mir selbst half mir, noch tiefere Bereiche meines Innern zu erschließen. Plötzlich machte mir das Schreiben wieder Freude. Aus der unbegrenzten, anfangslosen inneren Welt quollen unwillkürlich klärende Antworten auf bestimmte Fragen empor.

Alte Maßstäbe und Vorstellungen lösten sich auf

und wurden durch keine neuen mehr ersetzt. Ich erkannte immer klarer, wie die Dinge sind und warum sie so sind, wie sie sind. Ich sah sie im Zusammenhang mit der natürlichen Ausströmung aus dem Unendlichen, Unbegreifbaren, Unaussprechbaren.

Inzwischen war die Nacht weit fortgeschritten. Ich setzte mich auf eine Matte vor's geschlossene Fenster und schaute zum Nachthimmel hinauf. Im Kloster war kein Ton zu hören. Die Mönche schliefen. Die friedvolle Atmosphäre dieses geläuterten Ortes breitete sich in der Stille aus. Draußen war es stockdunkel. In meinem Raum zauberte die kleine Öllampe unruhig tanzende Schatten an die Wand. Ab und zu trat draußen das fahle Gesicht des Mondes hinter den Wolken hervor, in dessen Schein für Augenblicke die dunklen Umrisse der Bergriesen sichtbar wurden.

»Wir sind in eine heilige Umwelt eingebettet. Alles ist heilig, alles ist der Ausdruck des Allerhöchsten.«

Immer wieder klang dieser Satz in mir nach, er besaß etwas Magisches für mich, das mich außerordentlich tief berührte. Die Sehnsucht nach den fernen unbegrenzten Ufern dieser Welt des Heiligen pochte immer lauter in meinem Herzen. Mein irdisches Menschenleben war nicht mehr als ein kurzes Augenzwinkern. Wie lächerlich, wie kindisch war ich in all den vergangenen Jahren unermüdlich materiellen, vergänglichen Werten nachgerannt, ganz hypnotisiert von Eigeninteressen!

Im Licht meiner Seele schien ich zu ahnen, was es hieß, wenn eines Tages alle niederen Kräfte überwunden waren und diese heilige Ruhe mein Wesen durchflutete.

Mir war, als sei ich eben erst eingeschlafen, als der Gong zur Morgenmeditation erklang. Der helle Ton drang in den hintersten Winkel des Klosters hinein. Ich streckte mich wie eine Katze, um den Schlaf aus meinen Gliedern zu verscheuchen. Im Gang eilten die Mönche bereits der Meditationshalle entgegen, nur der alte, hagere Mönch setzte gemächlich Schritt vor Schritt. Ich gesellte mich zu ihm. Der Schimmer eines Lächelns erhellte sein ebenmäßiges Gesicht. Es war selten, daß er in die Meditationshalle kam, er selbst war ganz und gar Meditation. Aus einem mir unbekannten Grund war er heute morgen jedoch dabei.

Es war noch finster draußen und im Innern des Hauses waren die Gänge kaum beleuchtet. Doch alle kannten die Stellen genau, wo die steinernen Stufen abgelaufen waren. In der großen Halle standen alle Fenster weit offen, es herrschte Eiseskälte. Tief atmete ich die schneidend kalte Morgenluft ein. Es waren heute ungewöhnlich viele Mönche hier versammelt. Es mußten welche aus einem anderen Kloster zu uns gestoßen sein. Auf dem Weg zur Hütte hinauf hatte mir der Mönch, der mich damals begleitete, schon erzählt, daß ab und zu Mönche auf der Durchreise für ein paar Tage hier Halt machten. Er selbst hatte mit einer solchen Gruppe auch schon verschiedene andere Klöster besucht. Auf der anderen Seite entdeckte ich mehrere, in lange Ockergewänder gekleidete Frauen mit kahl geschorenen Schädeln. Gaya hatte sich zu ihnen gesetzt.

Als alle saßen, trat der Abt ein und neben ihm der Meister, strahlend wie eine Sonne. Mein Herz jauchzte vor Freude. Am liebsten wäre ich aufgesprungen, um ihn zu begrüßen. Aber diese persönlichen Emotionen wurden von der tiefen, konzentrierten Stille, die jetzt herrschte, augenblicklich verschluckt.

Die Mönche begannen die Sutras zu singen, die kraftvollen Stimmen erzeugten eine starke Vibration im Raum und lösten seltsame Regungen in mir aus. Nach dem Gesang traten wir gemeinsam in die alles absorbierende meditative Stille ein. Es war ein natürliches Zurückfließen in den unbegrenzten Ozean des kristallklar weißen Lichts, das für die irdischen Sinne nicht wahrnehmbar ist.

Nachdem das Tageslicht die Nacht zurückgedrängt hatte, war die Morgenmeditation beendet. Ich schaute mich nach dem Meister um, doch er hatte die Halle bereits verlassen. Zu meiner Verwunderung hatte ich während der ganzen Zeit nicht gefroren, obwohl es im Raum sehr kalt war. Dennoch war ich froh, nicht im Hochwinter hier zu sein, wenn die Temperaturen weit unter null Grad sanken und draußen der Schnee meterhoch lag.

Ich zog mich bis zum Frühstück in mein Zimmer zurück. Tiefer Friede erfüllte mich. Es dauerte nicht lange, da klopfte es an die Tür. Das war der Meister, ohne Zweifel! Ich spürte seine starke Ausstrahlung durch die Türe hindurch. Erfreut öffnete ich und bat ihn herein. Wir setzten uns und ich drückte ihm lebhaft meine Wiedersehensfreude aus. Von ihm kam weder Freude noch Nicht-Freude. Er war wie immer ruhig ausgeglichen, erfrischend wie eine kühle Sommerbrise. Einen Augenblick stieg Enttäuschung in mir hoch, ich hatte auch bei ihm einen Ausdruck der Wiedersehensfreude erwartet. Aber er sagte kein Wort, und in diesem Schweigen zerbröckelte mein Ego mehr und mehr.

»Hast Du den Aufenthalt im Kloster als wertvoll für dich empfunden?« fragte er endlich. »Ja, sicher, er hat mir sehr viel gebracht!« antwortete ich. »Vieles ist mir klar geworden. Im Zusammensein mit dieser Mönchsgemeinschaft habe ich eine Lebensform kennengelernt, die mir bisher völlig fremd gewesen war. Das war für mich eine außerordentlich wertvolle Erfahrung.«

»Das ist gut. Morgen werden wir das Kloster verlassen. Ein paar Mönche werden uns ein Stück Weges begleiten, da sie zum gleichen Pilgerort unterwegs sind wie wir.«

Dann saßen wir lange still zusammen da. Ich betrachtete ihn genau, als er für eine Weile die Augen schloß. Einmal mehr hatte sich sein Aussehen verändert. Er sah jünger aus als zuvor, und strahlender denn je.

Die Fragen, die ich ihm stellen wollte, wirbelten mir durch den Kopf, ohne daß ich sie in Worte fassen konnte. Aber einmal mehr kam er mir zuvor. Er brauchte keine Worte, um zu wissen, was mich beschäftigte!

»Der Zustand der Wunschlosigkeit ist tatsächlich der Zustand der Befreiung. Und Befreiung ist nichts anderes als Befreiung von der Bindung an das Ego. Wenn du dich von der Fessel des Verlangens freimachst, erlangst du Befreiung. Die gesamte Schöpfung verschwindet wie Nebel unter der Sonne, wenn der ewige Seher, der Zeuge, sie lediglich als das Gesehene realisiert«, sagte er.

»Was geschieht denn mit dem Wissen?« fragte ich. »Das verschwindet auch«, sagte er lakonisch.

»Was ist dieser Seher, dieser Zeuge, kannst Du mir das erklären?« fragte ich weiter. »Wie sieht er diese Welt? Das verstehe ich nicht. Ich tappe im Dunkeln.« Der Meister horchte tief in sich hinein, er schien die richtigen Worte zu suchen, um mir meine Frage so zu beantworten, daß ich es verstehen konnte.

»Du sagst, du tappst im Dunkeln. Wenn du dich in einem dunklen Raum befindest, in den absolut kein Licht eindringt, stellst du fest, daß es dunkel ist. Aber die Dunkelheit selbst kann unmöglich die Dunkelheit sehen. Es gibt da also etwas Anderes in dir, das feststellt, daß es dunkel ist. Das ist der Seher, der Zeuge. Wenn er nicht jenseits der Dunkelheit wäre, könnte er nie feststellen, daß es dunkel ist.

Siehst du, hier sind zwei Wesenheiten: die Dunkelheit und derjenige, der die Dunkelheit sieht. Wie konntest du wissen, daß es dunkel ist? Erkenne: du bist nicht die gesehene Dunkelheit. Du bist der Zeuge, der Seher der Dunkelheit. Wenn du jetzt deine Augen schließt, wirst du genau das Gleiche feststellen.

Weisheit ist der Zeuge des Wissenden und seiner Erfahrungen. Deshalb lasse dich nicht von Täuschungen in eine verzerrte, verdunkelte Welt hinabziehen. Vergiß nie: du bist immer der Zeuge, der Seher, du bist nicht das, was deine Sinne in der Außenwelt sehen und erfahren. Mit deinen Sinnen denkst du über das Gesehene nach, du interpretierst das Gesehene und lebst nach dem, was du siehst und interpretierst. Der Seher ist die Sonne, das Gesehene ist der Nebel unter der Sonne. Nebel kommt und geht, vergiß das nie, vergiß keinen Augenblick deinen wahren, göttlichen Seinszustand. Vergiß dich nicht!« sagte er lachend und klopfte mir freundschaftlich auf die Schultern.

Der Gong rief uns zum Frühstück. Der Meister stand auf. »Komm! Gehen wir die Illusion füttern!« Er lachte laut und herzhaft und steckte mich damit an, daß es mich schüttelte. Wenn der Meister lachte, schien die ganze Schöpfung mitzulachen, so elektrisierend, so ansteckend kam es mir vor.

Bevor ich mich versah, stand er schon draußen im Gang, und ich mußte mich beeilen, um ihn einzuholen. Beim Frühstück herrschte eine ausgelassene Stimmung. Man hatte mehrere zusätzliche Tische in den Eßsaal gestellt. Daran hatten die Gäste Platz genommen. Vor dem Essen wurde eine Sutra rezitiert. Die Mönche aßen sehr bewußt, das fiel mir heute morgen zum erstenmal auf.

Nach dem Frühstück lud der Abt Gaya und mich ein, ihm in den Raum zu folgen, wo er die Gäste empfing. Der Meister wollte später nachkommen. Der Abt selbst schenkte uns dampfend heißen Tee ein und machte uns mit drei jungen Mönchen bekannt, die uns mit dem Einverständnis des Meisters begleiten würden. Sie nickten uns freundlich zu. Zwei von ihnen waren sehr zurückhaltend und sprachen kaum, während der jüngste quirlig und kommunikationsfreudig war. Es dauerte nicht lange, dann richtete der Abt eine Frage an ihn.

»Was sind die großen Hindernisse für den, der auf dem Weg der Befreiung ist, kannst Du mir das sagen?« Ich wartete gespannt auf die Antwort, denn das war auch für mich eine brennende Frage. Aber der Mönch ließ sich Zeit und schlürfte gemächlich seinen Tee.

Doch dann quoll es aus dem Innersten des Innersten hervor: »Es sind die vergangenen, die gegenwärtigen und die zukünftigen.« »Was ist ein Hindernis aus der Vergangenheit?« fragte der Abt weiter, und diesmal ließ die Antwort nicht auf sich warten: »Sich die Vergangenheit ins Gedächtnis zu rufen, sich ihrer zu erinnern und durch sie beeindruckt zu sein, das ist das Hindernis der Vergangenheit. Das Hindernis der Gegenwart ist vielfältiger«, fuhr der junge Mönch gleich fort. »Es besteht darin, sich vor allem auf oberflächliche intellektuelle Dinge zu besinnen, ihre Stumpfheit zu kultivieren, sie zu rechtfertigen und zu interpretieren. Das ist das Hindernis der Gegenwart. Das Hindernis der Zukunft ist, daß du dir Sorgen machst und Schwierigkeiten erwartest, noch bevor sie eingetroffen sind. Das schafft die Hindernisse der Zukunft.«

Der Abt nickte ihm freundlich zu, er war mit seinen Ausführungen zufrieden. Ich hatte schon lange festgestellt, wie sorgfältig man die jungen Mönche schulte. Ich war erstaunt, mit welcher Leichtigkeit und Klarheit er diese Fragen beantwortet hatte.

Gaya, die neben mir saß und zugehört hatte,

wandte sich an den jungen Mönch und sprach: »Du hast mit großer Weisheit gesprochen. Wenn du es erlaubst, möchte ich aber noch etwas hinzu fügen.« Der junge Mann lachte zustimmend. »Weisheit gehört niemandem«, sagte Gaya. »Es ist wichtig, daß wir unsere Erfahrungen und Einsichten miteinander teilen. Wichtig ist auch, daß wir unsere Sinne beherrschen und sie nicht vernichten. Wenn die alten Kräfte aus uns weichen, werden die Sinne dem reinen, geläuterten Willen untergeordnet und von ihm benutzt. Die Sinne müssen für den Zweck benutzt werden, für den sie bestimmt sind. Gestatte ihnen nicht, dich zu beherrschen, lasse dich nicht von der sinnlichen Welt verführen. Kontrolliere die Sinne, dann werden sie nach klaren befreienden Richtlinien arbeiten und damit ihre Bestimmung erfüllen. In diesen befreienden Richtlinien kann man klar erkennen, was das Herz weit macht, und was in ihm Unruhe erzeugt. Lebe in der Stille und lasse die Unruhe los. Die Ursache aller Unruhe ist der falsche Gebrauch der Sinne. Wache sorgsam über sie, und du wirst entdecken, daß sie dir helfen, alle Geheimnisse des Lebens zu entschleiern.«

Die Augen des Abtes leuchteten wie zwei Sonnen: »Gut gesprochen!« lobte er Gaya, und der junge Mönch legte zum Dank für die Belehrung kurz seine Hände aneinander. Die anderen beiden hatten sehr aufmerksam zugehört. Sie saßen still und regungslos da, ohne sich zum Gesagten zu äußern.

Gaya hatte ihren Satz noch kaum beendet, da betrat der Meister den Raum und setzte sich zu uns.

Der Abt reichte ihm eine Tasse Tee und wandte sich wieder an uns: »Wie ich vom Meister erfuhr, werdet ihr uns morgen verlassen. Aber wißt, daß hier immer euer Zuhause ist. Ihr seid hier willkommen wann immer ihr wollt und könnt solange bleiben wie ihr es wünscht.«

Die Einladung war ernst gemeint. Von der warmherzigen Freundlichkeit des Abtes berührt, fragte ich mich einen Augenblick, ob ich vielleicht hier im Kloster bleiben sollte. Aber bald wurde mir klar, daß mein irdischer Schicksalsweg mich nicht für immer hierhergeführt hatte. Vielleicht würde ich später einmal für längere Zeit zurückkehren, das konnte ich mir gut vorstellen.

Dankbar blickte ich dem Abt in die warmen Augen. Plötzlich leuchtete zwischen seinen beiden Augenbrauen ein goldenes Auge auf und im Augenblick, da ich es sah, spürte ich zwischen meinen Brauen, genau an derselben Stelle, ein feines Stechen und ein eigenartiges Pulsieren. Im nächsten Moment sah ich die leuchtende Aura, die ihn umgab und die Ausstrahlung aller Dinge. Gleichzeitig verstand ich den Vibrationsschlüssel der sichtbaren und unsichtbaren Objekte. Diese helle Wahrnehmung dauerte nicht lange, aber sie bewirkte eine grundlegende Veränderung in meiner Einstellung zu allen Dingen. Der Abt wandte sich mir zu und erklärte: »Es gibt nichts Festes. Alle Körper, deiner inbegriffen, sind energetische Traumkörper und substanzlos. Wahrheit ist jenseits des Traumes, Wahrheit ist jetzt.«

Der Meister lachte und sagte zu mir: »Das Ich hat

keinen Körper. Das Ich gebraucht den Verstand, den Intellekt und die Sinne als Instrumente, um sich in selbstorganisatorischer Art in dieser materiellen Scheinwelt zu entfalten. Seine subjektive Aktivität findet im Innern des Menschen statt und wird erst danach in der äußeren, materiellen Welt umgesetzt. So erschafft das Subjekt sich sein Objekt und das Objekt wirkt auf das Subjekt zurück. Und daraus entsteht das menschliche Empfinden, aus der Interpretation der eigenen Wirklichkeit. Das Ich ist die Plattform, auf der sich das subjektive Weltbild herausbildet und außen widerspiegelt.

Wenn der menschliche Verstand etwas scheinbar Äußeres analysiert, analysiert er tatsächlich sich selbst in seinem Innern. An den Verstand gekettet zu sein, ist der Tod der Intuition. Deshalb dürfen wir bei dieser tiefen Betrachtungsweise nie vergessen, daß das Ich keinen Körper besitzt und ihm keine objektive Wirklichkeit zukommt. Es kann sich nur in der zeitlich begrenzten, relativen Dimension entfalten und äußern. Und da es selbst vergänglich ist, geschieht seine Entfaltung und Äußerung in vergänglicher Form. Was sind wir eigentlich, wir die wir hier gemeinsam in diesem Raum sitzen?« fragte er verschmitzt.

Dem Abt gefiel diese letzte Frage so sehr, daß er in lautes Lachen ausbrach. Er strahlte übers ganze Gesicht.

Er wandte sich mir zu und sprach, »das Herz Sutra das wir täglich rezitieren schlüsselt das auf. Höre gut zu, die Form unterscheidet sich nicht von der Leere, die Leere unterscheidet sich nicht von der

Form. Das was Form ist, ist Leere und das was Leere ist, ist Form. Dasselbe gilt für wahre Gefühle, Wahrnehmungen, Impulse und Bewußtsein. Alle diese Qualitäten sind Leer. Es gibt weder Geborenes noch Gestorbenes, weder Beflecktes noch Reines, weder Zunehmendes noch Abnehmendes.

Deshalb gibt es in der Leere keine Gefühle, keine Wahrnemungen, keine Impulse, kein Bewußtsein, keine Augen, keine Ohren, keine Nase, keine Zunge, keinen Geschmack, keinen Körper, keinen Verstand, keine Farbe, keinen Ton, keine Objekte, keine Welt der Augen, keine Welt des Verstandes, kein Bewußtsein, keine Unwissenheit und kein Auslöschen der Unwissenheit, dadurch kein Alter, keinen Tod und kein Auslöschen durch den Tod. Keine Schmerzen, keinen Anfang und kein Ende, kein Gehen, kein Kommen, kein Anhalten, keinen Weg, kein Ziel, nichts zu erreichen. Der vollkommen Erwachte kennt kein Hindernis, ist kein Hindernis, er lebt vollkommen frei, vollkommen Erleuchtet im Zustand des Nirwana.« Der Abt hatte seine Augen geschlossen, er befand sich in einem tiefen meditativen Zustand. Plötzlich öffnete er sie und meinte schalkhaft »also das wärs!«

Der Meister stand auf und wir verabschiedeten uns vom Abt, obwohl unsere Abreise erst für den nächsten Tag vorgesehen war. Am Morgen war der Abt meist sehr beschäftigt, und er würde kaum Zeit haben, sich noch mit uns zu unterhalten. Ich wartete, bis alle den Raum verlassen hatten. Der Abt hatte meinen Wunsch, noch einen Augenblick mit ihm allein zu bleiben, erkannt, denn er schloß hinter dem jungen Mönch, der als letzter den Raum verlassen hatte, die Tür. »Komm setz dich zu mir«, forderte er mich auf.

Ich empfand eine so tiefe Vertrautheit in seiner Gegenwart! Mir war, als kennen wir uns ewig. »Du bist zurückgekehrt. Das ist gut,« sagte er jetzt mit ruhiger Stimme zu mir. Mein Herz klopfte laut vor Aufregung, als ich ihn fragte: »Kennen wir uns von früheren Leben her? Ich fühle eine so starke Vertrautheit in deiner Nähe.«

»Ob wir uns aus früheren Leben kennen, weiß ich nicht. Es ist auch nicht so wichtig. Wichtig ist, daß du zu deinem inneren Ursprung zurückgekehrt bist. Dort kennen wir uns tatsächlich ewig. Dort sind wir einander vertraut, dort gibt es keine Unterschiede, keine Trennung zwischen uns. Daß du zum Meister gefunden hast oder er zu dir, zeigt deutlich, daß du dich sicher schon lange mit der vollkommenen Überwindung und Erlösung alles Begrenzten beschäftigst.

Mir ist aufgefallen, daß dein Geist sehr lebendig ist, daß du die komplexen Belehrungen rasch begreifst und – das ist das Wichtigste –, daß du das Verstandene, das Erkannte unmittelbar in die richtige, befreiende Tat umzusetzen verstehst. Das ist wahrlich der Weg, um alles Alte und Begrenzte in dir zum Erlöschen zu bringen. Sei weiterhin wachsam! Verliere nie wieder diese Achtsamkeit! Die schwarze Kraft in dieser Welt ist mächtig. Es gibt viele, die daran interessiert sind, diese Welt in ihrem begrenzten Zustand so zu erhalten wie sie ist. Das mußt du wissen. Bald wirst du selber sehen, was ich damit meine. Das heißt, du weißt es schon, aber es ist dir noch nicht ganz bewußt.

Es gibt zwei Bruderschaften: eine universelle, die nicht von dieser Welt ist und eine große, die von dieser Welt ist. Die Lichtbruderschaft, die Loge der Erhabenen, steht in absolut keiner Beziehung mit der Bruderschaft dieser Welt. Hüte dich, denn auch die Bruderschaft dieser Welt spricht von Licht und Liebe, nur folgt sie dem falschen Licht, dem Licht der zwiefachen Welt, die sie beherrscht. Laß dich nicht blenden! Denke an die Worte von Meister Jesus: An ihren Früchten sollt ihr sie erkennen. Die Lichtbruderschaft arbeitet seit undenklichen Zeiten am Erwecken des schlafenden kosmischen Bewußtseins im Menschen und in aller Kreatur. Erfasse tief, daß du jenseits dieses sichtbaren Körpers bist. Erfasse tief, daß du jenseits von Geburt und Tod existierst. Erfasse tief, daß das einzig Wahre sich in Licht, Liebe und Weisheit findet, die nicht von dieser Welt sind. Erfasse tief, daß wahre Existenz weder im Diesseits noch im Jenseits ist: beides sind Traumsphären des Ich. Wo irdische Interessen, Macht und Beherrschung im Spiel sind, da wirkt die schwarze Kraft. Das sich selbstbehauptende Ich des Menschen ist aus dieser Kraft entstanden und aus ihr erklärbar.

Das alles darfst du nicht einfach in Schwarz und Weiß verstehen. So viele Bewußtseinszustände wie in dieser vergänglichen Welt vibrieren, so viele Facetten hat die schwarze Kraft. Diese Kraft wird durchaus auch als Licht erkannt, es ist das Licht der Dualität, in dessen magnetischer Gefangenschaft die zwei Welten, das Diesseits und das Jenseits vibrieren – beides Reiche der schwarzen Kraft.

Ich erkläre Dir diese Dinge nicht, um dir Angst zu machen, sondern um dir die Bedeutung der vollkommenen Ich-Überwindung zu zeigen.

In den unermeßlichen Weiten des Himalajas gibt es auch Klöster, wo man die schwarze Kraft kultiviert, verstärkt und beherrscht, das mußt du wissen. Es ist nicht alles Gold, was glänzt. Es ist aber auch nicht so, daß wir die Lieben und sie die Bösen sind. Sie haben einen anderen Erfahrungsweg gewählt und können ihrem Bewußtseinszustand gemäß scheinbar nicht anders handeln als sie es tun.

Das Wichtigste ist dies, daß wir nichts und niemanden beurteilen oder verurteilen. In Gleichmut bringen wir allen Lebewesen Respekt, Verständnis und ungeteilte Liebe entgegen. Solange Ich da ist, ist auch die schwarze Kraft da. Denke über meine Worte nach. Es ist wichtig, daß du klar wahrnehmen, erkennen und unterscheiden kannst. Wir sehen uns vielleicht morgen noch kurz. Ich wünsche dir auf deinem Weg viel Kraft und alles Gute. Möge jeder Schritt, jede Handlung, jedes Gefühl, jeder Gedanke von dir umfassend weltbefreiend sein.«

Nun saß ich wieder in meinem Zimmer und versuchte die Worte des Abtes in mir zu ordnen und niederzuschreiben. Mir war klar geworden, daß ein wahrlich befreiter Mensch nichts mehr in dieser Welt benötigt, nicht einmal seinen Körper. Der Meister, der Abt und auch Gaya waren solche Menschen, sie halfen aller Kreatur, den Weg zur endgültigen Erlösung zu finden.

Beim Meister hatte ich beobachtet, wie Menschen ihrem Bewußtseinszustand, ihrer geistigen Reife entsprechend geheilt oder geheiligt wurden oder endgültige Erlösung fanden. Was ihn in meinen Augen am meisten auszeichnete war seine Unauffälligkeit, seine Schlichtheit und Menschlichkeit.

Wäre ich ihm irgendwo begegnet, ohne zu wissen, wer er war, ich wäre hundertmal an ihm vorbeigegangen, ohne ihn zu beachten. Abgesehen von seinem klaren Blick, der mit Wärme und Sanftheit durch alles hindurchschaute, gab es keine äußeren Anzeichen seiner unermeßlichen Größe, von der auch mir wohl nur ein kleiner Teil sichtbar geworden war. Er war unbegrenzt und unergründbar.

Erst jetzt, nach den Worten des Abtes, wurde mir richtig bewußt, welch unaussprechliches Glück es für mich war, daß die höheren Schicksalskräfte mich zur richtigen Zeit an den richtigen Ort geführt hatten. Ich fühlte mich erfüllt und gelöst und verspürte ein großes Bedürfnis, Gott in einem stillen Gebet zu danken. Viele erhabene Gedanken schwebten in mir hoch und ich schrieb sie alle nieder. Ich wollte mich immer an diese wunderbaren Momente erinnern können.

Die Worte des Abtes beschäftigten mich noch lange. Er hatte mir damit eine komplexe kosmische Botschaft eröffnet, die mich unmittelbar betraf, sonst hätte er sicher nicht darüber gesprochen. Vieles konnte ich noch nicht nachvollziehen, und das hinterließ gemischte Gefühle in mir, doch ich war fest davon überzeugt, daß sich mir das, was jetzt noch verborgen war, eines Tages ganz entschleiern würde. Die Eindringlichkeit und Ernsthaftigkeit, mit der der Abt gesprochen hatte, hinterließ eine unauslöschbare Prägung in meinem Wesen, und seine Worte würden von nun an ein unfehlbarer Wegweiser für mich sein.

Am nächsten Morgen waren wir schon sehr früh draußen vor dem Haupteingang des Klosters zum Aufbruch bereit. So wie es aussah, würden uns nur zwei Mönche begleiten, ich hatte keine Ahnung, was aus dem dritten geworden war. Nur der Abt war da, um sich noch einmal kurz von uns zu verabschieden. Die anderen Klosterbewohner gingen bereits ihren Arbeiten nach. Auf einmal erschien noch der alte hagere Mönch unter der Tür und winkte uns zu. Gaya eilte zu ihm hinüber und bedankte sich für alles, dann zog er sich sogleich wieder ins Innere des Gebäudes zurück.

»Nie sind wir gekommen, nie sind wir gegangen«, meinte scherzend der Abt. »Nur als Idee sind wir vorübergehend auf dem Planeten Erde zu Gast.«

Frohen Mutes ließen wir das Kloster hinter uns. Als ich mich nochmals nach dem großen Eingangsportal umwandte, tat ich es aber doch zugleich mit einem lachenden und einem weinenden Auge. »Wahrlich ein wunderbarer Ort«, flüsterte Gaya mir zu. Den ganzen Tag durchschritten wir eine rauhe, unbewohnte Berglandschaft. Das fruchtbare Tal hatten wir hinter uns zurückgelassen. Ab und zu legten wir eine kurze Pause ein. Es wurde kaum gesprochen. Wir waren ganz von der Kraft und der Stille der Berge durchdrungen. Einzig das leise Knirschen unserer Schritte war im heftig blasenden

Wind zu hören. Ich fühlte mich bei jedem Schritt von einem Gefühl der Geborgenheit umhüllt und getragen. Inzwischen wußte ich, daß dies ein Zeichen der unermeßlichen Liebeskraft war, die unaufhörlich vom göttlichen Selbst durch den Körper des Meisters ausstrahlte und die ganze Gegend segnete. Er selbst war das göttliche Selbst.

Drei Tage waren wir schon unterwegs. Wir hatten in Höhlen oder in Häusern von Bergbauern übernachtet. Nach einiger Zeit hatte der junge Mönch die Stille durchbrochen und mich in kindlicher Neugier über meine Arbeit, meine Lebensart und meine Wohnung ausgefragt. Als er genug gehört hatte, um sich von dem, was er erfahren hatte, ein Bild machen zu können, meinte er: »Es tut mir wirklich leid, das ist ja schrecklich!« Dann schritt er ganz in Gedanken versunken weiter neben mir her. Es war, als hätte er soeben das Furchtbarste gehört, was er sich überhaupt vorstellen konnte.

Seine Reaktion verwirrte mich. Sie war wie eine kalte Dusche. Ich hatte mich bemüht, ihm möglichst unvoreingenommen nicht nur die Nachteile, sondern auch die Vorzüge meines Lebens zu schildern. Seine Antwort war mir unbegreiflich, es gab keinen Ort in mir, wo ich sie hätte einordnen und verstehen können. Der junge, unbeschwerte Mönch hatte mir ohne es zu wollen einen Schock verabreicht. Natürlich hatte ich mein Leben immer wieder in Frage gestellt, daß es aber so schrecklich war, daß man mich deswegen zutiefst bedauern mußte, konnte ich nicht nachvollziehen.

Die Welt, aus der ich kam, war für den jungen

Mönch offensichtlich ein völliger Gegensatz, eine totale Gegenwelt zu der, in der er lebte. Nach einer Weile hatte ich das Gespräch inhaltlich und emotional losgelassen. Es war wieder Stille in mich eingekehrt. Während ich die Gegend betrachtete, stiegen immer wieder die Worte Gayas in meinem Gedächtnis auf. »Die ganze Natur ist heilig.« In Gaya lebte dieser mystische Pulsschlag der Natur, der sie befähigte, das Herz, den schöpferischen Puls in allen Dingen zu erfühlen und zu ergründen.

Diese rauhe Bergwelt war im Verborgenen von mächtigen Weltenenergien durchwirkt, die mein kanalisiertes Bewußtsein noch nicht vollumfänglich verstehen und einordnen konnte. Ich erfaßte nur Bruchstücke dieser unendlichen Wirklichkeit. Ich lebte mit meinem Bewußtsein in einer schmalen Bucht am Rand eines unermeßlichen Ozeans. Ich erlebte, wie die beobachtende Seele in mir erwachte, wie sie die unsichtbare Wahrheit betrachtete, in unbekannte Tiefen eindrang und das unaussprechlich leuchtende Gesicht Gottes schaute. Aber mein Herz war noch zu stark in selbsterrichtete Schranken und Begrenzungen eingebunden. Das Endliche hatte mich noch nicht freigegeben. Ich kam mir wie ein Bürger zweier Welten vor. Die ewige Wahrheit schien mir greifbar nahe zu sein, doch war ich sie noch nicht selbst geworden, ich befand mich noch in der Sphäre des Verstehens und dadurch der Dualität.

Am Fuß eines Steilhangs, den wir soeben heruntergestiegen waren, legten wir eine längere Rast ein. Ich setzte mich mit Gaya etwas abseits und erklärte ihr das Dilemma, in dem ich steckte. Aufmerksam hörte sie mir zu, obwohl meine Rede länger dauerte, als mir lieb war.

Als ich endlich geschlossen hatte, atmete sie tief durch und erklärte mir verständnisvoll: »Dieses Dilemma kennen alle, die nach endgültiger Erlösung suchen. Deshalb bist du hierhergekommen und hast den Meister getroffen. Wie du selbst erfahren hast, ist das göttliche Selbst unbegrenzt durch ihn wirksam. Er hat die Möglichkeit, die ewige göttliche Kraft zu kanalisieren, zu transformieren und je nach Gegebenheit anzuwenden. Es ist diese Kraft, die dich aus deinem Dilemma erlösen wird. Denn das Ich kann sich nicht selbst überwinden. Es kann sich zwar durch intensives Bemühen dem Ewigen nähern, die letzten Schritte aber kann es nicht selbst vollziehen. Dazu brauchen wir jemanden wie den Meister, der sachte alle Grenzen und Begrenzungen in uns löscht und uns ins göttliche Selbst erhebt, so daß auch wir aus dieser reinen Kraft alleine zu handeln lernen. Ich will dir eine kleine Geschichte weitergeben, die mir einmal ein naher Freund erzählte, der inzwischen diese Welt verlassen hat. Das Licht einer Kerze kann nicht mit dem Licht der Sonne verglichen werden. Das Kerzenlicht ist das begrenzte Verstandesbewußtsein. Das Sonnenlicht kann nicht mit dem Licht der göttlichen Sonne verglichen werden. Denn wie die Kerze erlischt, wird auch die Sonne eines Tages erlöschen. Das allgegen wärtige Selbst jedoch ist unauslöschlich das allgegenwärtige Selbst. Jetzt nimm einmal an, die Kerze würde der Sonne entgegenreisen. Lange, bevor sie diese erreicht hätte, wäre sie geschmolzen. Die

Kerze an sich hat jedoch nur begrenzte Möglichkeiten zu reisen. Durch den Meister strömt die göttliche, geistige Sonnenwärme aus, die alle Unwissenheit zum Schmelzen bringt. Er öffnet die Schleusen der göttlichen Macht jedoch nur so weit, daß die Menschen sie ertragen und harmonisch die Prozesse der Selbstverwirklichung vollziehen können.«

Tief atmete ich die frische Luft ein. Ich fühlte, wie mein Körper förmlich mit Kraft geladen wurde. Der Meister und der junge Mönch hatten sich eine Weile entfernt und standen nun unvermittelt mit zwei Tassen heißen Tees vor uns. Sie hatten kein Feuer gemacht, und heiße Quellen gab es hier auch nicht. Wie hatten sie das Wasser zum Kochen gebracht? Genüßlich schlürfte ich das heiße Getränk. Ich schwieg. Für einmal gelang es mir, meine Neugier zu zügeln und keine Fragen zu stellen!

Obwohl sich der Meister nie etwas anmerken ließ, wußte ich, daß er jede innere Regung und Reaktion von mir genau beobachtete.

Am nächsten Morgen erreichten wir eine kleine Stadt. Das rege Treiben, das hier herrschte, verursachte mir Schwindelgefühle. Es war lange her, seit ich zum letzten Mal in einem solchen Menschengewimmel gewesen war. Ich bekam bald Kopfschmerzen von dem Lärm und hoffte, daß wir den Ort bald wieder verlassen würden. Die beiden Mönche verabschiedeten sich von uns. Sie wollten sich in ein etwas außerhalb der Stadt gelegenes Kloster begeben. Ich fragte mich, warum wir nicht dasselbe taten, doch der Meister schritt unbeirrt voran und alle weiteren Gedanken verflogen in der Luft.

Die schmale Straße pulsierte von Leben. Kinder rannten bellenden Hunden nach, Händler boten ihre Ware an. Lautstark wurde gefeilscht, gekauft oder getauscht. Der Geruch von geröstetem Kaffee stieg mir kitzelnd in die Nase. Sehnsüchtig drehte ich mich nach dem kleinen Lokal um, in dem mehrere Männer diskutierend beieinander saßen und an ihren Kaffeetassen nippten.

Gelassen, unbeeinflußbar von den sinnlichen Reizen dieser Welt, ging der Meister seines Weges. Man beachtete uns kaum. Ab und zu streifte ein fragender Blick freundlich meine Person. Lachende Augen blickten mir aus runden, vom rauhen Klima gezeichneten Gesichtern entgegen. Kühe spazierten friedlich die Straße entlang und suchten nach Eßbarem.

Eine junge Frau saß vor verschiedenen mit duftenden Gewürzen gefüllten Säcken am Straßenrand. Sie winkte mir zu, daß ich etwas kaufen solle. Kleine drahtige Pferde, die alle eine Glocke um den Hals gebunden hatten, trotteten uns mit gesenkten Köpfen entgegen.

Als wir in eine enge Seitengasse einbogen, wurde es ruhiger. Zwischen den Häusern sah man aufs weite, offene Land hinaus, auf grüne und gelbe Felder. Die Erntezeit nahte.

Vor einem stattlichen, von einer niederen Mauer umgebenen Haus blieb der Meister stehen. Gakkernde Hühner begrüßten uns, als er durch die offene Holztür unsere Ankunft ankündigte, doch sonst schien niemand zu Hause zu sein. Wir setzten uns auf eine grob gezimmerte Bank vor dem Haus und warteten. Der Geruch von Heu stieg mir in die Nase, im kleinen Stall nebenan standen drei Kühe, die uns neugierig beäugten.

Wolkenfelder zogen mit großer Geschwindigkeit über unsere Köpfe hinweg Richtung Osten. Gedankenlos nahm ich mit großer Intensität diese friedliche Umgebung wahr. »Stille ist heilig«, blitzte es kurz in meinem Gedächtnis auf.

»Meister, Meister«, riefen plötzlich aufgeregte Stimmen. Ein paar Schritte hinter einem alten Paar folgten zwei Frauen und ein Mann schwer bepackt mit Einkäufen. Wie sich bald herausstellte, war es ein altes Ehepaar mit seinen erwachsenen Kindern. Die alte Frau und ihr Mann liefen zum Meister hin und berührten zum Zeichen der Ehrerbietung seine Füße, während er ihnen in einer Geste des Segens beide Hände auf die Köpfe legte. Der Sohn und die Töchter taten dasselbe. Sie berührten auch Gayas Füße und kamen dann in derselben Absicht auch zu mir. Das war mir höchst peinlich, doch sie achteten nicht auf meine Gesten, mit denen ich ihnen klar zu machen suchte, daß hier ein Irrtum vorlag.

Die Frau war schon ins Haus geeilt und kam nun mit drei Gläsern Wasser und ein paar Süßigkeiten zurück. Das war, wie ich später erfuhr, eine althergebrachte Art der Begrüßung.

»Werdet ihr den Tempel besuchen?« fragte der alte Mann. Der Meister bejahte und erkundigte sich dann nach dem allgemeinen Wohlbefinden der Familie und verschiedenen anderen Angelegenheiten. Er besaß auf vielen Gebieten eine erstaunliche Kompetenz.

»Es ist eine gute Zeit, den Tempel aufzusuchen«, sagte er dann. »Jetzt, kurz vor der Erntezeit, sind nicht so viele Leute da.« Unsere Gastgeber nickten und der Meister schlug ihnen vor, uns doch zu begleiten. Diese Einladung nahmen sie gerne an.

Der Wohnraum war von mehreren Öllampen erhellt. Es war ein stiller friedlicher Abend. Es wurde wenig gesprochen, man genoß das stille Zusammensein. Der Hausherr fragte mich, ob ich schon von dem Tempel gehört habe, der sich hier in der Nähe befand. Ich verneinte. Es sei ein Ort, der seit vielen Jahrhunderten von Pilgern aufgesucht werde, erklärte er mir dann. »Auf der Schwelle dieses Tempels müssen alle irdischen Gedanken sterben und als frostig und lichtleer erkannt werden«, fügte seine Frau hinzu.

Während der Hausherr mir mit großem Eifer eine ganze Reihe von Geschichten erzählte, blickte ich immer wieder den Meister an. Mehrmals huschte ein leises Lächeln über seine Lippen. Es mußten wohl Geschichten sein, die man sich immer wieder erzählte, wenn man an solchen Abenden zusammensaß.

Das Haus war größer als ich angenommen hatte. Wir bekamen alle ein eigenes Zimmer. Das Mondlicht durchbrach die rabenschwarze Dunkelheit, während knapp über dem Boden noch träge Nebelmassen über die Felder krochen. Ich schaute zu dem unendlichen, sich in einer großen Ordnung bewegenden Firmament hinauf. Irgendwo in diesem Raum schwebte die Erde, auf der ich in einem weltabgeschiedenen Winkel in einem kleinen Zimmer saß, bewußt, daß ich mit allem in Beziehung war.

Lange schaute ich in die stille Nacht hinaus. Plötzlich bemerkte ich schattenhaft die Silhouette eines Menschen, der sich lautlos vom Haus entfernte und dann in der Nähe der vier großen Bäume stehenblieb. Je konzentrierter ich hinschaute, desto mehr kam ich zur Überzeugung, daß es der Meister sein mußte. Ich schämte mich und hatte ein schlechtes Gewissen, ihn so im Verborgenen zu beobachten, aber ich konnte meinen Blick nicht von ihm lösen.

Mir schien als spreche er mit jemandem, aber es war niemand zu sehen. Vielleicht sprach er mit den majestätischen Bäumen. Doch dann, aus dem Nichts, erschien ganz in seiner Nähe ein starkes Licht, das immer intensiver wurde. Gebannt schaute ich dem Geschehen zu. Die Himmel schienen sich zu öffnen, und jetzt trat ein von göttlichem Glanz umgebenes herrlich leuchtendes Wesen aus dem Unsichtbaren hervor.

Ich kniff mich in den Arm, um mich zu vergewissern, daß ich nicht träumte. Die beiden Gestalten standen genau hinter einem der mächtigen Bäume, der mir die Sicht verdeckte. Obwohl sie etwa dreihundert Meter von mir entfernt waren, spürte ich die gewaltige göttliche Kraft, die von dem erhabenen Wesen ausstrahlte. Ich hätte nie gedacht, daß so etwas möglich war.

In der geheimnisvollen inneren Kammer meiner Seele fühlte ich mich übermächtig zu diesem reinen Lichtwesen hingezogen. Wogen der Glückseligkeit durchfluteten mich und trieben mir die Tränen in die Augen. Ich hatte das Empfinden, in dieser unvorstellbaren Kraft dahinzuschmelzen, in einem Meer von Licht zu ertrinken. Meine Gefühle waren ganz und gar abgelöst von dieser Welt. Die starren Grenzen des menschlichen Daseins, der Tanz der irdischen Phantasie waren ausgelöscht. Diese grenzenlose, königliche Kraft war die ewige Liebe und Weisheit selbst.

Ein kurzer Blitz erhellte die Gegend, das göttliche Wesen war in die Sphäre des Ewigen zurückgekehrt. Ich dachte, der Meister werde nun wieder ins Haus kommen, aber nein: er entfernte sich. Ich sah ihm nach, wie er über die Felder schritt und schließlich in der Dunkelheit verschwand. Wer war er, der so uneingeschränkt mit dem göttlichen Universum kommunizieren konnte?

Immer mehr wurde ich mir meiner eigenen Unbegrenztheit bewußt. Ich spürte eine außerordentliche neue Kraft, die in mir zirkulierte, eine Kraft die mit einer neuen vieldimensionalen Wahrnehmung verbunden war. Mehrmals hatte ich blitzartig etwas von dieser neuen Kraft erlebt, aber die Stimme des Blutes hatte das reine Licht immer wieder verdunkelt.

Jetzt wußte ich aber mit Gewißheit, daß ich einen Durchbruch erlebt hatte, bei dem es kein Zurückfallen mehr gab. Ganz unmittelbar wurde mir bewußt, daß hier der Schlüssel war, der die Stimme des Blutes ganz zum Verstummen bringen würde. Ich staunte, wie unspektakulär dieser Wandel sich vollzogen hatte. Auch die Erscheinung des erhabenen

Wesens sah ich in diesem Zusammenhang in einem neuen Licht. Das menschliche Bewußtsein, das sich vor allem mit den Erscheinungen der dichten, vergänglichen und materiellen Ebene beschäftigte und dadurch selbst das geworden war, womit es sich beschäftigte, hatte in dieser Begrenzung keinen Zugang zur göttlichen Unbegrenztheit.

All diese Jahre des Hoffens, der vielfältigen Zukunftsvorstellungen, das intensive Suchen nach dem Unfaßbaren auch, nach dem das Ich greifen, das es fassen, halten und besitzen wollte, welch ein Wahn! Ich war der perfekte Gefängniswärter des Gefängnisses, in dem ich seit undenklichen Zeiten mein eigener Gefangener gewesen war.

Mein bisheriges Verhalten kam mir so lächerlich vor, daß ich tatsächlich über mich lachen mußte. Ich war wahrhaftig ein Oberflächenwesen gewesen, aber seit dem Augenblick, da ich dem Meister begegnet war, hatte sich das gründlich geändert. Erleichtert atmete ich auf und legte mich hin. Immer wieder erschienen die Bilder der überwältigenden Momente, die ich soeben erlebt hatte, in mir, immer wieder sah ich das sonnengleiche Wesen aus dem Nichts hervortreten.

Der Meister hatte mir erklärt, daß wir als Menschen schwingende fließende Bewußtseinszustände seien, die sich irrtümlicherweise mit dem Körper und der materiellen Welt identifizierten und sich auf diese Weise selbst ihre Grenzen und Begrenzungen auferlegten und aufrechterhielten. Er hatte mich darauf hingewiesen, daß alle Unterschiede zwischen den Offenbarungen der göttlichen Kraft ausschließlich aus der wechselnden Höhe, der Art und der Qualität von Schwingungen zu erklären sei. Die höchsten Vibrationen in der göttlichen Welt seien so intensiv und von einer derart unermeßlichen Gewaltigkeit, daß man sie als ruhend bezeichnen könne.

Seine damalige umfassende Erklärung war mit solcher Kraft geladen, daß sie immer im richtigen Moment unverfälscht aus meinem Unbewußten auftauchen konnte, wo sie gespeichert war, und so eine unmittelbare Klärung der höheren Zusammenhänge bewirkte.

Am frühen Morgen wurde ich vom lauten Schrei eines Hahnes geweckt, der offenbar unmittelbar unter meinem Fenster stand.

Ich wußte nicht, wie ich mich gegenüber dem Meister verhalten sollte. Sollte ich ihm erzählen, was ich letzte Nacht gesehen hatte oder sollte ich es verschweigen? Nach dem Frühstück, das wir alle zusammen eingenommen hatten, halfen wir der Familie den ganzen Tag bei der Feldarbeit. Der Besuch im Tempel war aus mir unbekannten Gründen auf den nächsten Tag verschoben worden. Einmal mehr hatte mich die Selbstverständlichkeit, mit der der Meister unseren Gastgebern beim Frühstück unsere Hilfe angeboten hatte, beeindruckt. Seine Menschlichkeit, Einfachheit und Unkompliziertheit berührten mich immer wieder tief. Er lebte mir das vollkommene Menschsein in allen Bereichen vor und bewirkte damit eine unaufhörliche, tiefgreifende Wandlung in mir.

Als wir uns am Nachmittag etwas von unserem

Tagewerk erholten, saß ich gleich dem Meister gegenüber etwas abseits von den anderen. Er hatte den ganzen Tag kein Wort gesprochen und schaute mir jetzt unmittelbar in die Augen. Mir war, als sei ich dem beobachtenden Blick des ganzen Universums ausgesetzt, und ich wußte, daß er das Flackern der Unsicherheit in meinen Augen las.

»Geht es dir gut?« fragte er mich. »Ja Meister, doch ich muß dir etwas sagen, was mir sehr unangenehm ist«, antwortete ich. Und dann schilderte ich ihm mit leicht bebender Stimme, was ich letzte Nacht gesehen hatte. Still saß er da und hörte mir aufmerksam zu. Ich konnte bei ihm absolut keine Regung feststellen, weder innerlich noch äußerlich. Als ich ihm alles erzählt hatte, fühlte ich mich erleichtert. Er nickte nur kurz und sagte lächelnd: »Laß uns weiterarbeiten und unseren Gastgebern bei der Feldarbeit behilflich sein!«

Und schon war er aufgestanden und zu der Familie hinübergegangen, die ihre Arbeit inzwischen wieder aufgenommen hatte. Einmal mehr stand ich da und verstand die Welt nicht mehr. Ich hatte erwartet, daß er mir etwas über mein Verhalten sagen oder erklären würde, wer dieses göttliche, in überirdischen Glanz gehüllte Wesen war, das ihn besucht hatte.

Immer, wenn ich glaubte, den Meister nun besser zu kennen, wurde meine Annahme durch ein Ereignis dieser Art zerschmettert. Nur allmählich dämmerte mir die Einsicht, daß ich ihn so wie ich ihn gerne kennen möchte, niemals würde kennen können. Er ließ sich nirgends einordnen.

Er lebte im grenzenlosen, ewigen Ozean der

Liebe und der Macht Gottes, aus dem er für Augenblicke als funkelnder, reiner Edelstein auftauchte, bevor er sich wieder darin auflöste. Er drückte mit jedem Wort, mit jeder Handlung dieses grenzenlose Sein aus.

Den ganzen Tag hatten wir auf einem Stück Land Steine gesammelt und am Rande des Feldes aufgehäuft. Es brauchte eine große Vorarbeit, bis der Boden gepflügt werden konnte und zur Aussaat bereit war. Beim Nachtessen erklärte mir die Gastgeberin, daß die Steine später auch ihre Verwendung finden würden. »Jeder Stein, der auf dem Gartenplaneten geordnet wird, trägt zu dessen Verschönerung bei und hilft ihm, seine Fruchtbarkeit zu entfalten«, fügte der Meister hinzu. »Jede bewußte Handlung ist eine kosmische Handlung, die sowohl im Innern wie im Äußeren Ordnung schafft.«

DER KLANG DES UNIVERSUMS

Am nächsten Morgen brachen wir in aller Frühe auf. Unser Weg führte uns durch eine sehr fruchtbare Gegend. Die Waldgrenze lag auf fast dreitausend Metern Höhe. An herabstürzenden Wasserfällen vorbei führte der Weg in ein kleines Seitental hinein, in dem sich der Tempel befand, den wir heute besuchen wollten. Wir begegneten immer wieder Menschen, die entweder ebenfalls auf dem Weg dorthin waren oder sich bereits auf dem Rückweg befanden. Immer wieder wechselte der Meister einige Worte mit den Pilgern. Das Tal war in sanftes Morgenlicht getaucht. Nach einem etwa dreistündigen Marsch hatten wir unser Ziel erreicht. Staunend stand ich vor dem großen Bau der hier vor mir aufragte. Ich hatte ihn mir viel kleiner vorgestellt. Schon draußen spürte ich die große, spirituelle Kraft, die von diesem Ort ausging. Sogleich bemerkte ich, daß das Denken hier fast unmöglich wurde. Der Gedankenstrom versiegte, die Zeit hatte zu existieren aufgehört.

Wir betraten den Tempel und gingen durch einen Säulengang. Überall auf dem kalten Steinboden saßen Menschen in tiefe Meditation versunken. Wir drangen durch verschiedene Hallen bis ins Herz des Tempels vor.

Es herrschte eine tiefe, konzentrierte und alles absorbierende Stille hier. Im Zentrum des Raumes stand ein großer, ovaler Stein, dessen glatt polierte Oberfläche pechschwarz schimmerte. Es war ein Shiva Linga, das Symbol für die direkte Anwesenheit der göttlichen Kraft. Wir befanden uns in einem Hindutempel, das war mir klar, aber er unterschied sich in vielerlei Hinsicht von denen, die ich bereits besucht hatte. Es besuchten offensichtlich Menschen verschiedener Glaubensrichtungen diesen heiligen Ort. Er war tatsächlich ein Tempel des unpersönlichen Gottes selbst, in dem alle Religionen zu einer verschmolzen und jede ihre Eigenheiten der universellen Liebe übergab.

Wir setzten uns in einer Ecke des innersten Raumes auf den Boden. In dem Augenblick, da ich meine Augen schloß, hörte ich als Persönlichkeit auf zu existieren. Es gab nur noch die alles durchdringende göttliche Kraft. Ich war eingebettet in das göttliche Universum. Jede Zelle meines Körpers war mit dieser göttlichen Kraft geladen, und im Einklang mit dem universellen göttlichen Gesetz atmete ich diese Lichtkraft, diesen göttlichen Nektar ein und aus. Dieses Atmen hatte eine mir bisher unbekannte Qualität: Ich atmete das gesamte Universum ein und aus.

Dann verlangsamte sich mein Atem, wurde immer feiner, klarer, transparenter und setzte schließlich, ohne daß ich mir dessen bewußt gewesen wäre, vollkommen aus.

Eine traurige, wortlose Stimme, die sich in Form von schattenhaften Bildern äußerte, erhob sich in mir und wollte mich hindern, den Weg in die ursprüngliche Leere fortzusetzen. Es war ein Totentanz, der die Ewigkeit maskierte und verschleierte. Die traurige Stimme versuchte mich weiter an die Welt des Leidens zu binden und mich zu ihrem Diener, zu ihrem Untertan zu machen. Sie suchte mich mit aller Kraft vom ursprünglichen Licht auszusperren. Sanft und einschmeichelnd bemühte sie sich, eine verlogene und verfälschte Wahrheit zu rechtfertigen und ihr die Krone aufzusetzen. Sie versprach mir Antworten und Lösungen auf meiner Suche nach der Wahrheit. Ich durchlebte dunkle und sehr helle Sphären, Räume voller Glückseligkeit und Freude. Die Stimme ließ nicht von mir ab, machte mir immer neue Versprechungen und gaukelte mir gewaltige Perspektiven und Möglichkeiten vor. Inzwischen hatte ich mich aber innerlich schon so weit von den Verhaftungen und Täuschungen dieser vergänglichen Welt gelöst, daß ich unter der abwechselnd schmeichelnden und traurigen Gestalt, in der sie daherkam, klar die schleimige Fratze des Todes und der selbstbehauptenden Ich-Kräfte erkennen konnte. Ich starb tausend Tode gleichzeitig und erkannte die Gleichzeitigkeit von allem, was ist. In rasender Geschwindigkeit durchlebte ich, teils in Bildern, teils in schattenhaften Eindrücken, gleichzeitig unzählige vergangene Leben. Mir wurde auf einen Schlag bewußt, daß das Leben, das ich in meinem bisherigen Alltag gelebt hatte, ausschließlich aus diesen unzähligen Kräften, Erlebnissen und Erfahrungen gespeist, von ihnen gesteuert wurde, und daß ich selbst der Schöpfer dieser Kräfte war und in meiner eigenen Schöpfung lebte.

Die Ursache von Geburt, Leben, Tod und Wiedergeburt, das Haus der Materie entschleierte sich mir, die Bande, in denen ich bisher verstrickt gewesen war, entwickelten sich. Mein Bewußtsein tauchte in unermeßliche Tiefen ein, wo das All-Wissen ein gewaltiges Nicht-Wissen war und die Unendlichkeit die Gestalt einer grenzenlosen Null annahm. Die Inhaltslosigkeit, der grenzenlose Raum der Ewigkeit hatte alle Nichtigkeit in mir vernichtet, ich war grundlos glücklich. Eine unbeschreibliche Glorie, ein licht- und glanzvolles Sein umarmte mich, ich hatte die Welt Gottes betreten.

Aus der Ferne drang eine eindringliche Stimme an mein Ohr: »Komm zurück, komm zurück!« Allmählich wurde ich meines Körpers wieder gewahr.

Als ich die Augen aufschlug, sah ich den Meister, der über mich gebeugt war und meine steifen Glieder massierte. Man hatte mich bewußtlos vor den Tempel hinausgetragen und da auf eine Decke gelegt, die die Gastgeberin mitgebracht hatte. Doch der Meister und ich waren allein. Ich hätte ihn fragen wollen, wo die anderen seien, doch ich brachte kein Wort über die Lippen.

»Du warst weit weg! Der Klang der Stille hat dich weggetragen.« Die Augen des Meisters leuchteten verständnisvoll. Er massierte meine Beine, und ich spürte, wie das Leben allmählich wieder in meinem Körper zu pulsieren begann. »War ich gestorben?« fragte ich ihn jetzt. Er nickte kurz. »Und du hast mich zurückgeholt?« fragte ich weiter. Er nickte abermals und fügte dann hinzu: »Deine Zeit, den Körper endgültig zu verlassen, ist noch nicht gekommen.«

Bald konnte ich mich aufsetzen. Der Meister reichte mir etwas Wasser und süßes Gebäck. »Wo ist Gaya und die Familie?« fragte ich ihn endlich. Sie hätten noch einen anderen Ort in der Nähe besucht und würden erst in einigen Stunden zurück sein, erklärte er mir. »Es gibt in der Nähe ein kleines Gästehaus für Pilger, dort werden wir die Nacht verbringen. Der Marsch zurück wäre zu anstrengend für dich, du mußt dich erst erholen.«

Ich spürte, daß er recht hatte, doch nach einer halben Stunde war ich wieder auf den Füßen.

»Viele kranke Menschen kommen hierher, um für ihre Genesung zu beten, und viele werden von ihren Leiden geheilt«, erklärte der Meister. »Komm, du mußt dich jetzt bewegen. Wir gehen ein Stück den Berg hoch.«

Wortlos stiegen wir einen schmalen Pfad hinauf. Meine klammen Glieder machten mir zu schaffen. Aber mein Körper wurde mit jedem Schritt geschmeidiger und gewann seine Beweglichkeit wieder zurück.

In meiner Psyche hatte eine gewaltige Veränderung stattgefunden. Eine innere Grenze im Bezug auf Leben und Tod war nun endgültig gelöscht. Die Angst vor dem Unbekannten, die große Unsicherheit angesichts der unsichtbaren Tür, die wir beim Verlassen unseres physischen Körpers alle durchschritten, war weg. Es gab den Tod, das innerlich Sterbende nicht mehr. Meine Erfahrung hatte einen unsichtbaren Schleier vor meinem inneren Auge weggezogen.

Wir kamen an verschiedenen Höhlen vorbei. Viele davon seien bewohnt, erklärte der Meister, da dieser Ort in der Nähe des Tempels für spirituelle Übungen sehr vorteilhaft sei. Das konnte ich nachvollziehen.

»Kannst du mir erklären, weshalb dieser Ort mit einer solchen göttlichen Kraft geladen ist?« fragte ich. Wir setzten uns, dann erklärte der Meister: »Der Planet Erde ist ein lebendiger, geistig-energetischer Organismus, der von Energiebahnen durchzogen ist und spezifische Energiezentren besitzt, wo die spirituelle Kraft besonders stark ausstrahlt. Dieser Tempel steht auf einem außergewöhnlich kraftvollen Energiezentrum. Hier kreuzen sich zwei große Lichtmeridiane des Planeten. Dazu kommt, daß in den vergangenen Jahrhunderten viele Menschen an diesem Ort die endgültige Befreiung erlangten.«

Wir waren weitergegangen. Immer wieder mußten wir kurze Pausen einlegen, damit ich mich körperlich erholen konnte. »Komm«, sagte der Meister und führte mich einen schmalen unwegsamen Pfad entlang zu einer größeren Höhle. Mit geschlossenen Augen saß da ein splitternackter Mann im Eingang. Er hatte die Augen geschlossen. Sein ganzer Körper war mit Asche bedeckt und seine langen matten Haare berührten fast den Boden.

Als ich genauer hinsah, erschrak ich. Gleich neben ihm lag eine Schlange, die, kaum hatte sie uns entdeckt, im nahen Gebüsch verschwand. Regungslos saß der Yogi da. Ich war fast sicher, daß er unsere Anwesenheit gar nicht wahrnahm. »Das ist ein Avaduta. Er hat dieser Welt vollkommen entsagt. Es ist schon über zwanzig Jahre her, seit ich diesen Ort zum letzten Mal besuchte. Schon damals saß er da. Eine ältere Frau, die ich damals im Tempel kennenlernte, erzählte mir, daß sie ihm einmal in der Woche etwas Milch und eine Kleinigkeit zu Essen bringe. Dasselbe habe bereits ihr Vater und der Vater des Vaters getan. Niemand wußte, woher der Avaduta Sidda kam und wie alt er war.«

Wir setzten uns eine Weile in seine Nähe, und der Meister richtete ein paar freundliche Worte an den Yogi, doch er blieb völlig regungslos. »Er ist ein Siddha, er beherrscht seinen Körper und die Kräfte der Natur, doch sein Innerstes ruht im Absoluten«, sagte er dann respektvoll, wieder zu mir gewandt.

»Was er wohl in sich wahrnimmt?« fragte ich mich.

Nachdem wir aufgestanden waren und uns von ihm verabschiedet hatten, hörte ich in mir eine Stimme. Sie sprach in einer mir unbekannten Sprache, dennoch verstand ich jedes Wort. Ich drehte mich um, doch er saß immer noch vollkommen von der Welt abgekehrt da. Ungeachtet dessen vernahm ich leise die mit großer Kraft geladenen Worte: »Wer glaubt, Gleichgewicht des Bewußtseins sei Befreiung, der irrt. Wer glaubt, alles in allem zu sehen sei Befreiung, der irrt. Es ist das Ich-Bewußtsein, das die Erde, die Sterne und den Himmel sieht und sich mit dem Gesehenen identifiziert.

Für jene, die leer, erloschen und ohne Bewußtsein sind, gibt es keine Erde, keine Sterne, keinen Himmel, keine Welt. Die Welt von Dingen, Namen und Formen ist die Welt des Bewußtseins, und wenn das Bewußtsein stirbt, stirbt die Welt mit ihm. Nur DAS bleibt.« Ich verneigte mich kurz und dankte dem Yogi innerlich. Er hatte das, was ich vor kurzem im Tempel erfahren hatte, in einfacher und klarer Art formuliert.

Still ging der Meister neben mir her. »Von der Botschaft, die ich erhalten habe, hat er wohl nichts gemerkt«, dachte ich. Mein Ich war wieder aus dem Herzen aufgestiegen und begann sogleich wieder, schattenhafte gedankliche Verflechtungen zu erschaffen. Ich war innerlich noch nicht reif genug, um im Körper leben und im göttlichen Universum sein zu können, ohne daß der dunkle Intermediär wieder auftauchte und sogleich seine duale Welt etablierte. Eins zu sein, war das Wahre. Aber genau da machte ich auch eine Entdeckung, die mich zutiefst erschreckte. Ich erkannte eine tief angelegte Angst in mir, die gewaltige Angst, die Schwelle dieser Pforte zu überschreiten, wo die ganze Welt mit allem, was dazu gehörte, endgültig in mir erlosch. Ja, ich fürchtete mich vor diesem endgültigen Schritt, obwohl ich genau wußte, daß ich ihn eines Tages unwiderruflich vollziehen mußte.

Als wir wieder beim Tempel anlangten, waren Gaya und die Familie bereits da. Mein inneres Befinden war noch fragil, meinen Körper hatte ich inzwischen jedoch wieder im Griff.

Wir machten uns auf den Weg zu unserem Nachtquartier. Die Dämmerung brach ein, als wir das kleine Gästehaus erreichten. Wie ein großer, feuriger Ball verschwand die Sonne am Westhimmel und tauchte die Schneekuppen der Bergriesen in leuchtendes Scharlachrot. Vereinzelte vorüberziehende Wolken waren mit purpurnem und goldenem Licht durchwirkt, die ganze Gegend lag in einer fast unwirklichen Schönheit da. Langsam kroch ein dichter Nebel das Tal hinauf und umhüllte weich die Natur.

Der Geruch von Heu und Tieren kitzelte meine Nase. Einige zottige Yaks, die neben dem Haus standen, beäugten mich. Der Meister und die Familie waren bereits ins Haus gegangen, während ich noch ein wenig draußen bleiben und die Abendstimmung auf mich wirken lassen wollte. In Gedanken war ich wieder beim Siddha. Was mochte er in diesem Augenblick tun? Was war das für ein Mensch, der mit einer so gewaltigen Kraft der Welt entsagte? Tief atmete ich die kalte Nachtluft ein. Mit erschreckender Deutlichkeit wurde mir in diesem Augenblick bewußt, wie weit ich mich von meinem bisherigen Leben entfremdet hatte, diesem Leben in einer streng genormten Gesellschaft, in das ich doch wieder zurückkehren mußte! Der Gedanke flößte mir große Furcht ein. Ich fragte mich ernsthaft, ob ich überhaupt noch fähig war, in meiner einstigen Welt zu leben.

Schon fraß Gift der Unsicherheit und der Zweifel wieder an mir und brachte mich aus dem Gleichgewicht. Tief betrübt trat ich ins Haus und setzte mich zu meinen Freunden an den Tisch. Mehrere große Familien mit zahlreichen Kinder hatten alle Stühle besetzt. Man war gelöst und heiter, es wurde gelacht und laut diskutiert. Ich war in eigenartige Stimmungen versunken und nahm alles teilnahmslos wie aus weiter Ferne wahr. Durchs Fenster sah ich die geisterhaften Umrisse der hohen Berge auf der anderen Seite des Tales, auf denen der blasse Schimmer des Mondlichts lag. Genau so kam ich mir vor: blaß, ohne eigene innere Leuchtkraft. Eigenartig: obwohl ich geglaubt hatte, den inneren Tod endgültig durchschritten zu haben, stellte ich fest, wie sich in mir an der Oberfläche wieder ein Brennpunkt, ein unsichtbares Zentrum gebildet hatte, ein Zentrum, das mich mit der Welt der Sinne und der Emotionen verband und so düstere Stimmungen erschuf. Das Denken hatte wieder seine eigene veräußerlichte Welt, eine Welt des Leidens und der Enttäuschungen aufgebaut.

Lustlos stopfte ich das Essen in mich hinein und

zog mich bald in das kleine Zimmer zurück, in das mich ein kleiner Junge mit verschmitzten Augen geführt hatte. Erwartungsvoll blieb er vor mir stehen, und als ich ihm einen bunten Farbstift schenkte, leuchteten seine Augen wie kleine Kristalle.

Kaum hatte ich mich auf den alten grob gezimmerten Holzsessel gesetzt, klopfte es an der Tür. Als ich öffnete, standen fünf Kinder vor mir und streckten mir erwartungsvoll ihre hohlen Hände entgegen, zuvorderst der kleine Junge, dem ich soeben den Farbstift geschenkt hatte.

Sie ließen nicht von mir ab, bis jedes von ihnen sein kleines Geschenk erhalten hatte, und ich mußte lange in meiner Tasche kramen, bis es soweit war. Endlich liefen sie unter Geschrei und übermütigem Lachen aus dem Zimmer, und der letzte schlug die Tür hinter sich zu. Erschöpft legte ich mich ins Bett und zog mir die staubigen Decken über die Schultern. Es gelang mir nicht einzuschlafen. Wild rasten Bilder, die außerordentlichen Eindrücke und Erfahrungen des Tages vor meinem inneren Auge vorbei.

Einmal mehr fühlte ich mich als ein Bürger zweier Welten, der von unsichtbaren Kräften hin- und hergerissen war. Auf dem riesigen unsichtbaren Schlachtfeld, auf dem ich mich befand, wurde ein unsichtbarer Kampf ausgetragen. Göttliches und Ungöttliches prallten mit großer Kraft aufeinander. Beide verhießen mir nur das Beste, und obwohl ich mich längst für das Göttliche entschieden hatte, ließen mich die alten Kräfte, aus denen ich jahrhundertelang gelebt hatte, nicht so ohne weiteres los.

Mir war bewußt, daß dies ein Kampf war, den niemand für mich kämpfen konnte. Doch ich hatte die Vielfältigkeit und Vehemenz der Kräfte meiner Begrenzung unterschätzt. Nie hätte ich gedacht, daß meine vom eng umgrenzten Denken geschaffene Welt in diesem Raum von Ursachen und Wirkungen eine solche Macht besaß, die bis ins Blut hinein verankert war.

Das Schicksal hatte mich mit Menschen zusammengeführt, die diese große innere Schlacht bereits hinter sich hatten und im Frieden der großen Stille ruhten. Ihre Anwesenheit, ihre Lebenshaltung schenkten mir Zuversicht und vor allem die Gewißheit, daß es tatsächlich möglich war, den Kampf zu gewinnen. Die großartige Wirklichkeit Gottes hatte mich tief berührt und jeden Augenblick meines pulsierenden Lebens erfüllt. Ich war fest davon überzeugt, daß das göttliche Licht in mir allmählich alle Unwissenheit und Verdunkelungen löschen würde.

Der Ruf eines Nachtvogels durchbrach die Stille. Irgendwann war ich eingeschlafen und wurde nun durch das laute Heulen des Windes geweckt. Ich hoffte, daß das Haus seine Gewalt ertragen würde und keinen Schaden nahm. Erst als sich der Sturm besänftigt hatte, schlief ich wieder ein.

DAS ANDERE LICHT

Als ich am Morgen aus einem traumlosen Schlaf erwachte, merkte ich sogleich, daß sich einmal mehr etwas Tiefes in mir verändert hatte. Ich fühlte mich von einer Kraft getragen, die nicht dem Kommen und Gehen unterlag. Alle Gedanken, die in mir aufstiegen und wieder verschwanden, nahm ich als solche wahr. Mein Innerstes jedoch blieb absolut unangetastet davon. Ich war der stille Betrachter.

In mir lebte die Erfahrung der großen Wirklichkeit, ich kannte das Unvergängliche, das ich selbst war, und die Gedanken waren wie kleine farbige Lichtbläschen, die auf meiner Oberfläche tanzten. Sie schienen auf einer unsichtbaren Bühne aufzutauchen und verschwanden dort wieder. Ich war von einem tiefen, grundlosen Glücklichsein erfüllt. Die Macht des Lichtes hatte mich ergriffen. Urerinnerungen aus fast erloschenen Seelenkammern leuchteten in mir auf. Der Raum, in dem das Denken stattfand, war nicht mehr als ein zerflatternder Traum, der sich im Nichts auflöste. Ich hatte die Zeitschwelle überschritten. Es kam mir vor, als hätte ich eine gespenstische, in sich selbst hohle Form abgestreift. Ein feines unwandelbares Glücksgefühl, das von der Zeit abgeschnitten war, erfüllte mich. Es gab kein konkretes Ich-Empfinden mehr, ich ruhte leidenschaftslos und wortlos in den Tiefen der Wirklichkeit.

Im kleinen Eßzimmer erwartete man mich bereits zum Frühstück. Kaum hatte ich mich gesetzt, wurde das Essen aufgetischt. Die junge Frau, die eine Tasse dampfend heißen Tees vor mich hin stellte, fragte mich, ob ich gut geschlafen hätte. Der Junge, dem ich am Vorabend den Farbstift geschenkt hatte, stocherte in der Glut des offenen Kamins und legte getrockneten Yakdung nach, so daß bald ein wärmendes Feuer loderte.

Der scharfe Geruch des brennenden Dungs schlug mir auf den Magen. Ich würgte mit Mühe das Essen hinunter. Die anderen Pilger waren bereits aufgebrochen. Wir waren die letzten. Meine Gefährten saßen am Tisch und schauten mir beim Essen zu, denn sie waren längst damit fertig. Es drängte mich aber niemand zur Eile, und so setzte auch ich mich nicht unter Druck. Einmal mehr war ich von der Ruhe und Natürlichkeit dieser Menschen berührt. Gaya unterhielt sich mit unserer Gastgeberin, der Meister schaute still dem züngelnden Feuer zu, und ich saß da und ernährte meinen Körper.

In der letzten Nacht war mir voll bewußt geworden, daß der blütenzarte Leib eines Tages verwelken, zerbröckeln und sich im Erdengrund auflösen oder von Feuer verzehrt werden würde. Doch meine leuchtende Seele hatte den Wächter der Schwelle erkannt. Er würde sie nicht mehr daran hindern können, an ihm vorbeizuziehen und in den Urgrund des unendlichen Gottes zurückzuströmen.

Bald waren wir wieder in einer kargen Landschaft unterwegs. Wir wanderten einen Fluß entlang ins weite, steinige Tal hinunter. Am Nachmittag kamen wir wieder ins Haus unserer Gastgeber zurück. Eine sonderbare Ernüchterung hatte sich in mir vollzogen. Ich hatte mich selbst entmystifiziert und war höchst erstaunt, wie einfach die ewige Wirklichkeit war.

Am Abend las Gaya aus alten heiligen Schriften vor. Alle hörten ihr aufmerksam zu. Es waren ein paar Verwandte aus dem Ort zu Besuch gekommen, jede Sitzgelegenheit war besetzt. Später wurde über allerlei diskutiert. Ich blieb sitzen, bis mir plötzlich die Augen zufielen, so daß ich mich zum Schlafen zurückzog.

In dieser Nacht hatte ich einen sehr merkwürdigen Traum, dessen Intensität in mir eine tiefe Prägung hinterließ.

Ich stand in einem Haus in einem großen hellen Raum. Ich befand mich in Gesellschaft einer jungen Frau, in deren offenem Gesicht zwei dunkle Augen leuchteten wie Sterne. Von ihrem Wesen strahlte etwas aus, was mir tief vertraut war.

»Komm«, sagte sie mit sanfter Stimme und nahm mich bei der Hand. Wir taten drei Schritte und standen im nächsten Augenblick in einem anderen Raum. Wir waren durch keine Tür gegangen, noch hatten wir durch eine andere Öffnung den Raum verlassen.

Ein sonderbares Empfinden vibrierte in meinem Körper. Fragend schaute ich meine Begleiterin an. »Was du jetzt in der feinstofflichen Welt in deinem Lichtleib erlebt hast, wirst du, wenn dein grobstofflicher Körper soweit vergeistigt ist, auch in der dichten Welt der Materie vollziehen können. Du bist ein schwingender, vibrierender Zustand in der unendlichen Gotteswelt. Dein irdischer Körper gleicht einem leeren, kalten Haus. Nur in der Bewegung erfüllt er seinen Zweck. Wenn ihn nicht das Licht der erwachten Seele durchflutet, ist er unnütz, häßlich und ohne Anmut. Wenn die Seele nicht vom sonnenhaften göttlichen Geist belebt, geadelt und erhoben ist, kann sie nicht das Ursprüngliche schauen und in ihm verschmelzen. Körper, Seele und Geist müssen in vollkommener Harmonie miteinander existieren, damit sich das Höchste verwirklichen kann. Solange nicht auch das Fleisch in reines, flüssiges Gold verwandelt worden ist, lebst du in einem toten Haus! Das flüssige Gold ist das reine Licht Gottes, das dich wie ein neues, strahlendes Gewand umhüllt und mit universeller Weisheit erfüllt. Wer diesen Lichtstrom betritt, geht ins Allerhöchste, ins Allerheiligste ein. Wer ohne Liebe und ohne Weisheit ist, der ist wie ein dumpfer Stein. Er lebt in einem kalten Haus. Wer Gott verherrlicht, den verherrlicht Gott und öffnet ihm die Tore seiner Lichtschätze.«

»Komm«, sprach die sonnengleiche Frau abermals, und gleich darauf standen wir wieder in einem anderen Raum.

»Herz, Leib und Geist müssen in übereinstimmender Harmonie mit dem Allerhöchsten sein. Nur so wird dein Leib ein Lichthaus des Allerhöchsten, Unbegrenzten und somit selbst unbegrenzt sein. Das Lichtreich ist in dir! Und indem du es vollkommen erkennst und vollkommen zum Ausdruck bringst, wirst du es selbst.«

Mit offenen Augen lag ich wach im Bett. Ich hatte keine Ahnung, ob ich wirklich geschlafen und geträumt hatte oder nicht. Mein Körper vibrierte mit solcher Intensität, daß ich mir nicht im Klaren war, ob es sich um den sichtbaren Körper oder nur um ein mächtiges Energiefeld handelte. Die dichte Stofflichkeit des Fleisches schien in fließendes Licht verwandelt zu sein.

Allmählich beruhigte sich dieser Zustand, und ich hatte das sonderbare Empfinden, als würde sich in der Ferne allmählich etwas verdichten und Gestalt annehmen. Dieser Verdichtungsprozess meines Körpers erschütterte mich sehr und wühlte mich innerlich auf.

Ich wußte, daß ich mir diese Erfahrung nicht nur eingebildet hatte, denn in meinem Leben hatte sich eine neue Perspektive eingestellt. Ich hatte den Feuervorhang, der das Allerheiligste vom Gewöhnlichen trennt, durchschritten.

Ein zartes Morgenlicht dämmerte im Zimmer. Verunsichert von der merkwürdigen Erfahrung dieser Nacht, wagte ich mich lange nicht zu bewegen. Als ich mich endlich aufsetzte, war mein Körperempfinden völlig anders als bisher. Ich fühlte mich transparent und leicht und spürte, daß eine gewaltige konzentrierte Lichtkraft durch mich ausstrahlte. Mein Körper bebte leicht, erfüllt und durchdrungen von fließendem Licht.

Durch eine Hintertür verließ ich das Haus und schlenderte an Weizenfeldern entlang. Ich hatte das Bedürfnis, allein zu sein. Der Himmel war von grauen und schwarzen Regenwolken verhangen, die von den Winden nordwärts getragen wurden. Ich merkte sehr konkret, daß ich die inneren Grenzbezirke meines Wesens verlassen hatte. Es hatte sich eine neue, sensible Wahrnehmung in mir eingestellt. Meine beobachtende Seele war bereit, durch die Erscheinungen hindurch das tiefe Unbekannte zu erforschen.

Ich wußte nicht, wie lange ich schon unterwegs war, als mir unerwartet der Meister entgegenkam. Er war bereits auf dem Rückweg und ich entschloß mich, mit ihm zum Haus zurückzugehen.

Ein breites Lachen verzierte sein Gesicht: »Ah, ah! Das Sonnenhafte strahlt von dir aus, das ist sehr gut. Jetzt kannst du die Oberflächenmächte besiegen, jetzt hast du das nötige Instrument dazu. Diese ausstrahlende Sonnenkraft die aus den Bronnen Gottes fließt, hilft dir, das astrale Chaos mit seinen Dämonen und unruhigen Geistern, seinen Einflüsterungen, Zauberkräften und Göttern unangefochten zu durchwandern, sie zu überwinden und gleichzeitig zu erlösen. Körperlos durchwandert der wahrhaftige Sucher, der nach endgültiger Befreiung strebt, diese inneren Gebiete, überall die Dunkelheit aufreißend und mit reinem Licht überflutend. Unbewegt ist das Herz des Erwachenden, wenn ihn die toten Augen der Finsternis anstarren. Das sonnenhaft ausstrahlende Licht löscht alle Phantome der niederen Welt und leitet gleichzeitig einen unermeßlichen Umwandlungsprozeß ein, der den ganzen physischen und auch die feinstofflichen Körper ergreift. Darüber haben wir schon gesprochen. Wenn das ewige Licht das Zeitliche verschluckt, dann schreitet die Seele mit kühner Macht geschmückt aus den Gebieten des Todes hinaus.

Das flüchtige, schattenhafte Leben kann nur dort gedeihen, wo die Neigung da ist, sich selbst in diesen niederen Gebieten zu definieren. Da bewegt man sich in Welten unwirklicher Phantasien, die man selbst erschaffen hat, und träumt davon, etwas Bleibendes zu vollenden. Es ist ein Selbstverliebtsein, die Verliebtheit in sein eigenes Denken und Handeln, was diese subjektiven Traumschöpfungen bewegt. Und all diese ätherischen Gebilde trachten nach Befriedigung im Endlichen. Sie sind die Saugkräfte, welche die Seele ans Sterbliche ketten. Nichts auf dieser Ebene wird jedoch ganz zufriedenstellend sein, alles ist Verführung. Die Dinge scheinen nur einen Augenblick das zu sein, was sie nie völlig sind.

Launenhaft wie der Wind bist du viele Hunderte von Malen inkarniert und hast unzählige Erfahrungen gesammelt. Sei dir nun ganz und gar bewußt, daß du nicht der Körper bist: Er ist nur ein Umhang für die unbegrenzte göttliche Essenz. Das, was in vollkommener Wachheit durch das Auge wahrnimmt, ist nicht der Körper.«

Am Horizont erstrahlte ein feuriges Morgenrot als Vorbote des nahenden Tages. Ich war dem Meister für seine Worte, die wie immer im richtigen Augenblick genau die richtigen waren, unsagbar dankbar. Sanft, fast unmerklich erhob er mich mit Schwingen des Lichts in die göttliche ewige Welt und achtete immer genauestens darauf, daß alles, was er mir eröffnete, eine vollkommene, unwiderrufliche und unauslöschliche Erfahrung war.

»Ich werde meinen Meister besuchen, und er hat mir erlaubt, dich mitzunehmen« sagte er nun in ruhigem, bestimmtem Ton. Ich stand sprachlos da, überwältigt von seinem Angebot. »Möchtest du mitkommen?« fragte er und blickte mich von der

Seite an. Aber ich war so überrascht, daß ich überhaupt nicht antworten konnte. Ich nickte nur.

Immer mehr reifte in mir das Verlangen, für immer beim Meister zu bleiben und mein bisheriges Leben endgültig hinter mir zu lassen. Der Augenblick, mit ihm darüber zu reden, war jedoch noch nicht gekommen. Ich nahm mir vor, damit zu warten, bis ich seinen Meister kennengelernt hatte.

Langsam ging die Sonne auf. Liebkosend strich ihr Licht über die erwachende Gegend und erweckte das ganze Leben dieser Welt.

Noch nie hatte ich mich einem Menschen so nah und vertraut gefühlt wie dem Meister. Innerlich mußte ich lachen, als mir unsere erste Begegnung wieder einfiel. »Doch erstens kommt es anders und zweitens als man denkt«, sagte ich zu mir selbst.

Rechtzeitig zum Frühstück waren wir wieder im Haus. Das Wetter hatte sich in kürzester Zeit gewandelt, es wurde ein strahlend schöner Tag.

Beim Frühstück luden unsere Gastgeber uns ein, solange bei ihnen zu bleiben, wie wir wollten. Wir würden ihnen als Gäste immer willkommen sein, erklärten sie. Gaya gegenüber, die ein wenig später kam, wiederholten sie ihr Angebot. Wir bedankten uns für ihre Großzügigkeit. Ich wäre am liebsten sofort weitergezogen. Ich konnte es kaum erwarten, den Meister des Meisters kennenzulernen. Diese Erwartung hatte ein Feuer der Ungeduld in mir entfacht.

Es dauerte nicht lange, dann ließ der Meister die Familie wissen, daß wir gerne noch ein paar Tage bleiben und ihnen bei den anstehenden Arbeiten helfen wollten. Er blickte Gaya und mich kurz an. Wir waren beide mit seinem Vorschlag einverstanden.

So stand ich den ganzen Tag mit einem der Söhne auf dem Dach, das an verschiedenen Stellen zu reparieren war. Der Sohn lebte verheiratet in einem anderen Tal und war nur für kurze Zeit bei seinen Eltern zu Besuch. Von ihm erfuhr ich vieles über den harten Alltag im Gebirge. Viele seiner Freunde waren ins Flachland, in die großen Städte gezogen, wo sie sich ein einfacheres und besseres Leben erhofften. Auch ihn habe es eigentlich weggezogen, gestand er mir mit kaum verhohlener Wehmut ein, doch die Umstände hätten ihm nicht erlaubt, diesen Traum zu verwirklichen.

Von religiösen Dingen hielt er nicht besonders viel. Das Einzige, was für ihn zählte, war die Verbesserung seines Lebensstandards. Nachdem ich gehört hatte, unter welch schwierigen Bedingungen er seinen Alltag meistern mußte – und er war nicht der einzige, der so kämpfen mußte, versicherte er mir – verstand ich das sehr gut.

Am nächsten Tag verrichtete ich allein verschiedene kleinere Arbeiten. Ich rief mir die Worte des Meister aus unserem letzten Gespräch wieder ins Gedächtnis. Mir war klar geworden, daß das Buch des Lebens bei allen Menschen immer weit offen steht. Mit ein bißchen Sensibilität konnte man darin lesen. Dank der neuen Wahrnehmung, die sich bei mir eingestellt hatte, erkannte ich klar die beiden Sphären in mir, die Sphäre der Gedanken und die Sphäre der Intuition.

Die Gedanken, die der materiellen Welt entspringen, sind die schöpferischen Kräfte, die für den Aufbau der Körperlichkeit verantwortlich sind, mit allem, was diese in sich schließt. Für sie ist das rein Geistige unsichtbar.

Aus dem reinen göttlichen Geist entspringt der Impuls der vollkommenen Weisheit, die schöpferische Kraft, die sich in der Seele widerspiegelt und als reine Intuition das göttliche Reich, das anfangslose unsterbliche Selbst wahrnimmt.

Der äußere Mensch ist eine Widerspiegelung des inneren, unsichtbaren Menschen, der im Impuls der unbegrenzten reinen Gottessphäre existiert. Ich hatte gemerkt, wie wichtig es war, daß ich meine Gedankensphäre und die ihr innewohnenden Kräfte genau beobachtete. Es war mir bewußt geworden, welche Möglichkeiten sich mir eröffneten, wenn diese Sphäre rein war und sich meine Gedankenkräfte in Übereinstimmung mit dem inneren, reinen Gottmenschen befanden.

Kristallklar sah ich vor mir, wo individuelles Leben aufhörte und wo das Universelle begann, wo sich die Trennlinie zwischen Gott und dem begrenzten Menschsein auflöste. Die Gestaltung des Lebens bekam auf diese Weise eine völlig neue Perspektive, einen neuen Sinn. Es war der Anfang einer lichtvollen Entdeckungsreise in die Tiefen meines wahren Selbst. Etwas, das seit Jahrhunderttausenden in mir geschlummert hatte, war jetzt mit großer Macht wieder erwacht. Ich stand an der Grenze, an der ich mich entscheiden mußte. Wem wollte ich dienen, dem großen Licht Gottes, das alles erlöst und auslöscht und befreit, oder dem Licht der Welt, in dem Eigennutz der Maßstab aller Dinge war? Das Ich, aus dem ich in der physischen Welt lebte, hatte sich in viele bunte Farben gekleidet. Es hatte sich Wissen und die dazugehörigen Strategien angeeignet und sich damit eigenmächtig zum Weltenherrscher erhoben. Es sammelte und speicherte unaufhörlich Wissen und Erfahrungen an, um seine eigene Leere zu füllen. Und nun hatten die Strahlen Gottes mich erreicht und mich an diese Grenze geführt, die das Ich nicht überschreiten konnte, an die Grenze, wo seine Macht sich restlos auflösen mußte. Der Bewußtseinserweiterung und der Kultivierung des alten Zustandes war hier eine unüberwindbare Schranke gesetzt. Das Licht der höheren Wirklichkeit widerspiegelte sich in mir und schenkte mir Überwindungskraft. Eine völlig neue Vibration hatte in mir zur Offenbarung gedrängt, und ich wußte, daß es auf dem Weg der endgültigen Befreiung jetzt kein Innehalten mehr gab.

Diese innere Klarheit drängte zu einem Entschluß, der nicht mystisch oder intellektuell sein konnte. Die Umsetzung mußte sich in meinen zukünftigen Taten, in meiner Lebenshaltung von Augenblick zu Augenblick zeigen und offenbaren.

Innerlich war mein Entschluß gefaßt. Ich setzte mich auf die Bank vor dem Holzschuppen hinter dem Haus und betete aus tiefstem Herzen zum allgegenwärtigen Gott, daß er meine Seele adeln und mir das Tor öffne, damit ich endgültig sein grenzenloses Reich betreten konnte. Diese in mir auflodernde Flamme war kein Hoffen oder Idealisieren, sondern ein absolutes »Nicht-mehr-anders-können.«

Die Schritte, die ich auf dem Weg zum ewigen Reich bereits vollzogen hatte, hatten in mir ein klares Unterscheidungsvermögen geweckt. Ich erkannte die göttliche Intuition, die mich mit dem ewigen Lichtreich verband. Ich erkannte die irrigen Verhaltensmuster und die Instinkte, die ich mit dem Tierreich gemeinsam hatte und die mich astral mit ihm verbanden. Wo ich hindachte, dort war ich!

Reines Denken war klares Schauen und klares Ausdrücken der göttlichen Intelligenz. Reines selbstloses Denken hatte die Macht, die Welt zu erheben, sie zu verwandeln und zu vergeistigen und so in vollendeter Schönheit und Zartheit die Vision Gottes selbst zu offenbaren. So konnte Äußeres zum Inneren, Vergängliches zum Ewigen und Sterbliches zum Unsterblichen werden.

Wie goldene Lichttropfen strömten Einsichten aus dem Urgrund aller Dinge hervor. Ich hatte mich in meinen zum Ewigen drängenden Gedankengängen selbst vergessen. Die Stimme der Gastgeberin rief mich zum Essen ins Haus.

Unser Aufenthalt dauerte länger, als ich angenommen hatte. Inzwischen waren wir schon mehr als zwei Wochen hier. Wir hatten in dieser Zeit viele Arbeiten erledigt, die für das alte Ehepaar zu beschwerlich geworden waren. Verschiedenen Andeutungen des Meisters hatte ich in den letzten Tagen jedoch entnommen, daß unsere Abreise bevorstand.

An einem dieser letzten Tage arbeitete ich mit

Gaya auf einem Stück Land, auf dem ein kleiner Garten angelegt werden sollte. Den ganzen Tag gruben wir kleinere und größere Steine aus und trugen sie zu einem großen Haufen hinter dem Haus. Am späteren Nachmittag setzten wir uns dort unter einen Baum. Gaya hatte mir angekündigt, sie habe mir etwas Wichtiges zu sagen. Und nun hatte ihr Gesicht einen ernsten, ja fast traurigen Ausdruck, als sie zu sprechen begann:

»Der Meister hat mir erzählt, daß ihr in zwei Tagen weiterreisen werdet. Ich werde euch jedoch nicht mehr weiterbegleiten. Für mich ist die Zeit der Rückkehr gekommen. Ich werde zu Hause gebraucht. Der Abt hat mir den Vorschlag gemacht, auf der Rückreise bei ihnen vorbeizukommen und noch eine Weile im Kloster zu bleiben. Das werde ich tun. Es dauert nicht mehr lange bis zum Wintereinbruch, und mit ihm setzen die großen Schneefälle ein. Dann ist es fast unmöglich, in diesen hoch gelegenen Regionen zu reisen.«

Der Schmerz traf mein Herz wie ein feuriges Schwert. Dieser Abschied kam so rasch und unerwartet! »Werden wir uns wiedersehen?« fragte ich betrübt. »Wahre Freundschaft ist nicht körpergebunden«, sagte Gaya. »Ob wir uns auf der physischen Ebene jemals wiedersehen werden, weiß ich nicht, in meinem Herzen aber lebst du weiter. Ich werde die Zeit, die wir zusammen verbrachten, nicht vergessen.

So ist der Lauf der physischen Welt: Schattenhaft erscheinen die sichtbaren Körper auf dieser Ebene der dichten Stofflichkeit. Sie atmen ein bei ihrem

Erscheinen und atmen aus bei ihrem Verschwinden. Wie viele Atemzüge wir während eines Lebens zur Verfügung haben, wissen wir nicht. Doch die Zeit die uns geschenkt ist, sollten wir nützen, um zu unserem eigentlichen reinen Zustand zurückzufinden. Nur so wird der jahrtausendealte Schmerz des sich immer wiederholenden Kommens und Verschwindens aufgehoben.«

»Ich weiß, daß du recht hast, und doch läßt sich dieser Schmerz nicht ganz abschütteln«, sagte ich. Gaya nickte nur stumm. Wir machten uns wieder an die Arbeit und ich behielt genau die verschiedenen Zustände und Emotionen im Auge, die sich krakenhaft in mir auszubreiten und mich einzufangen suchten. Doch diesmal ließ ich mich nicht mehr mit ihnen ein. Ich beschränkte mich darauf, sie innerlich zu beobachten. Wie träge Wolken schwebten sie an mir vorbei. Sie fanden keinen Ort mehr, an dem sie sich entladen konnten.

Die emotionalen Kräfte hatten ihre Macht über mich fast ganz verloren. Klarer denn je erkannte ich die Mechanismen der Gedankenprozesse, sah, wie bestimmte Gedanken und konkrete, subjektive Gefühle sich darin verdichteten und damit die Umstände erschufen, die Werte herausbildeten, in denen ich lebte, an die ich glaubte, und an denen ich mich festhielt.

Die Worte des Abtes fielen mir ein, als er mir von Entsagung sprach. »Haben und Verlieren sind nur Vorstellungen in deinem Bewußtsein, Spiegelungen, die nicht die göttliche Wirklichkeit sein können.«

Am Abend, nachdem Gaya wiederum aus heiligen Texten vorgelesen hatte, die der Meister ergänzte und erläuterte, verkündete er, daß wir in zwei Tagen abreisen würden. Der Gastgeber wollte uns für die Weiterreise zwei kleine, drahtige Pferde schenken, doch der Meister winkte dankend ab. Er zeigte ihnen die harte Haut seiner Fußsohlen und meinte lachend: »Das sind meine beiden Pferde!« Ich war enttäuscht und wütend. Ich hätte durchaus nichts dagegen gehabt, den Weg beritten fortzusetzen. Als hätte er meinen inneren Zustand gelesen, fuhr der Meister fort: »Und er hat gutes Schuhwerk, das sind seine Pferde!«

Außer einem kurzen, erstickten »Ja« brachte ich nichts heraus. Am nächsten Tag war ich die ganze Zeit mit Gaya zusammen. Wir sprachen kaum. Eine gelassene, heitere Stille hinderte mich, daran zu denken, daß sich am nächsten Tag unsere Wege trennten. Ich hätte mir gut vorstellen können den Rest meines Lebens mit ihr und dem Meister zu verbringen. An der Todesschwelle jedoch hieße es unwiderruflich wieder Abschied nehmen. Es gab hier also etwas Tiefes, Grundlegendes, das ich lernen konnte, lernen mußte.

Daß ich nicht der Körper war, nicht die Verpakkung der göttlichen Essenz, sondern das Essentielle selbst, das wußte ich aus innerster Erfahrung. Die jahrthundertealte nostalgische Gewohnheitskraft bewirkt, daß man gute Augenblicke, die man auf der körperlichen Ebene erlebt hat, festhalten will und ihnen Dauerhaftigkeit einzuimpfen versucht. Wie eine klebrige Melasse bewegten sich diese irrigen Vorstellungen, an denen ich mich festhielt, noch in mir. Daß ich mich noch nicht ganz von der vergänglichen Weltkulisse gelöst hatte, war mir klar. Genau so klar war mir aber, daß ich mich endgültig aus dem Tränental dieses Weltendramas erlösen mußte.

Am nächsten Morgen verabschiedeten wir uns. Der Abschied war kurz aber herzlich. Die Gastgeberin dankte uns noch einmal dafür, daß wir ihr Haus mit unserer Anwesenheit gesegnet hatten. Gaya begleitete uns ein Stück weit, dann trennten wir uns bei einer Weggabelung außerhalb der Stadt. Sie faltete kurz ihre Hände vor der Brust, schenkte uns einen leuchtenden Blick aus ihren dunklen, milden Augen und entfernte sich wortlos. Lange schaute ich ihr nach, wie sie leichtfüßig ihres Weges ging. Mir war, als entfernte sich dort ein Teil meiner selbst.

Insgeheim hatte ich erwartet, daß der Meister etwas sagen würde, aber ich hatte mich geirrt. Er ging ruhigen Schrittes weiter. In mich selbst versunken schritt ich neben ihm her. Bald waren wir nur noch von der stillen Bergwelt umgeben. Ein Gefühl der Einsamkeit bemächtigte sich meiner, ein sonderbares Gefühl, verloren zu sein.

Wir waren schon mehrere Tage unterwegs. Allmählich veränderte sich die Umgebung. Wir hatten die hohen schneebedeckten Gipfel hinter uns gelassen und befanden uns auf einem ausgedehnten Hochplateau. Ein breiter Fluß zog seine Schleifen durch die steinige, trostlose Gegend. Als wir eine kleine Anhöhe erreichten, stand ich überwältigt vor der unerwarteten Aussicht. Bis zum Horizont erstreckte sich eine bucklige Hügellandschaft.

Wir setzten uns auf einen Felsen und der Meister zeigte auf zwei kleine Hügel in der Ferne: »Siehst du, dort ist die Grenze. In ein paar Stunden werden wir sie überqueren.«

Träge zogen weiße Wolken über uns hin. Sie schienen greifbar nah zu sein. Am späteren Nachmittag trafen wir zwei Hirten, die eine Herde Schafe und Pferde hüteten.

Der Meister sprach eine ganze Weile mit ihnen und sie bestanden darauf, daß wir sie zu ihren Zelten begleiteten, um bei ihnen zu übernachten. Der Meister wollte ihnen den Wunsch nicht abschlagen, und so folgten wir ihnen und halfen mit, die Tiere zu den Zelten zusammenzutreiben.

Es waren Nomaden, vier Großfamilien, die sich gemeinsam um die Tiere kümmerten und miteinander von Weideplatz zu Weideplatz zogen. Die karge Vegetation bot den Tieren für mehrere Wochen Futter, dann wanderten sie weiter.

Ihre Zelte waren nicht weit weg, und als wir näherkamen, waren wir sogleich von einer großen Kinderschar umringt, aus der uns neugierige Augen entgegenblickten. Bevor wir die Zelte betreten konnten, mußte jemand die scharfen Hunde anbinden. Von weitem fletschten sie uns feindselig an.

Wir wurden mit außerordentlicher Herzlichkeit begrüßt. Man hatte sich gewundert, uns so allein zu Fuß unterwegs in dieser Hochebene anzutreffen. Der Meister löste das Rätsel, indem er erklärte, daß wir auf einer Pilgerreise waren.

Während die Männer den Schafen die Köpfe zusammenbanden, begannen die Frauen mit dem Melken. Sie sprachen mit dem Meister über die Aufzucht der Tiere, über den nächsten Weideplatz, zu dem sie bald aufbrechen würden, und er hörte ihnen interessiert und geduldig zu. Ich studierte unterdessen die gegerbten Gesichter, die von den harten Lebensbedingungen gezeichnet waren. Das faltenreiche Antlitz der Alten glich einer Landkarte, auf der die Mühen und Wege eines ganzen Lebens abzulesen waren. Man schaute uns aus wachen Augen schüchtern, erstaunt und neugierig an. Unter einem großen Vorzelt kochten die alten Frauen in großen Töpfen auf offenen Kochstellen das Abendessen. Die Männer saßen daneben und schlürften Buttertee. Allmählich waren alle Familienmitglieder herangekommen und es wurde rege und lautstark diskutiert. In vielen Belangen hatten hier die Frauen das Sagen, das fiel mir sogleich auf, aber die Dinge wurden ruhig mit den Männern besprochen, und es wurde viel gelacht.

Ein kleines Mädchen näherte sich uns. Ein steifes Bein zwang es, sich beim Gehen auf einen Holzstock zu stützen. Es setzte sich neben mich und schaute mich aus großen Augen an. Ich fragte die Mutter, ob das Kind so zur Welt gekommen sei. Es sei im Alter von zwei Jahren beim Spielen einen steilen Hang hinuntergestürzt und dabei fast gestorben, erklärte sie mir. Seither habe es ein steifes Bein und leide darunter, daß es die meisten Spiele mit den andern Kindern nicht mitmachen könne.

Nach dem Essen wurde noch lange diskutiert, dann zogen wir uns mit einer der Familien für die Nacht in ihr Zelt zurück.

Es wurden zwei Yakfelle ausgelegt, auf denen wir uns zum Schlafen niederlegen konnten. Für mich war es ein eigenartiges Erlebnis, so mit der ganzen Sippe auf engstem Raum zu übernachten. Verschiedene Gefühle und Gedanken stiegen in mir hoch und hielten mich noch lange wach, während die Nomaden in kürzester Zeit alle tief schliefen.

Am Morgen wurde ich vom Weinen eines Säuglings im Nachbarzelt geweckt. Der Meister saß mit unseren Gastgebern bereits vor dem Zelt beim Morgentee.

Bald verabschiedete sich eine Gruppe von Männern und Frauen von uns. Sie gingen ihrer täglichen Arbeit nach. Wir blieben fast allein vor dem Zelt zurück und schickten uns auch an, aufzubrechen. Die Mutter mit dem lahmen Kind ging etwas weiter weg an uns vorbei und winkte uns zum Abschied. Der Meister winkte sie heran. Er bat sie und das Kind ins Zelt hinein, in dem sich jetzt niemand mehr befand. Ich unterhielt mich unterdessen mit zwei alten Frauen, die bei der Kochstelle die Töpfe reinigten. Nach einer Weile trat der Meister allein aus dem Zelt heraus und sagte zu mir: »So. Laß uns gehen.« Ich verabschiedete mich und wir ließen die Nomadenzelte hinter uns. Irgend etwas bewog mich, noch einmal zurückzuschauen. Ich war wie elektrisiert: unter dem Vorzelt hüpfte das Mädchen um die Mutter herum und warf seinen Stock vor Freude in die Luft. Es war vollkommen geheilt, ein Wunder war geschehen. Den Blick der Mutter, der die Tränen über die Wangen liefen, werde ich nie vergessen. Es war eine Verwunderung und eine Dankbarkeit darin, und etwas, was sich nicht in Worte fassen ließ. Das Mädchen hörte nicht auf zu hüpfen und winkte mir übermütig zu. Ich winkte zurück.

Die beiden alten Frauen hatten von dem wunderbaren Ereignis noch gar nichts bemerkt.

»Komm, wir müssen weiter«, drängte mich der Meister. Ich verstand, daß er kein Aufsehen erregen wollte. Er hatte einen günstigen Moment abgewartet, um mit der Mutter und dem Kind allein zu sein. Ich erinnerte mich, wie er ganz am Anfang unserer Begegnung das gebrochene Bein eines Tieres wiederhergestellt hatte. Was ich hier erlebt hatte, ließ sich damit jedoch kaum vergleichen.

Der Meister war wie immer in vollkommenem inneren Gleichgewicht. Für ihn war nichts Besonderes geschehen. Er hatte nur das höhere Gesetz angewandt, wie er mir das damals erklärt hatte. Er spürte meine Verwunderung und sagte mir: »Jeder Mensch, der wirklich an Gott, an sein unbegrenztes Erbarmen und Mitgefühl glaubt, ist imstande, das zu bewirken, was soeben geschehen ist. Wer zögert und zweifelt, bleibt in seiner eigenen Begrenzung stecken. Du mußt fähig sein, die Gesamtheit des schöpferischen Gedankens Gottes in dir aufzunehmen und auf der Ebene, auf der du jetzt lebst, vollkommen auszudrücken. Diese Heilung ist kein Wunder, sondern ein Ausdruck der Liebe Gottes.

Wenn du das ganze begrenzte Denken vollständig von dir abgeschüttelt hast, wenn deine ganzen Vorstellungen von Sein und Nichtsein und individueller Persönlichkeit sich aufgelöst haben, dann wird es dir möglich sein, deine Schwingungsfrequenz so weit über die Frequenz der trägen Materie zu erheben, daß der physische Tod und alle Krankheit damit überwunden ist. Dann vibrierst du in der ewigen Lichtexistenz. Die ganze Molekularstruktur des Körpers wird auf diese Weise verwandelt und erhöht und mit der völlig anderen Information des unbegrenzten Daseins gespeist. Damit wird der Körper zum Fahrzeug, zum Instrument, das du so benutzen kannst, wie du es für richtig hältst.

Diese große Transformation ist für jeden Menschen, der an den unbegrenzten Gott und seine unbegrenzten Möglichkeiten glaubt, das Naheliegendste, Natürlichste was es gibt. Sterblichkeit, Krankheit und Zerfall sind Eigenschöpfungen des Menschen, das Ergebnis von Selbstsucht und Mißverständnissen, aus denen alle Grenzen und Begrenzungen hervorgegangen sind. Wir sind nicht in dieser Welt, um zu leiden, sondern um die Glorie Gottes in uns zu ent-decken und vollumfänglich auszudrücken.«

Wir schritten durch eine wüstenähnliche Gegend, während der Meister zu mir sprach. Scheinbar hatte er selbst noch über seine Worte nachgedacht, denn plötzlich blieb er stehen und sagte: »Also, paß auf. Ich werde dir ein Beispiel geben, eine Erfahrung, die das, was ich dir soeben sagte, unterstreichen soll.«

Einen Augenblick später schwebte er etwa drei Meter über mir im freien Raum und sprach: »Der Mensch ist Licht, der Mensch ist ungebunden und grenzenlos.« Dann stand er wieder vor mir. »Paß auf«, sagte er nochmals und war im nächsten Augenblick aus meinem Blickfeld verschwunden. Einen Sekundenbruchteil später hörte ich ihn hinter mir rufen: »Da bin ich wieder!« Er stand etwa fünfhundert Meter weiter hinten und kam mir nun gelassen entgegen. Er schaute mir tief in die Augen. Die Kraft, die von ihm ausstrahlte war mir fast unerträglich, so übermächtig empfand ich sie. Ich hatte das Gefühl, mich aufzulösen.

Ernst, mit einer Stimme, wie ich sie bei ihm noch nie gehört hatte, sagte der Meister: »Ich habe kein Interesse, dir irgendwelche Zauberstücke oder yogische Errungenschaften vorzuführen: Ich glaube, daß du das inzwischen selbst unterscheiden kannst. Ich will dir bloß zeigen, welche unbegrenzten Möglichkeiten jedem Menschen offenstehen, der vollkommen in Gott lebt. Der wahre Lichtmensch ist unbegrenzt und universell. Die Ursubstanz gehorcht dem reinen Willen göttlicher Natur, der sie unbegrenzt anwenden kann. Dieser Wille ist ausschließlich auf die Befreiung und vollkommene Transformation der gesamten Welt gerichtet. Was diese Arbeit alles beinhaltet, werde ich dir vielleicht später erzählen, wenn es für dich wichtig wird, das heißt, wenn du ganz konkret ein universeller Diener Gottes werden solltest. Es ist eine Vielfalt gigantischer Aufgaben damit verbunden. Gott hat dich zu mir geführt, du bist geblieben und für tiefere Belehrungen bereit. Belehrungen bedingen ein reines Herz und einen wachen Geist, der die zündende Fähigkeit besitzt, das Gehörte unmittelbar zu erfassen, zu verwirklichen und zu sein.«

Die Worte des Meisters hallten in mir nach. Zu meinem Erstaunen stellte ich fest, daß die Art, wie er seinen Körper teleportiert hatte, auf mich nichts Spektakuläres mehr an sich hatte, sondern als etwas Normales, ganz Natürliches erschien. Mein Bewußtsein hatte einen Quantensprung vollzogen.

Die Demonstration des Meisters hatte auf einer sehr tiefen Ebene etwas in mir bewirkt und genau das hatte er auch bezweckt. Es war ein magisches Zeichen aus einer mir noch unbekannten Welt.

Wir setzten unseren Weg fort. Ich betrachtete im Gehen die Gestalt des Meisters, der im Glanz des Morgens dahinschritt. Edel, anmutig, erschien sie wie eine Manifestation des friedvollen Himmels. Von seiner leuchtenden Stirn strahlte Weisheit aus, sein Blick war wie ein anbrechender Tag, lichtdurchdrungen, von lebendiger Kraft erfüllt. Die Offenbarungskräfte, die unaufhörlich mit großer Macht und Herrlichkeit von ihm ausstrahlten, berührten unmittelbar den Lebenskern aller Lebewesen, segnete sie, erweckte und regenerierte sie.

Er hatte mir gezeigt, daß das innere Schatzhaus des Lichtes in jedem Lebewesen vollumfänglich vorhanden war, und zwar nicht in Symbolen oder Allegorien, sondern als absolute, allgegenwärtige Wirklichkeit. Aus den unvorstellbaren Tiefen dieses Lichtes erscheint alles Gewordene, aus ihnen offenbart sich die Straße des Lebens. Das, was diese Wirklichkeit verhüllte, der durch große Mißverständnisse und Schwächung entstandene Schatten auf der Seele, war offensichtlich nicht mehr als eine Scheinwirklichkeit.

Fünf Tage später führte uns unser Weg durch eine gewaltige Schlucht, in der sich weit unten ein reißender Fluß durch die Felsen zwängte. Die Luft war vom

Getöse mächtig herabstürzender Wasserfälle erfüllt, ein bissig kalter Wind blies uns ins Gesicht. Über nasse Steine und Felsen stiegen wir langsam und vorsichtig die Schlucht hinunter. Immer wieder löste sich da und dort ein Steinbrocken und donnerte in die Tiefe. Es war kein ungefährlicher Weg, aber mein Vertrauen in den Meister war unbegrenzt und ich war fest überzeugt, daß uns kein Unheil zustoßen würde.

Die Schlucht zog sich lange dahin. Es dauerte fast einen Tag, bis wir ans andere Ende gelangten. Am Abend war ich so erschöpft, daß ich, kaum hatte ich mich hingelegt, sogleich einschlief.

»Es ist nicht mehr weit«, sagte der Meister am Morgen, als ich die Augen aufschlug. Die Kälte und die Feuchtigkeit der Schlucht hatten mir zugesetzt. Meine Glieder waren steif und schmerzten. Mehrmals hatte ich mich unterwegs gefragt, ob es keinen einfacheren Weg gegeben hätte. Die Antwort bekam ich, als ich mich jetzt umschaute. Links und rechts der Schlucht ragten die Spitzen einer hohen Gebirgskette in den Himmel.

Den ganzen Tag stiegen wir eine dieser Bergflanken hoch, die von vereinzelten Büschen bewachsen war. Die Luft war dünn, und obwohl ich mich inzwischen mehr oder weniger an dieses Klima gewöhnt hatte, mußte ich von Zeit zu Zeit tief einatmen. Es gab nur sehr wenig Sauerstoff hier.

Endlich erreichten wir einen höher gelegenen Bergsattel. Jenseits davon breitete sich eine weite Hochebene vor uns aus, durch die ein breiter Fluß zog. »Auf der andern Seite des Flusses, dort drüben in dem kleinen Tal wohnt mein Meister.« Angestrengt schaute ich in die Richtung, in die der Meister zeigte. Mein Herz schlug schneller und eine sonderbare Erregung erfaßte mich. Einerseits freute ich mich, seinen Meister kennenzulernen, andererseits kroch eine unerklärliche Angst in mir hoch.

Aus der unbewußten Welt in mir drängten sich gegnerische Kräfte an die Oberfläche. Etwas widersetzte sich in mir, sich diesem mächtigen Licht zu nähern. Stimmen flüsterten mir zu: »Geh nicht hin, es ist dein Verderben.«

Ich entschloß mich, dem Meister meinen Zustand und die aufkommenden Befürchtungen sogleich offen darzulegen. Er blieb stehen und schaute mich aus seinen gütigen Augen an: »Die Widersacherkräfte im Menschen fürchten sich vor dem Erlöserlicht. Die irdischen Mächte und ihre Welt halten mit ihrem Widerstand die Seele fest im Griff und führen sie auf unheilvollen Pfaden immer wieder in den Hinterhalt der Todesnatur. Sie flüstern ihr unaufhörlich ein, daß diese Scheinwelt ihr wahres Zuhause sei und halten sie so in der dualen Welt des Diesseits und des Jenseits gefangen.

Das Erlösungslicht jedoch reißt diesen selbstbehauptenden Mächten der Dunkelheit die Maske herunter. So stehen sie entzaubert vor der Seele, die Widerstände werden gebrochen und sichtbar wird das universelle Licht, das Antlitz Gottes, das nichts anderes als die allgegenwärtige Liebe ist. Die Ich-Kräfte der verdunkelten Welt wissen bereits, daß sie ihren Kampf mit dir verloren haben. Sie werden sich noch einige Male aufbäumen, bis sie endgültig überwunden sind. Mach dir deswegen keine Sorgen, laß dich nicht verunsichern. In der Verunsicherung, in Zweifeln und Ängsten zeigen sie ihr wahres Gesicht. Betrachte sie genau, dann siehst du, daß sie hohl sind.«

Ich nickte. Das dunkle Wesen hatte sich wieder in seine Abgründe zurückgezogen. Einmal mehr wurde mir die Gewalt der hypnotischen Kräfte dieser Welt bewußt. Sie hatten die Seele und das menschliche Bewußtsein eisern umklammert und hielten sie in den Labyrinthen der Zeit gefangen. Sie waren das Resultat abgestumpfter Gier und trieben die Seele immer wieder in die Umarmung toter Objekte. Sie waren das Resultat der Anerkennung des Widergöttlichen, das sich im Intellekt materialisiert, der nach immer neuen Befriedigungen Ausschau haltend, süchtig die Welt der Sinne durchforscht.

Durchsichtig und klar sah ich den Zustand, in dem ich lebte, vor mir. In ihm war die reelle Möglichkeit angelegt, all diese niederen Kräfte zu überwinden und in vollkommener Übereinstimmung und Harmonie in Gott zu leben. Neben mir stand der lebendige Beweis, daß dies für jeden Menschen dieser Erde möglich ist.

BEGEGNUNG MIT DEM UNIVERSELLEN MEISTER

Wie lächerlich kam es mir jetzt vor, wenn ich dachte, daß ich einst für zwei, drei Wochen einen Meister hatte aufsuchen wollen, um über dieses Leben theoretische Informationen zu sammeln. Wie unendlich dankbar war ich, daß er mich unverzüglich in die große Schule des Lebens geworfen hatte, um das Korn von der Spreu zu trennen! Ja, ich wollte unbedingt bei ihm bleiben, ich wollte den Weg der Befreiung weitergehen mit ihm.

Wir hatten nun den Fluß erreicht und gingen neben dem ziehenden Wasser entlang. Ein feines Beben hatte sich meines Körpers bemächtigt und verstärkte sich mit jedem Schritt. Ich konnte mir diesen sonderbaren Zustand nicht erklären.

Die Ufer des Flusses lagen wie ein türkisfarbenes Band in der Landschaft. Nach dem wir eine ganze Strecke flußaufwärts gegangen waren, fand der Meister die Stelle, wo wir ihn überqueren konnten.

»Hier ist die Stelle, zieh deine Schuhe aus.« Das Wasser schien mir ziemlich tief zu sein, doch der Meister drängte: »Komm!«, und schon stand er auf dem Wasser. »Meister, ich kann doch nicht übers Wasser gehen«, stammelte ich. Plötzlich hatte mich wieder Verzweiflung und Unsicherheit erfaßt.

Der Meister lachte laut heraus: »Ich stehe doch nicht auf dem Wasser! Hier sind Steine, über die wir gehen können, aber du mußt trotzdem aufpassen, sie sind glitschig.« Leichtfüßig überquerte er den Fluß, während ich mich sorgfältig von Stein zu Stein vortastete. »Warum vertraust du deinen Füßen so wenig«, rief er der Meister mir immer noch lachend zu, als ich zaghaft in der Mitte des Flusses stand.

Endlich langte ich am andern Ufer an. Jetzt wo ich zurückblickend genau hinsah, konnte ich die

Steine auch sehen. Wir setzten unseren Weg durch die Ebene fort. Da und dort war sie von niederem Buschwerk bewachsen. Am späten Nachmittag hatten wir das schmale Seitental erreicht. Hier plätscherte ein kleiner Fluß herunter, der etwas weiter vorn in den großen mündete, wo seine Eigenheit sich auflöste.

Stellenweise war das Tal sehr breit, stellenweise war es links und rechts durch schroffe Felswände eingeengt. Nachdem wir eine große Biegung umschritten hatten, faltete es sich in eine liebliche Hügellandschaft auf. Nicht weit von uns entfernt standen ein paar Häuser dicht aneinandergedrängt, als ob sie einander beschützen wollten. »Wir sind da«, sagte der Meister. Ein schmaler Weg führte vom Fluß zu den Häusern hinauf.

Viele grüne Laub- und Nadelbäume wuchsen hier auf dem kargen Boden. Die meisten hatte man offensichtlich hier angepflanzt. Und nun bemerkte ich auch ein paar Männer und Frauen, die mit alltäglichen Arbeiten beschäftigt waren. Im ersten Augenblick war ich ein bißchen enttäuscht. Ich hatte etwas ganz Besonderes erwartet. Dieser Ort schien sich nicht von den anderen zu unterscheiden, die wir besucht hatten. Vor einem der größeren Häuser saßen drei ältere Männer auf einer Holzbank und sahen uns entgegen. Immer stärker nahm ich die Präsenz einer mächtigen Kraft in mir wahr, immer stärker bebte mein ganzer Körper.

Als wir uns den drei Alten bis auf ein paar Schritte genähert hatten, standen sie auf, um den Meister herzlich zu begrüßen. Sie waren offensichtlich alte Bekannte. Nachdem er ihnen ein paar Worte über mich erzählt hatte, hießen sie auch mich willkommen. Jetzt spürte ich auch ihre außerordentlich gütige Ausstrahlung. Es war eine Weichheit und Durchlässigkeit, die mein Herz umarmte. »Welcher der drei ist wohl der Meister?« fragte ich mich, aber ich wagte den Gedanken nicht in Worte zu fassen.

Während zwei der Männer sich wieder setzten, führte uns der dritte zu einem der Häuser, wo er uns zwei Zimmer zuwies. Die Räume waren groß und gut eingerichtet. Eine große Stille und ein tiefer Friede kehrten in mich ein. Es dauerte nicht lange, bis mich der Meister in meinem Zimmer aufsuchte. Sogleich sprudelte es aus mir hervor: »Bitte, sag mir, welcher der drei dein Meister ist!« Er lachte und erklärte mir, daß die drei ebenfalls zu den Schülern seines Lehrers gehörten. Sie seien jedoch schon über hundert Jahre mit ihm zusammen. Das Alter des Meisters selbst kenne niemand. Ich werde ihn aber bald selbst kennenlernen, versicherte er mir. Der Mann, der uns hierher geführt habe, sei bereits zu ihm gegangen, um unsere Ankunft zu melden. »Er wird uns gleich zu ihm führen. Mein Lehrer ist kein Mensch vieler Worte.«

Ich war so aufgeregt, daß ich kaum mehr stillsitzen konnte. Meine innere Unruhe war mir unerklärlich. Jede Minute schien mir eine Stunde zu dauern. Ich versuchte krampfhaft, passende Begrüßungsworte zu finden, aber alles, was mir einfiel, befriedigte mich nicht. Endlich klopfte es. Der alte Mann und der Meister standen vor der Tür. »Mein

Meister wird uns jetzt empfangen, komm«, sagte er mit feierlicher Stimme.

Wie von einer unsichtbaren Lichtwolke getragen, folgte ich den beiden. Alle Menschen, denen wir unterwegs begegneten, hatten dieselbe gütig weiche Ausstrahlung. Vor einem der Häuser, das ein wenig abseits stand, blieb der alte Mann stehen und klopfte kurz an die Tür.

Als wir den Raum betraten, strömten mir unkontrollierbare Tränen der Glückseligkeit über die Wangen. Wellenartig floß eine gigantische Liebeskraft durch mich hindurch, mir war als würde mein ganzes Wesen darin zerschmelzen.

Und dann sah ich ihn! Es war nicht ein Anblick, sondern eine Offenbarung. Ich sah ein so mächtiges Licht, daß ich glaubte, die Sonne selbst sei hier im Raum. Dieses Licht war von so unermeßlicher Schönheit, von so durchdringender Sanftheit und Intensität, daß es mit Menschenworten nicht zu beschreiben war. Das Gesicht dieses Meisters war ein strahlender Friede und eine milde Morgenröte. Sein ganzes Wesen atmete Erhabenheit. Ein unvorstellbarer Eindruck von Heiligkeit ging von ihm aus.

Ich ertrug seinen Blick nicht lange. Die Lichtkraft, die aus seinen Augen strahlte, war so entblößend und entwaffnend, daß ich nicht mehr wußte, wohin ich schauen sollte. Wie benommen stand ich da und brachte kein einziges Wort heraus. »Setzt euch«, vernahm ich seine warme Stimme.

Er richtete das Wort an mich und sagte verständnisvoll, »Bruder, das Feuer der göttlichen Erlösungskraft ist für diese Welt unerträglich. Das Gesicht, das die Weisheit und die Worte des Lichtes verhüllt, ist nicht für alle sichtbar.

Das Reich Gottes zu betreten, bedeutet, daß du die absolute Leere aller Ursachen und aller Wirkungen erkennst. Die absolute Leere des Bewußtseins und die absolute Leere alles dessen, was in ihm erscheint und vergeht. Wenn dein Bewußtsein nicht mehr an Tun und Nichttun gebunden ist, atmest du im Sonnenreich Gottes. Wenn dein Bewußtsein gelernt hat, nicht mehr zu suchen, dann ist der Sucher gestorben. Im ewigen Lichtreich gibt es nichts zu finden, nichts zu nehmen, nichts zu halten.« Jedes Wort, jeder Atemzug seines göttlichen Transformationskörpers war mit solcher Macht geladen, daß es mich sanft von Welt zu Welt und durch unbekannte Dimensionen trug. Innere Tore wurden geöffnet, alte Mauern brachen ein. Während er mit dem Meister sprach, schaute ich ihn an und stellte zu meiner großen Verwunderung fest, daß er nicht älter als dreissig Jahre sein konnte. Es war ein junger Mann, vor dem ich saß!

Irgendwann stand der Meister auf. Ich faltete die Hände vor der Brust und bedankte mich. Der Lehrer meines Meisters winkte kurz, und schon standen wir draußen. Bald saß ich allein in meinem Zimmer. Immer noch quollen mir Tränen der Glückseligkeit aus den Augen. Nie hätte ich gedacht, daß ein so reines Wesen auf dem Planeten Erde atmete.

Leise klopfte es an der Tür. »Das ist der Meister«, dachte ich, doch vor der Tür standen eine junge Frau und ein Mann. »Wir bringen dir eine Kleinigkeit zu Essen, du bist sicher hungrig.« Sie breiteten das Essen auf dem Tisch aus und zogen sich sogleich wieder zurück.

Überrascht saß ich da. Die Idee des Essens war vollkommen in mir gelöscht, aber ich nahm die schlichte Mahlzeit doch dankbar an und trank von dem frischen Wasser, das schon vorher in einem Krug auf dem Tisch gestanden hatte.

Inzwischen hatte sich die Nacht über das Tal gelegt. Zwischen den vorbeiziehenden Wolken funkelte da und dort ein Stern. Ich hatte gehofft, daß der Meister mich aufsuchen würde, aber ich blieb allein. Die Menschen, die hier wohnten, waren alle von diesem göttlichen Licht durchdrungen, alles waren Meister, davon war ich überzeugt. Was für ein unermeßlicher Segen war es, daß mich mein Meister hierher mitgenommen hatte! Die konzentrierte Stille, der tiefe Frieden an diesem Ort war bis in jede Körperzelle spürbar.

Spät in der Nacht legte ich mich aufs Bett und schlief ein. Dabei machte ich die eigenartige Erfahrung, daß ich wach blieb, obwohl mein Körper schlief. Ich betrachtete die Traumbilder losgelöst von mir, wie ich im Wachzustand meine inneren Bilder betrachtete. Ich war Licht, reines Wahrnehmen, ohne das Gesehene haben, halten und interpretieren zu wollen. Die unvorstellbare Lichtkraft des Meisters durchstrahlte alle Welten und führte mich zu meinem ursprünglichen ungeborenen, körperlosen Zustand zurück. Irgendwann verblaßten auch die Traumbilder. Ich ruhte im Nicht-Denkbaren, Nicht-Erfahrbaren.

Am Morgen weckte mich ein mächtiger Impuls. Sogleich lag ich hellwach im Bett. Es war kurz vor Sonnenaufgang. Einer Eingebung folgend, trat ich aus dem Haus und sah, daß alle Bewohner schon unterwegs waren. Sie gingen an den Häusern vorbei Richtung Osten. Ohne lange zu überlegen, folgte ich ihnen. Plötzlich stand mein Meister neben mir und flüsterte mir zu: »Du hast den Ruf vernommen.« Ich wagte es nicht, die Stille mit Fragen zu durchbrechen.

Ich schaute mich nach dem Meister der Meister um, er war nicht dabei. Ich hoffte, ihn bald wiederzusehen, während des Tages vielleicht, dachte ich. Der breite Pfad, auf dem wir gingen, war links und rechts von Bäumen und struppigen Büschen gesäumt. Tief atmete ich den frischen Duft der Bäume ein. Bald waren wir am Ziel angelangt. Auf einer Anhöhe, die den Blick auf die Häuser und das Tal freigab, hatten wir einen flachen tellerförmigen Felsen erreicht. Ich wunderte mich über seine glatte, harmonische Form, bei der man nicht wußte, ob sie aus einer Laune der Natur so entstanden, oder ob sie das Werk von Menschenhand war.

Wir hatten einen großen Kreis gebildet, in dessen Mitte eine jüngere Frau stand, die ich bisher noch nicht gesehen hatte. Der Nachtschatten verblaßte behutsam vor dem heraufziehenden Tag, es konnte nur noch Augenblicke dauern, bis das glühende Gesicht der Sonne hinter den kahlen Bergrücken am Osthimmel erschien. Es war keine Wolke zu sehen, und die Winde, die oft stürmisch durch die Täler brausten, hatten sich gelegt. Es war als würde die ganze Natur in großer Stille ein besonderes Ereignis erwarten.

Nun erhob die Frau, die genau in der Mitte des Kreises stand, ihre Arme und segnete alle Himmelsrichtungen. Mit einer gewaltigen Stimme, die ich ihr nicht zugetraut hätte, sprach sie dann:

***

«Ewiger Gott, Urgrund alles Seins, aus Dir strömt die wunderbare Lichtkraft, die segnend die heilige Erde und das gesamte Weltenall überflutet.

Urquell der universellen Liebe, lebensspendender Geist, Du strahlst und glühst erweckend in unseren Herzen. In Deinem prachtvollen Leuchten offenbart sich Deine Glorie.

Licht der Lichter, Deine Herrlichkeit durchdringt und erleuchtet uns. Schenke uns tiefe Einsicht, so daß wir Deine heilige Strahlungskraft vollumfänglich erkennen und in Übereinstimmung und Harmonie mit Deinem universellen Gesetz richtig anwenden. So kann Dein Weisheitsstrom sich in und durch uns offenbaren und in großer Herrlichkeit entfalten. EINS in Deinem heiligen Licht, EINS mit Deinem heiligen Geist, EINS in Deiner heiligen Allgegenwart. So verklärst und erfüllst und verherrlichst Du uns, so atmen wir in Deinem göttlichen Lichtstrom. So verwirklicht sich unsere Bestimmung in Dir, Ozean des Lichtes und der Liebe.

Möge sich der Raum, in dem sich das Menschsein offenbart ganz Deiner Liebe zuwenden, so daß sich die Türen der Bosheit und der Mißverständnisse in dieser Welt für immer verschließen.

Deine Liebe, Dein Glanz, Deine Allmacht durchdringen mit unermeßlicher Kraft und Gnade die gesamte Welt, alles erleuchtend, alles heilend, alles vergeistigend, alles in Dein ewiges Lichtreich erhebend. AUM, OM.«

***

Eine gigantische Kraft strahlte von dieser Gruppe aus. Die erlösenden Lichtkräfte durchdrangen den ganzen Menschenraum und alle Welten. Die ganze Gruppe vibrierte auf einer Ebene, die an Intensität, Schönheit, Liebe und Kraft alles übertraf, was ich bisher erlebt hatte. Der Segen, der von ihr ausstrahlte, verbrannte Eigensucht, Unwissenheit und Tod in der gesamten Menschenwelt. Die menschliche Seelenwelt wurde durch die alles transmutierenden Gotteskräfte gereinigt und erweckt, so daß sie sich ihrer eigentlichen Bestimmung wieder bewußt werden konnte.

Die Sonne überflutete das Tal, als wir wortlos zu den Häusern zurückgingen. Unterwegs betrachtete ich die Gesichter dieser Menschen, sie strahlten wie Sonnen. Die außerordentliche Einfachheit und Unkompliziertheit, die Stille, die von ihnen ausging, all das, was ich beim Meister immer bewundert hatte, fand ich hier bei jedem Einzelnen vor.

Der Meister begleitete mich in mein Zimmer, wo zu meinem Erstaunen das Frühstück auf dem Tisch stand. Der Meister erklärte, daß er mich später abholen würde. Ich setzte mich zu Tisch. Merkwürdig, es schien mir lächerlich hier zu sitzen und zu essen. Ich tat es, doch während des Essens hatte ich das Gefühl, etwas zu füttern, das ich nicht mehr war. Mein wahres Wesen ernährte sich vom göttlichen Nektar, der im Überfluß vorhanden war.

Ich versuchte, mich an die Augenblicke zu erinnern, die ich heute morgen erlebt hatte. Angestrengt rief ich mir das Bild der Anhöhe, die Felsplatte und den Kreis der Meister in Erinnerung, um das, was soeben gewesen war, noch einmal zu erleben. Auf einmal zuckte ich zusammen und hielt vor Schrekken den Atem an. Eine laute und mächtige Stimme rief mir zu: »Sei still, mache nicht einen solchen Lärm. Sei!«

Es war niemand im Raum. Ich hatte keine Ahnung, ob die Stimme von Innen oder von Außen gekommen war. Ich wagte nicht daran zu denken, wer wohl so zu mir gesprochen haben könnte. Mein Denken war eingekreist, meine Gedanken in die Sphäre der Stille dieses Ortes eingeschleust. Erleichtert hörte ich ein Klopfen und die Stimme des Meisters hinter der Tür. »Bist du bereit? Wir wollen uns nützlich machen«, sagte er.

Es war ein Fundament für ein neues Haus gelegt worden, und nun waren mehrere Männer und Frauen der Gemeinschaft mit dem Aufbau des Gebäudes beschäftigt. Ihnen halfen wir bei der Arbeit. Wie ich dem Grundriß entnahm, waren drei große Räume vorgesehen. Die Arbeit ging locker und unbeschwert vor sich. Ich hatte nun Gelegenheit, diese Menschen näher kennenzulernen. Wir besprachen verschiedene Fragen miteinander, die den Aufbau des Hauses betrafen. Dabei wurde gescherzt und gelacht. Die gelöste Stimmung war der Spiegel der Schlichtheit dieser außerordentlichen Menschen, die vollkommen in Gott lebten.

Eine der Frauen, deren Augen wie Perlen leuchteten, fragte mich: »Weißt du, für wen du hier ein Haus baust?« Die Frage überraschte mich, ich hatte keine Ahnung. Mein Meister, der neben mir stand, räusperte sich und erklärte mir: »Das Haus wird für mich gebaut. Mein Meister hat mich gerufen. Meine Zeit in der Höhle ist zu Ende. Der einzige Grund, weshalb ich noch dort war, bist du. Ich habe auf dich gewartet. Die Zeit ist gekommen, daß du auch das erfährst. Du bist seit mehreren Leben mein Schüler, und ich habe dich nie aus den Augen gelassen, auch nicht, als du die Schwellen des Todes überschrittest, auch nicht, als du im astralen Ozean der anderen Welt die Früchte erntetest, die du einst sätest. Für dich ist jetzt die Zeit gekommen, da du die zwei Welten, in denen du gefangen warst, endgültig überwinden kannst. Das Unheilige lebt im Diesseits und im Jenseits, das Heilige, das Immerwährende lebt dort nicht. Diese beiden Sphären der Erscheinungswelt sind Übungssphären für das Wachsen und Reifen der Seele in Gott.

Alle Menschen, die hier leben, haben die zweifache Welt vollkommen überwunden und leben in der höchsten und reinsten göttlichen Vibration. Sie sind Diener Gottes.«

Nun verstand ich die tiefe Vertrautheit, die ich bei ihm immer empfunden hatte, aber auch seine unermeßliche Geduld und Liebe. Mein Herz lachte vor Glück. War einer der drei Räume in diesem Haus vielleicht für mich? durchzuckte es mich. Der Meister wollte mich sicher zu gegebener Zeit damit überraschen. Nichts wünschte ich mir mehr, als für immer hier zu bleiben.

Jeden Morgen stiegen wir auf die Anhöhe hinauf und vollbrachten den gewaltigen Gottesdienst für Welt und Menschheit, und während des Tages arbeiteten wir am Bau des Hauses mit. Bald kannte ich alle Menschen die hier wohnten.

Der Meister nahm sich Zeit zu ausgedehnten Spaziergängen mit mir. Wir gingen den Fluß entlang durchs Tal. An beiden Ufern wuchs saftig grünes Gras, die Bäume leuchteten in vielfältigen Grüntönen, die einen Kontrast zu den kahlen Bergen bildeten, die zu beiden Seiten wie hohe Mauern dieses Heiligtum beschützten.

Die Schönheit und Unberührtheit dieser Gegend machten einen tiefen Eindruck auf mich. Der Meister sprach wenig. Seit mich die mächtige Stimme zur Ruhe aufgefordert hatte, war etwas in mir geschehen. Die Worte hatten einen neuen Stellenwert erhalten. Ich erkannte, daß sie heilige Instrumente waren, die mit Bedacht eingesetzt werden sollten. Ich nahm das Leben so, wie es sich mir von Moment zu Moment zeigte, ohne zurück- oder vorauszuschauen. Dennoch konnte ich mich nicht enthalten, mich zu fragen, wann ich das gewaltige Lichtwesen, den Lehrer all dieser Meister wohl wiedersehen würde. Das Bedürfnis war zu stark. Aber ich wußte, daß es keinen Sinn hatte, jemanden danach zu fragen. Ich wußte nicht einmal, ob er noch hier war. Und wenn er mich sehen wollte, würde er mich zu sich rufen. Es stand absolut nicht in meiner Macht. Diese Zeit des Wartens lehrte mich, ohne daß ich es bemerkte, wahre Demut. Ich wurde immer ruhiger und ausgeglichener, während das Haus des Meisters immer deutlicher Gestalt annahm.

Eines Morgens kam eine Frau zu mir und sagte: »Der Meister möchte dich sehen.« Mein Herz raste, mein Körper bebte, allein der Gedanke, diesem Lichtwesen gegenüberzutreten, brachte mein ganzes System durcheinander. Ich bat meinen Meister, mich doch zu begleiten. Er schüttelte nur den Kopf und sagte lächelnd: »Geh nur, er will dich heute morgen allein sehen.« Die Frau führte mich zu dem Haus, in dem ich ihn am ersten Tag gesehen hatte. Sie klopfte kurz an und sagte: »Tritt ein.«

Als ich den Raum betrat, strömten mir wiederum unkontrollierbar die Tränen aus den Augen, jede Zelle meines Körpers war von Glückseligkeit und tiefem Frieden durchdrungen. Wieder war mir, als ob die Sonne mit ihrer ganzen Leuchtkraft sich in diesem Raum befinde. Der Liebesstrom, der aus diesem Lichtmenschen floß war reine Gnade.

»Komm, setze dich zu mir,« vernahm ich seine sanfte Stimme. Ich dankte ihm, daß er mich empfing, wir waren ganz allein zusammen. Lange sprach er kein Wort. Ich spürte, wie mich seine hohe Vibration ins Reich Gottes erhob. Dann sprach er zu mir: »Viele Menschen dieser Welt leben in einem Grenzland. Ihre Seelen sind von den unzähligen Todeserfahrungen und Wiedergeburten erschöpft. Sie sind voller Schmerz und Leid. Sie sehnen sich nach dem ursprünglichen reinen Leben in Gott zurück. Inmitten der wahren Umkehrer nun wächst ein Baum. Es ist der geheimnisvolle, umgekehrte Baum des reinen Lichts. Er hat seine Wurzeln ins ewige Reich Gottes geschlagen. Von dort bezieht der Baum seine Nahrung, nicht aus der Erde.

Die Äste dieses heiligen Baumes reichen bis in die verdunkelte Erdenebene hinunter, sie strecken sich durch die Finsternis, um den wahrhaftig suchenden Seelen die Möglichkeit zu geben, an den Zweigen des umgekehrten Baumes hochzuklettern, zurück in die strahlenden Hallen des ewigen Lichts. Der magnetische Atem Gottes zirkuliert in zweifacher Art in diesem Baum. Die gereinigte Seele allein versteht die Sprache Gottes, das empfindsame Herz ist lebendiges Licht. Gott ist Licht. Aus den göttlichen Brunnen der Genesung und der Regeneration fließen unaufhörlich erlösende Kräfte durch alle Welten. Die Gotteskraft wird durch die reinen Seelen, die in Gott erwacht sind und in ihm leben, auf eine Schwingungsebene heruntertransformiert, die sie für diese Welt anwendbar und erträglich macht. Jede Seele sollte rein und fähig sein, das Reich Gottes zu offenbaren.

Dein Meister, der dich über alles liebt, hat dich hierher gebracht. Er wird hier bleiben, das weißt du bereits. Bald wird er mit dir etwas sehr Wichtiges besprechen. Was er dir sagen wird, entspricht auch meiner Auffassung. Friede sei mit dir.« Er stand auf, ich bedankte mich und verließ das Haus.

Ich gesellte mich wieder zu den andern, um beim Aufbau des Hauses weiterzuhelfen. Plötzlich verstand ich, daß diese Arbeit für mich noch eine völlig andere, innere Bedeutung hatte.

Mir gegenüber stand der Meister. Ich blickte ihm in seine klaren Augen und er nickte mir bestätigend zu.

Am nächsten Morgen spazierten wir wiederum den Fluß entlang. Zwei andere Angehörige der Gemeinschaft begleiteten uns. Ihre Anwesenheit war mir sehr angenehm, es bot sich immer Gelegenheit zu einem Gespräch. Doch heute gab es nichts zu sagen. Wir setzten uns in der Nähe des Wassers an einen windgeschützen Ort. Nach einer Weile richtete der Meister das Wort an mich: »Du hattest ein sehr kompliziertes Karma, das aber in diesem Leben restlos ausvibrieren wird. Sei achtsam, damit du dich nicht mehr auf karmischen Ebenen verstrickst. Ursachen und ihre Wirkungen gehören zur Welt des Ego mit seinem Körperbewußtsein. Sie wird vom falsch geleiteten Denken, Fühlen und Handeln beherrscht, das ist dir inzwischen klar geworden. Erhebe dich über das begrenzte Körperbewußtsein. Du bist in deinem Innersten mit der Gotteskraft verbunden, deshalb begehre nichts mehr von dieser Welt und ihrem vergänglichen Schein, sei vollkommen wunschlos und losgelöst, dann wird Gott selbst dein Leben lenken. Wünsche erschaffen mächtige Schatten und ketten dich an die Ebene des Todes und des Zorns.

Schenke dein gesamtes irdisches Leben der spirituellen Ebene in dir und vertraue unter allen Umständen Gott. Er wird fortan dein Meister sein und dich lenken. Die allmähliche Meisterschaft über alles, was der niederen und vergänglichen Welt in dir angehört macht dich zum Meister. In Wahrheit gibt es keine Meister. Es gibt nur die Meisterschaft, mit der jeder Mensch zu jeder Zeit beginnen kann.

Gott ist reine Liebe. Außer ihm gibt es nichts. Ohne seine Allgegenwart könnte kein einziger Gedanke in dir aufsteigen und Gutes säen. Sei wach! Erkenne den selbstsüchtigen, gottabgewandten Brennpunkt in dir, der sich einbildet, er sei übermächtig. Er ist der Herr des Schicksals. Vertreibe ihn aus dir! Laß Gott allein dein Leben lenken.

In allen Menschen der hier lebenden Gemeinschaft ist dieser innere Brennpunkt, der Herr der Ursachen und Wirkungen, vollkommen erloschen und ausgebrannt. Das Feuer der Liebe Gottes wäscht alle Dunkelheit aus der Seele. Es verbrennt alles Tote im Menschen.

Nur das heilige göttliche Feuer kann das, was an karmischen Schlacken im Innern zurückbleibt, verbrennen. Durch das unaufhörliche Erlöschen der Ich-Kräfte werden die karmischen Vorratskammern restlos geleert. Daß wir einen menschlichen Körper erhalten haben, ist eine große Gnade. Denn die Gotteserfahrung, die uns durch ihn zuteil wird, ist unermeßlich. Je mehr du vom Gottesstrom durchflutet wirst, desto mehr wird dein Leib zu reinem Licht, denn Gott ist Licht. Mehr und mehr werden alle Grenzen und Begrenzungen aufgelöst und du wirst grenzenlos. Licht ist grenzenlos. So offenbart sich die Allmacht und die Weisheit des Logos.

So werden wir durch die Gnade Gottes aus der Dunkelheit ins Licht erhoben. Doch jeder Mensch kämpft seinen Kampf, wie es seinen karmischen Bedingungen entspricht. Sei unbesorgt: Wo Licht ist, muß die Finsternis weichen, oder sie wird selbst zu Licht.«

Als die Schatten länger wurden, kehrten wir zu den Häusern zurück. War das die Botschaft gewesen, die mir der Meister verkünden sollte? Ich fühlte, daß es nun an der Zeit war, ihm meine Bitte vorzubringen, bei ihm bleiben zu dürfen. Morgen bei der ersten Gelegenheit, die sich bot, wollte ich das tun.

Beim großen Morgengebet in der Frühe war der Meister aber zu meiner Verwunderung nicht dabei. Später arbeitete ich mit einigen Leuten weiter an seinem Haus, doch er war weg. Niemand gab mir einen Hinweis, wo er hingegangen war. Hat er mich etwa hier allein zurückgelassen? durchzuckte es mich.

Vieles was hier geschah, war mir rätselhaft. Ich wußte, daß alle diese Menschen göttliche Gaben besaßen, die ich kaum erahnen konnte. Aber sie brachten sie kaum zur Anwendung, oder dann auf eine Art, die ganz ihrer schlichten, unbeschwerten Lebensweise entsprach. In keinem der Häuser gab es eine Küche, und in der ganzen Zeit, während ich hier war, hatte ich selten jemanden essen sehen, und doch wurden mir jeden Tag mit großer Selbstverständlichkeit meine Mahlzeiten gebracht. Manchmal bat ich den Überbringer, doch das Essen mit mir zu teilen. Das taten sie denn auch, aber ich bekam das Gefühl nie los, daß sie das nur mir zuliebe taten.

Die Worte des Morgengebets konnte ich inzwischen auswendig. Jedes von ihnen beinhaltete eine so starke segnende Kraft, daß ich manchmal den ganzen Tag nur eines immer wieder vor mich hin sagte. Der Meister hatte mir empfohlen, das zu tun, da es für den Erlösungsprozeß sehr förderlich war.

Am nächsten Morgen war der Meister wieder da. Ich hatte inzwischen gelernt, meinen lärmigen Geist in Gottes Hände zu geben, so daß ich weder in Gedanken noch in Worten unnötige Fragen stellte. Die Neugier in ihren vielfältigen Schattierungen war endgültig am Erlöschen.

An den folgenden Tagen arbeiteten fast alle Mitglieder der Gemeinschaft am Haus. Eine Woche später war es bis auf kleine Einzelheiten fertig. In dieser Zeit kam ich nicht dazu, dem Meister mein brennendes Anliegen vorzubringen. Ich hatte es mehrmals erfolglos versucht.

Zwei Tage nach der Fertigstellung des Hauses lud er mich zu einem Spaziergang ein. Diesmal waren wir allein, und ich wußte, daß nun endlich der richtige Zeitpunkt gekommen war. Still gingen wir den glitzernden Fluß entlang bis zu der Stelle, wo wir das letzte Mal gesessen hatten.

Eine eigenartige Stimmung umgab mich. Und genau, als ich dazu ansetzte, ihm die Frage stellen, ob ich für immer bei ihm bleiben dürfe, sagte er: »Die Zeit ist reif. Du mußt zurückkehren in das Land, aus dem du hergekommen bist.« In seinem Ton schwang Einfühlung mit, aber ich hatte das Gefühl, die Welt breche über mir zusammen.

»Morgen brechen wir auf. Ich werde dich zu einem größeren Dorf begleiten, wo du einen Bus nehmen kannst, der dich ins Flachland bringen wird«, fuhr er fort und ließ mir gar keine Zeit, meinen Wunsch doch noch vorzubringen.

Der Gedanke, in eine mir fremd gewordene Welt zurückkehren und den Meister, den ich über alles liebte, verlassen zu müssen, war mir unerträglich. Sein Herzschlag war der meine geworden, der Schmerz schien mich schier zu zerreißen.

Der Meister nahm meine Hand und sagte mit großem Mitgefühl: »Es muß sein. Du wirst das Licht der Ewigkeit vielen Menschen schenken, die Gott zu dir senden wird. Das wird dein Weg zur endgültigen Befreiung sein. Laß dich von den Schatten der Trauer nicht zu sehr betrüben. Bald wirst du erkennen, daß alles seine Richtigkeit hat. Unsere Freundschaft wird nie vergehen, da sie nicht an Körperliches, Vergängliches gebunden ist.«

»Meister, ich hatte mir nichts mehr gewünscht, als für immer bei dir zu bleiben!« sprudelte es nun doch noch aus mir heraus. »Ich weiß«, erklärte er mild, »aber wir haben doch darüber gesprochen, daß Wünsche Schatten, Gefangenschaft und Bindungen nach sich ziehen, und das weißt du innerlich auch. Gott umarmt dich. Lege dein Leben in seine Hände, er weiß, was für dich richtig ist, und er wird deine Schritte lenken, vergiß das nie.«

Am nächsten Morgen nach dem Gebet auf der Anhöhe, das hier mein letztes war, verabschiedeten sich alle von mir. Alle gaben mir wortlos zu verstehen, daß ich ein Mitglied ihrer Gemeinschaft war und zu ihnen gehörte, sie wußten, wie schwer mir der Abschied fiel.

Ich fragte den Meister, ob ich mich noch von seinem Lehrer, dem göttlichen Lichtwesen, das unter ihnen weilte, verabschieden könne. »Er hat sich wohl schon von dir verabschiedet, sonst hätte er dich rufen lassen. Aber du kannst sicher sein: Er weiß, daß wir jetzt gehen und begleitet dich mit seinem Segen.«

Wir folgten dem Fluß und gingen den gleichen Weg ins Tal hinunter, auf dem wir viele Male miteinander spazieren gegangen waren. Dann stiegen wir einen steilen Hang hinauf, von dem ich noch einmal ins Tal hinunterblicken konnte, an dessen Ende diese außerordentlichen Menschen wohnten. Viele Stunden wanderten wir durch eine bucklige Berglandschaft und überquerten nach mehreren Marschtagen wieder die Grenze.

Wir sprachen kaum miteinander. Ich hatte mich damit abgefunden, zurückzukehren. Wie sich danach mein Leben gestalten würde, darüber konnte und wollte ich nicht nachdenken. Fortan war Gott mein Leben und meine Bestimmung, und was immer er in diesem irdischen Dasein für mich bestimmte war das, was ich vollkommen annehmen wollte. Die innewohnende Gegenwart Gottes war für mich während der vielen Monate, die ich mit dem Meister verbracht hatte, zu einer äußerst lebendigen und dynamischen Erfahrung geworden.

Acht Tage lang führte uns der Weg durch steppen- und wüstenartige trockene Gegenden und wir überquerten zwei Pässe. Am neunten Tag erreichten wir eine Anhöhe, von der aus ich das große Dorf und auch die Straße, die aus ihm hinausführte, erkennen konnte.

»Hier trennen sich unsere Wege, mein Freund«, sagte der Meister leise.

»Werden wir uns wiedersehen? »fragte ich ihn. Lange schaute er mir in die Augen und überschüttete mich mit seiner sanften Liebe. Seine letzten Worte prägten sich unauslöschlich in mein Gedächtnis ein. »Nie bist du gekommen, nie wirst du irgendwo hingehen, du bist nur zu Gast auf dieser irdischen Ebene. Es ist das irdische Bewußtsein mit dem Körper und seinen sinnlichen Instrumenten, die auf dieser Ebene leben und die Idee von Kommen und Gehen spiegeln. Gott ist Licht! Licht kommt nicht und geht nicht. Es gibt nur dieses ewige Sein.«

Er ergriff meine Hand und drückte sie fest. Dann sagte er mit seiner mir wohlbekannten sanften Stimme: »Lebe wohl, mein Freund. In Gedanken werde ich bei dir sein, und so Gott es will, werde ich dich rufen!«

Dann trat er ein paar Schritte zurück. Ein Lächeln, das die ganze Liebe des göttlichen Universums ausdrückte, verzierte sein friedvolles Gesicht. Im nächsten Augenblick entmaterialisierte er seinen Körper und entschwand vor meinen Augen durch ein unsichtbares Lichttor.

Tief ergriffen verweilte ich lange an diesem Ort.

Dann stieg ich ins Dorf hinunter. Zwei Tage darauf saß ich in einem holprigen Bus und war auf dem Weg in ein Land, das mir inzwischen innerlich fremd geworden war.

Die Rückreise kam mir zunächst vor, als müßte ich von einem sonnenüberfluteten Berggipfel langsam in den dicken Nebel hinuntersteigen. Zu meiner Überraschung entdeckte ich, daß auch unter der Nebeldecke die Sonne weiterschien.

Ich habe den Meister bis zu diesem Zeitpunkt in seiner physischen Form nicht mehr gesehen, doch manchmal erschien er mir im Traum und schüttete seine Liebe über mich aus. Durch das Morgengebet blieb ich innerlich immer mit den vollkommen in Gott lebenden Menschen verbunden, mit denen er mich zusammengeführt hatte.

Der Meister hatte mir gezeigt und vorgelebt, daß jeder Mensch der in Gott vertraut und sein Herz reinigt, in Einfachheit, Wahrheit und Liebe den Pfad der göttlichen Meisterschaft beschreitet. Dieser Mensch wird unaufhörlich von den gnadenvollen Lichtströmen Gottes überflutet sein. Der Meister hatte mir gezeigt, daß Worte allein nicht genügen, sondern daß hinter jedem Wort eine konkrete, befreiende innere Handlung stehen muß.

Wir Menschen sollten die herrliche Möglichkeit, die uns Gott auf dieser irdischen Ebene schenkt, erkennen und annehmen, denn wenn wir das wirklich tun, werden wir uns alle reinen Herzens mit neuen Augen begegnen und im Lichte Gottes lichterfüllt so denken, fühlen und handeln, daß es allen Lebewesen zum Wohl gereicht. So werden wir unaufhörlich Gottes dynamische Liebeskraft ausstrahlen und ein Segen für die ganze göttliche Schöpfung sein.

NACHWORT

Mein erstes Seminar mit Mario Mantese, Verfasser dieses Buches, fand 1986 mit zehn Freunden auf einer Alm statt, (Mittlerweile besuchen mehrere hundert Menschen seine Seminare.) Wir hatten keine Ahnung, was uns erwarten würde, doch wir waren neugierig genug, um den weiten Weg zu fahren. Daß dieser Weg letztendlich nach Innen führen würde, habe ich erst später begriffen.

Diese erste Begegnung mit Mario Mantese, dessen Ausstrahlung und unkomplizierte Herzlichkeit uns tief berührte, war für uns ein Wendepunkt. Mit ihr begann ein neuartiges, über Zeit und Entfernung hinweg sich entfaltendes Zusammensein, das unser Leben tief verändert hat. Es ist auf unspektakuläre Weise, klarer, ruhiger, einfacher und tiefer geworden.

In den vielen Jahren haben sich tiefgreifende Transformationen in meinem Leben vollzogen. Heute verstehe ich warum Mario sagt, »daß Normalität das große Abenteuer« ist.

Am Anfang unserer Begegnung fand ich erst einmal seine Geschichte faszinierend.

Er hatte ein Leben hinter sich, das mir sehr erstrebenswert vorkam. Obwohl es für mich so aussah, als ob er alles verloren hätte, machte er einen durch und durch zufriedenen Eindruck. Bald merkte ich, daß er gegenüber Ruhm und Verlust völlig gleichgültig und losgelöst war. An diesen Menschen hatte ich ein paar Fragen zu stellen – doch meistens kamen anstelle von Antworten tiefgreifende Gegenfragen, dich mich innerlich erschütterten, wachrüttelten und veränderten.

Mittlerweile ist die Person Mario Mantese für mich in den Hintergrund gerückt – er selbst sagt bei jeder Gelegenheit: »Nicht die Person ist wichtig, sondern das was gesagt und gelebt wird. »Seine Lebensgeschichte ist wahrlich ungewöhnlich, sie zeugt von Erfahrungen und Ereignissen, die von kosmischen Weltenkräften gesteuert wurden. Wie dieses Buch, das ein Spiegel seines Daseins ist, zeugt auch sie von grenzüberschreitenden Dimensionen. Mehr als in anderen vielleicht wird in ihr spürbar, daß Leben etwas ist, was sich jenseits der Grenzen des Faßbaren und Unfaßbaren abspielt.

Mario Mantese ist in einer von Bergen und Seen umgebenen Schweizer Kleinstadt aufgewachsen. Schon in frühster Jugend war er hellsichtig und besaß die Gabe des Heilens. Sehr früh faszinierten ihn auch Musik und philosophische Bücher, die ihn dazu bewegten spirituelle Gedichte zu schreiben, ein Zeichen, daß er bereits für die Anziehungskraft der verborgenen Welten empfänglich war.

In den siebziger Jahren war Mario Mantese als Bassist mit der erfolgreichen amerikanischen Popgruppe Heatwave (über zehn Millionen verkaufter Schallplatten) auf dem Gipfel des Erfolges seiner Musikerkarriere angelangt.

Dann kam die große, vorbestimmte Wende in seinem Leben!

1978 wurde er nach einem Galaabend in England von einem Unbekannten niedergestochen. Schon mehrere Minuten klinisch tot, wurde er in ein Londoner Spital eingeliefert. Den Ärzten gelang es zwar, ihn ins Diesseits zurückzuholen, doch Mario lag fünf Wochen im Koma. In dieser Zeit durchwanderte seine Seele viele Bereiche des Jenseits, bis zum »point of no return.«

Von dem gewaltigen Erlebnis in dieser anderen Welt überwältigt (er hat dessen verschiedene Etappen übrigens später in seinem Buch ›Vision des Todes‹ aufgezeichnet), kehrte Marios Seele in seinen physischen Körper zurück, der ihm nun wie ein dunkles Gefängnis vorkam.

Als Folge des Unfalls war er blind, stumm und am ganzen Körper gelähmt. Doch er hatte auf seiner intensiven Reise, von der ihm schien sie habe Äonen gedauert, Welten und Sphären durchwandert, die verborgene Kräfte und Weiten in ihm erschlossen.

Dabei wurde ihm klar, daß Leben nicht ein an den Körper gebundenes Geschehen ist. In ihm erwachte das Bewußtsein, daß der Mensch nicht der Körper ist, sondern unbegrenzte Kraft.

Uralte Erinnerungen und Erfahrungen aus früheren Leben drängten unwiderstehlich aus den Tiefen seines Unbewußten ins Bewußtsein, nachdem er in die unsichtbaren Welten eingetaucht war. Das schattenhafte Antlitz der Vergangenheit hatte über verborgene Pfade in der Gegenwart wieder lebendige Gestalt angenommen. Karmische Verknüpfungen und Überlagerungen aus fernen Zeiten verdichteten und entluden sich explosionsartig in diesem Leben. Durch das gewaltige Todeserlebnis, das eine immense Reinigung bewirkte, haben sich die alten Erfahrungen und Kenntnisse zu völlig neuen gewandelt und prägen heute sein Dasein.

Dadurch, daß er fast ein Jahr blind war, hat er gelernt nach Innen zu schauen. Den stillen Augen wurde das innere Leuchten einer anderen Welt offenbar.

In den vielen Monaten des Stummseins hat er den Wert und die Kraft der Stille kennengelernt. Losgelöst von Wort und Klang, erlebte er tiefes Schweigen, unberührt vom irdischen Lärm.

Dadurch, daß er lange völlig gelähmt war, hat er unerschütterliche Geduld erlangt.

Diese drei Qualitäten sind die Essenz, die sein heutiges Leben auszeichnen. Mario ist ein neuer Mensch geworden, begnadet mit einer außerordentlichen Wachheit aller Sinne.

Wenn man ihm begegnet, ist man tief berührt vom Kontrast zwischen seinem noch leicht behinderten Körper und der strahlenden Liebe die er verströmt.

Seit vielen Jahren gibt Mario Mantese seine Einsichten und Erfahrungen an Seminaren in Deutschland, der Schweiz und andern Ländern weiter.

Schulung der Logik und Intuition

So bezeichnet er seine umfassende spirituelle Arbeit.

Heute spüre ich vor allem die überwältigende Liebe, die von diesem Menschen ausgeht, und ich wundere mich nicht mehr darüber, daß im einen Augenblick ein Freund und im nächsten ein strahlendes Lichtfeld neben mir sitzt.

Seine kraftvollen Worte und das Licht, das von ihm ausstrahlt, ist der Meister. Das läßt sich bei Zusammenkünften und Darshans direkt erfahren.

Mit klarem, reinem Wesen und unerschütterlicher Geduld führt er die Menschen zum inneren Lachen, zu sich selbst zurück, in den universellen Seinszustand.

Seine Worte: »Ein reines Herz kennt keinen Schmerz, Ein reines Herz verursacht keinen Schmerz. Ein reines Herz hinterlässt keine Spuren!«

Dominik Schott und Doris Hüffer
München, 12. Juni 1997

Kontaktadressen für die Seminare von Mario Mantese (Meister M) in Deutschland und in der Schweiz:

In Deutschland:
Herbert und Eva Werner
Am Keltenwall 8 ~ D-93309 Weltenburg
E-Mail: organisation.mantese@gmx.de

In der deutschsprachigen Schweiz:
Renate Schmidlin
Grafschaftstr. 2 ~ CH-8154 Oberglatt
E-Mail: organisation.mantese@gmx.ch

Alle Seminartermine erfahren Sie auf der Homepage von Mario Mantese (Meister M):
www.mariomantese.com

Weitere Bücher von
Mario Mantese
finden Sie auf den folgenden Seiten:

Weitere Bücher von Mario Mantese

Wie durch ein Zeitfenster schauend erfährt der Leser von der »Loge des Goldenen Drachen« in Shanghai sowie von den Mysterienschulen im alten Ägypten und den universellen Meistern in Indien.
Eine schattenhafte Vergangenheit lüftet ihre Geheimnisse; Ozeane unendlicher Leuchtkraft und Weisheit offenbaren sich. Der Leser *ent*-deckt in sich selbst verborgene Winkel und gelangt so zu einer umfassenden Schau des eigenen Daseins. Spannend ist dieser autobiographisch gefärbte Roman, der den Leser auf eine Reise durch innere Welten mitnimmt.

256 Seiten, gebunden,
ISBN 978-3-7699-0522-9

In Märchenform erfahren wir hier von der Reise des Elfen Cherubino in jenes Land, in dem sich alle Widersprüche und Gegensätze auflösen.
Cherubino ist das »Ich«, das sich durch Hinwendung zum Eigentlichen aufgerufen fühlt, den Weg zum Land ES zu suchen. Vorher muss er aber in einer inneren Schau die Symbole aller Lebenszusammenhänge in der Kristall-Pyramide kennenlernen und begreifen, dass der »Weiße Stein« das siebenfache Prinzip der Einheit darstellt, das durch alle Zweiheit zum Land Es führt.
Für Erwachsene und Kinder.

336 Seiten, kart., fadengeheftet,
ISBN 978-3-7699-0628-8